产品管理与运营系列丛书

AI PRODUCT MANAGER
Methods, Techniques and Practice

AI产品经理
方法、技术与实战

王泽楷 —— 著

机械工业出版社
CHINA MACHINE PRESS

图书在版编目（CIP）数据

AI 产品经理：方法、技术与实战 / 王泽楷著 . -- 北京：机械工业出版社，2022.8
（2025.3 重印）
（产品管理与运营系列丛书）
ISBN 978-7-111-71177-3

I. ① A… II. ①王… III. ①人工智能 – 信息产品 – 产品管理 IV. ① F49

中国版本图书馆 CIP 数据核字（2022）第 123260 号

AI 产品经理：方法、技术与实战

出版发行：机械工业出版社（北京市西城区百万庄大街 22 号 邮政编码：100037）
责任编辑：孙海亮
责任校对：付方敏
印　　刷：涿州市京南印刷厂
版　　次：2025 年 3 月第 1 版第 5 次印刷
开　　本：147mm×210mm　1/32
印　　张：10.5
书　　号：ISBN 978-7-111-71177-3
定　　价：99.00 元

客服电话：（010）88361066　68326294

版权所有·侵权必究
封底无防伪标均为盗版

前言

为什么要写这本书

2013年前后，以深度学习为核心技术的人工智能浪潮开始探索跨越商业化落地基准线，也是在这一年，读研究生的我开始接触深度学习，并决心投入到这个以技术为驱动的产业浪潮中。从校园里的深度学习课题和论文研究，到踏入职场成为早期的深度学习算法工程师，再到转型做AI产品经理，在过去的近10年中，我目睹并亲身经历了新一代人工智能产业从技术到产品落地的过程，也有幸成为其中的一分子，为产业的发展贡献力量。

2016年，AlphaGo在围棋领域战胜人类玩家，基于深度学习的技术路线被证明可以带来智能上的飞跃，尽管它需要大规模的数据和计算，但研究人员、投资人等行业内人士都非常笃定这是一个确定性很强的赛道。要怎么实现商业化落地，怎么做产品，很多人都没有好的思路，AI技术的锤子只能到处敲一敲，看看哪里有钉子，这时是技术驱动、标杆项目驱动的阶段，涌现出了许多AI创业公司。

随着商业化进入深水区，AI企业开始纵向为传统行业赋能以扩张业务，同时纵深的传统行业和客户也存在许多业务上的问题，期望通过拥抱 AI 技术来实现增效、降本、扩展能力边界，两者都期望找到能让技术落地为业务产品的角色。这样的角色可以连接 AI 技术和行业，以获得真实的业务需求，并利用手上的技术来满足这些需求，这就是 AI 产品经理角色。

AI 产品经理应该具备什么样的能力？应该如何打造 AI 产品？这些都是成为一个好的 AI 产品经理需要思考和通过实践论证的问题。

作为新兴产业发展的见证者和推动者，我深刻理解硬核科学技术在向产品和场景落地的过程中存在的问题和困难，我也亲历了 AI 技术和产品快速落地的过程。我深刻认识到，怎样定义和打造一款好的 AI 产品，是贯穿 AI 产品经理职业生涯的课题。在寻找这个问题的答案时，我发现当前鲜有前人的经验供我参考，所以我只能自己一步步地摸索。

AI 作为一个大产业，未来肯定还有许多像我这样的人走进这个领域，他们也会遇到与我相似的问题，所以我希望将自己的经历、体验和总结分享出来，帮助希望成为 AI 产品经理的人更快地搭建知识体系，了解 AI 产业发展，获得打造成功 AI 产品的方法论。

读者对象

- 初中级 AI 产品经理；
- 准备转型做 AI 产品的其他方向的互联网产品经理，以及算法或工程技术人员；

- ❏ 人工智能专业的高校师生；
- ❏ 其他希望了解或转型 AI 产品经理的人员；
- ❏ 人工智能行业其他从业人员。

本书特色

1）本书从 AI 技术、产品、行业应用和工程实践等多个角度系统化地介绍了 AI 产品闭环。

2）在技术层面，全面总结了 AI 产品经理必备的技术，涵盖最新自监督预训练、Transformer、大模型等新方法，以及音视图文的感知智能、知识图谱语义认知智能、行为主义角度的机器人学、AI 在云原生下的工程化应用等。

3）从 AI 算法产品、AI 中台、业类 AI 产品三个层面洞察 AI 产品，从 AI 产品在城市治理、企业服务、个人服务三个维度的应用深入探究 AI 技术落地的方法与策略，深入总结从"智能"产品的需求定义到"智能"工程化的全流程。

4）为应对自动驾驶、元宇宙、企业智能等场景需求，介绍了智能汽车、虚拟数字人、AI 中台产品的闭环解决方案。

5）针对 AI 技术创新如何产品化、需求碎片化分散市场如何落地、如何进行可行性验证等实战性问题，提出了我的思考和见解。

6）总结了我从深度学习算法研究员转型为 AI 产品经理的心得，在多家 AI 领域头部公司深度参与 G 端、B 端产品打造的经验，打造安防领域标杆边缘计算产品、媒体领域重点产品的过程，以及落地交付数十个标杆大项目的经验。

如何阅读本书

本书分为 4 篇，共 13 章：

- AI 与 AI 产品经理（第 1 章和第 2 章）：从宏观角度对 AI 产业进行深入介绍，对什么是 AI 产品和 AI 产品经理进行充分探讨，最后对怎样成为优秀的 AI 产品经理进行分析。
- AI 技术（第 3～6 章）：以产品经理实践需求为目标，用产品经理可以看懂的语言，对 AI 产品经理必须掌握的相关技术进行解读。本篇不会深入细节，而是从产品经理必知的运行原理、应用场景等角度展开。在内容方面，从机器学习入手，逐渐拓展到以计算机视觉、语音识别、语义理解为核心的多模态内容理解技术，以及行为主义的机器人学、AI 云原生工程应用。
- AI 产品应用（第 7～11 章）：首先通过市场和技术两个视角剖析 AI 产品机会，然后基于通用的基础产品方法论，并结合 AI 产业链，对算法、中台、业务三类主要的 AI 产品进行落地层面的介绍，其中业务类 AI 又从面向城市治理、企业服务、个人服务三个维度介绍产品落地的具体策略。
- 工程实践（第 12 章和第 13 章）：从赋能行业和项目实践两个维度，在实际工作场景中，对 AI 产品的解决方案、可行性验证、交付等问题进行工程化解读。

勘误和支持

由于水平有限，加之编写时间仓促，书中难免会出现一些错误或者不准确的地方，恳请读者批评指正。为此，我特意创建了一个微信公众号"AI言究院"，并开启了一个新微信号"AI2022yjy"，你可以将书中的错误反馈给我。如果你遇到任何问题，也可以联系我，我将尽量在线上为你提供最满意的解答。如果你有更多的宝贵意见，也欢迎发送邮件至邮箱zekai_wang@163.com，期待能够得到你的真挚反馈。

致谢

感谢罗予晨、赵瑞博士、宋老师、远望资本的程浩老师、中兴创投的林强老师，你们在本书创作过程中提出了许多宝贵意见并给予了我极大的帮助。

感谢机械工业出版社的编辑孙海亮老师，在这一年多的时间里是你始终支持我的写作，你的鼓励和帮助引导我顺利完成了全部书稿。

最后感谢我的家人，感谢你们的理解和帮助，并时时刻刻为我灌输信心和力量！

谨以此书献给我最亲爱的家人，以及众多AI界的朋友们！

目录

前言

第一篇　AI 与 AI 产品经理

|第1章| 深入理解AI和AI产品　2

　1.1　全方位认识AI　2
　　1.1.1　AI的定义　2
　　1.1.2　AI的三大学派　6
　　1.1.3　AI的发展历程　8
　　1.1.4　AI的发展政策　11
　1.2　深入理解AI产品　12
　　1.2.1　什么是AI产品　12
　　1.2.2　AI技术产品化　13
　　1.2.3　AI产品产业化和标准化　14
　　1.2.4　AI产品落地的价值与难题　16

|第2章| AI产品经理　19

　2.1　什么是AI产品经理　19

2.2	怎样成为优秀的AI产品经理	21
	2.2.1　AI产品经理的职业规划	23
	2.2.2　AI产品经理的知识体系	24

第二篇　AI技术

|第3章| 机器学习　　28

3.1	机器学习概述	28
	3.1.1　监督学习	30
	3.1.2　无监督学习	31
	3.1.3　强化学习	32
	3.1.4　自监督学习	33
3.2	深度学习	34
	3.2.1　什么是深度学习	34
	3.2.2　深度学习的发展和局限	38
	3.2.3　迁移学习	40
	3.2.4　大规模预训练模型	40
3.3	生成对抗网络	42
3.4	元学习	44
	3.4.1　基于度量的元学习	45
	3.4.2　基于优化的元学习	47
3.5	联邦学习与隐私计算	48
	3.5.1　什么是联邦学习	48
	3.5.2　联邦学习的分类	50
	3.5.3　联邦学习框架与应用	53
3.6	AutoML/AutoDL	55
	3.6.1　什么是AutoML	55

		3.6.2	自动化数据处理与增强	56
		3.6.3	自动模型生成——神经架构搜索	58
		3.6.4	自动模型压缩	62
	3.7	可解释AI		64

|第4章| 多模态感知及理解　　　　　　　　　67

	4.1	计算机视觉		67
		4.1.1	图像生成	69
		4.1.2	图像处理	71
		4.1.3	立体视觉	73
		4.1.4	图像分类	79
		4.1.5	图像检测	80
		4.1.6	图像分割	82
		4.1.7	目标跟踪	85
	4.2	语音识别		87
		4.2.1	基本概念	87
		4.2.2	传统语音识别流程	90
		4.2.3	端到端深度学习语音识别	93
		4.2.4	声纹识别	97
	4.3	自然语言处理		99
		4.3.1	概述	99
		4.3.2	NLP的分析层次	100
		4.3.3	信息抽取	105
		4.3.4	知识图谱	108
		4.3.5	机器翻译	116
		4.3.6	对话系统	119
	4.4	多模态内容理解		122

4.4.1　多模态方法简介　　　122
　　　4.4.2　多模态融合应用　　　124

| 第5章 | 机器人学与运动规划　　　128

　5.1　机器人硬件　　　130
　　　5.1.1　传感器　　　130
　　　5.1.2　执行机构　　　131
　　　5.1.3　动力源　　　132
　　　5.1.4　处理器　　　133
　5.2　机器人感知　　　133
　　　5.2.1　传感和信号处理　　　133
　　　5.2.2　定位与地图构建　　　134
　5.3　运动规划与控制　　　137
　　　5.3.1　运动规划　　　137
　　　5.3.2　运动控制　　　141
　5.4　应用领域　　　142

| 第6章 | AI云原生工程应用　　　146

　6.1　云原生　　　147
　　　6.1.1　云原生概述　　　147
　　　6.1.2　容器技术　　　150
　　　6.1.3　微服务　　　151
　　　6.1.4　Service Mesh　　　152
　　　6.1.5　Serverless　　　152
　　　6.1.6　DevOps与ModelOps　　　154
　6.2　AI云原生应用发展趋势　　　155

第三篇　AI产品应用

第7章　从两个视角深挖AI产品机会　158
7.1　市场视角：寻找商机　158
　　7.1.1　关注市场的宏观力量　159
　　7.1.2　寻找AI细分好赛道　161
7.2　技术视角：技术创新和可行性　167
　　7.2.1　依托技术创新的产品创新　167
　　7.2.2　技术可行性和技术成本　170

第8章　AI产品从定义到落地　173
8.1　如何真正做到从用户需求出发　173
8.2　正确定义一款产品的8个要素　176
8.3　AI产品设计框架详解　180
　　8.3.1　软件设计要点详解　180
　　8.3.2　硬件设计要点详解　191
　　8.3.3　整体性能设计要点详解　195
　　8.3.4　安全性与AI伦理　197
8.4　产品需求流转　200
　　8.4.1　需求收集　200
　　8.4.2　需求管理　201
　　8.4.3　产品需求评审　202
　　8.4.4　产品需求排期　206
　　8.4.5　产品需求验收　207
8.5　AI产品三层级——算法、平台与业务　208

第9章　算法类AI产品落地详解　210
9.1　任务定义——AI算法产品的真实需求与目标　211

9.1.1　明确算法需求　　　　　　　　　　　211
　　　9.1.2　用样例描述算法需求　　　　　　　　213
　9.2　数据工程——用数据定义功能边界　　　　　214
　　　9.2.1　数据采集　　　　　　　　　　　　　215
　　　9.2.2　数据标注　　　　　　　　　　　　　216
　　　9.2.3　数据生成　　　　　　　　　　　　　218
　9.3　算法生产——获得最小可行的AI产品　　　　219
　　　9.3.1　训练模型　　　　　　　　　　　　　219
　　　9.3.2　加速模型　　　　　　　　　　　　　222
　　　9.3.3　跨硬件平台适配　　　　　　　　　　224
　9.4　算法评估——获得算法能力边界　　　　　　225
　　　9.4.1　两种评估方法　　　　　　　　　　　225
　　　9.4.2　视图识别的精度指标　　　　　　　　227
　　　9.4.3　语音识别及文本精度评价　　　　　　233
　　　9.4.4　确定合理的速度指标　　　　　　　　233

第10章 | AI中台落地详解　　　　　　　　　　　236

　10.1　AI中台的需求及整体方案　　　　　　　　 236
　　　10.1.1　算法的长尾现象　　　　　　　　　　237
　　　10.1.2　AI中台及体系架构　　　　　　　　　239
　　　10.1.3　全栈、自动化、资产化与普惠化　　　241
　10.2　AI中台下的三大功能模块设计　　　　　　 242
　　　10.2.1　算力管理类功能设计　　　　　　　　243
　　　10.2.2　数据管理类功能设计　　　　　　　　245
　　　10.2.3　算法管理类功能设计　　　　　　　　246
　10.3　AI中台典型应用举例　　　　　　　　　　 249
　　　10.3.1　云厂商的云原生AI中台　　　　　　　249

XIII

10.3.2　零售智能称重：推理训练自动化闭环应用　251

|第11章|　纵深业务类AI产品的落地　254

11.1　面向G端城市治理的AI产品　254
11.1.1　城市治理的需求与业务模式　255
11.1.2　G端碎片化市场下的AI产品策略　255
11.1.3　城市治理下的典型AI产品——智能摄像机　258

11.2　面向B端企业服务的AI产品　261
11.2.1　企业服务的需求与业务模式　261
11.2.2　企业转型AI　262
11.2.3　效益型AI产品策略　263
11.2.4　AI与制造业结合的产品应用　265

11.3　面向C端消费者的AI产品　267
11.3.1　个人服务需求和业务模式　267
11.3.2　交互体验型AI产品策略　268
11.3.3　虚拟数字人与元宇宙　270

第四篇　行业实践

|第12章|　AI+行业的产品应用　274

12.1　AI+安防　274
12.1.1　安防行业总览　274
12.1.2　泛安防人脸产品实战　275

12.2　AI+制造业　287
12.2.1　制造业质检痛点分析　287
12.2.2　瓷砖缺陷检测　289
12.2.3　制造业读码产品实战　290

12.3　AI+汽车　294
12.3.1　行业总览及AI技术机会分析　294
12.3.2　智能驾驶AI芯片解决方案　296
12.3.3　AI在驾驶辅助与自动驾驶中的应用　298
12.3.4　智能座舱AI产品实战　302

第13章　AI项目落地过程及问题分析　306
13.1　B/G端的AI项目　306
13.1.1　AI落地B/G端离不开项目　307
13.1.2　从项目到产品　308
13.2　商机项目与概念验证　309
13.2.1　AI商机的涌现　309
13.2.2　AI商机POC实战　310
13.3　AI交付项目管理　314
13.3.1　AI项目管理方法　314
13.3.2　AI项目交付管理实战　316

第一篇
AI 与 AI 产品经理

　　AI 作为近 10 年来热门的技术方向，从学术界过渡到产业界，经历了多年，现已形成较为完备的产业。在从学术界向产业界过渡的过程中，如何理解 AI、如何实现技术的产品化和产品的产业化、如何理解产业化对人才的需求是需要重点关注的内容。本篇作为全书的开篇，会围绕这几个问题，从 AI 的概念、AI 产品、AI 产品经理三个方面进行介绍。

| 第 1 章 | CHAPTER

深入理解 AI 和 AI 产品

本章首先阐述 AI 概念的定义、AI 的三大学派、发展历程和产业情况；然后综合介绍什么是 AI 产品，主要涵盖 AI 领域的产品发展、形态的演变以及产业链。

1.1 全方位认识 AI

1.1.1 AI 的定义

1950 年，为了测试机器的智能，阿兰·图灵提出了图灵测试：如果一台机器能够与人类展开对话（通过电传设备）而不被辨别出其机器身份，那么称这台机器具有智能。

1956 年，在达特茅斯（Dartmouth）会议上，由 John McCarthy、Marvin Minsky、Claude Shannon 等人第一次提出了 AI（Artificial

Intelligence，人工智能）的概念。从此，AI 作为计算机的一个分支学科，开始发展壮大。

对于 AI 的定义，有许多不同的观点，在《人工智能：一种现代的方法》⊖中将已有的 AI 定义为：

❑ 像人一样思考的系统；
❑ 像人一样行动的系统；
❑ 可理性思考的系统；
❑ 可理性行动的系统。

在中国电子技术标准化研究院发布的《人工智能标准化白皮书》中，AI 被认为是利用数字计算机或由数字计算机控制的机器模拟、延伸和扩展人的智能，感知环境、获取知识并使用知识获得最佳结果的理论、方法、技术及应用系统。

如果提升到人类文明发展的角度，还有一个更升华的定义。AI，其实是科学家理解和重构人类智能的产物，人们期待它像人一样理解和探索未知事物，进而发展生产力、延续人类文明。《荀子·劝学篇》中说，"君子生非异也，善假于物也"，AI 就是人类可依托的最高智慧形态的"物"。

根据系统的智能程度可以将 AI 划分为弱 AI、强 AI，有些学者预测在强 AI 之后还会有超 AI。

1）**弱 AI**（Artificial Narrow Intelligence，ANI）：主要是指只能解决某一特定问题或完成某一项特定任务的智能系统，如 IBM 的深蓝系统、AlphaGo，专门用于国际象棋、围棋等领域；再如当前商业应用中的智能诊疗系统、智能客服系统等，只能解决预设领域中的预设问题。这些系统针对专一问题可以提供很好的解决方案，但是迁移能力极弱，也不具备自我意识。

⊖ 参见罗素和诺维格撰写的《人工智能：一种现代的方法》，由人民邮电出版社于 2010 年出版。

2）**强 AI**（Strong AI）：又叫通用 AI（Artificial General Intelligence，AGI），是指具备独立的意识和知觉、可自主应对外界环境挑战的 AI。虽然没有对强 AI 智能水平的准确量化，但是其应具备如下能力，这已成为共识。

- **感知信息的能力**：具备对外界结构化或非结构化信息进行感知和获取的能力。
- **自主思考的能力**：在外界的不确定情况下，可以进行自主思考。
- **自主学习的能力**：具备基础知识或者常识，在知识储备无法解决问题时，可以自主寻求学习。
- **制定目标和计划的能力**。
- **交流沟通的能力**。

实现强 AI，可以说是 AI 发展的终极目标之一，但无论是理论研究还是技术实现，难度都非常大。根据 Gartner 在 2021 年发布的 AI 技术成熟度曲线（见图 1-1）可知，通用 AI 即强 AI 的成熟时间预计在 10 年以上，但这里的 "10 年以上"难以真实反映强 AI 与现实的距离。根据当今 AI 领域商业或研究方向的专家（如 DeepMind 首席执行官 Demis Hassabis、谷歌 AI 首席执行官 Jeff Dean 和斯坦福 AI 负责人李飞飞等）预测，强 AI 时代可能需要等到 2099 年才能到来。预测可能存在偏差，但是这个预测足以说明理想和现实之间的差距。

强 AI 除了在理论研究、技术实现上有较大的挑战，在伦理道德上也有较大的争议，各国发表的一系列 AI 标准等也在为 AI 发展的伦理道德风险做预估。

3）**超 AI**（Artificial Super Intelligence，ASI）：指智能水平大大超过人类水平，或大大超过强 AI 水平的人工智能。牛津大学哲学家尼克·博斯特罗姆（Nick Bostrom）将超 AI 定义为 "在几乎所有感兴趣的领域都大大超过人类认知表现的任何智力"。

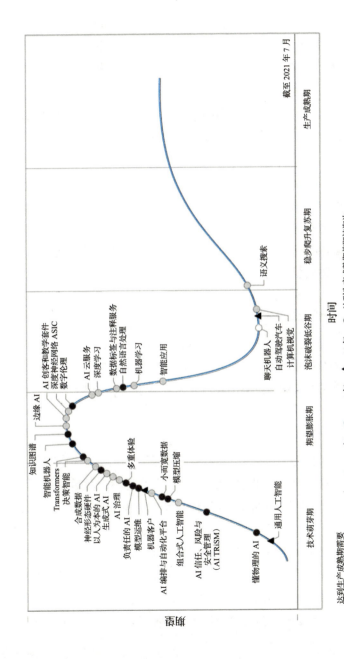

图 1-1 Gartner 于 2021 年发布的 AI 技术成熟度曲线

对于超 AI 的可能性，仍有许多不同的观点，一些研究员认为，通过人类的进化和修改人类的生物特征，可获得更强大的生物智能，因此超 AI 其实只是人类和计算机的高度融合，而非新的物种。而另一些研究员认为，在通用 AI 出现之后，由于其在记忆、知识储备、并行处理等维度均会大大超越人类，因此会形成一个新物种，且变得比人类强大。

尼克·博斯特罗姆提到，对比计算机和生物，生物神经元的工作频率峰值为 200Hz，比现代的 2GHz 的微处理器慢了 7 个数量级。神经元在速度不超过 120 m/s 的轴突上传输信号，而现有的电子处理核心可以以光速进行通信，这个差距是 2000 倍以上。而在扩展协同能力上，许多计算机可以弹性增加计算能力，这一点也是人类智能难以匹敌的。

1.1.2　AI 的三大学派

AI 在发展过程中产生过许多技术路线，形成了许多技术学派，无论是哪种技术学派，最终目标都是为了迈向强 AI。当前 AI 已形成三大学派，即符号主义、连接主义、行为主义。

1. 符号主义

符号主义又称逻辑主义、心理学派或计算机学派。该学派认为 AI 源于数理逻辑，即使用数学方法研究逻辑，是数学的一个分支。数理逻辑在 20 世纪 30 年代开始用于表示智能行为，之后又在计算机上实现了逻辑演绎系统。1956 年前后，艾伦·纽厄尔（Allen Newell）等人编写的计算机程序——"逻辑理论家"，证明了 38 个数学定理，表明使用计算机可以模拟人类的智能活动。1956 年首次提出的"AI"术语正是来源于这些符号主义者。在符号主义路线下，启发式的程序、专家系统、知识工程理论与技术等在 20 世纪 80 年代前后蓬勃发展。符号主义在 20 世纪为 AI 的发展做出了重要贡献，尤其是专家系统的成功开发与应用，对 AI 从理论到落地应用具有重要意义。经过大半个世纪的发展，符号主义依然是 AI 的主流派别，该学派的代表人物有艾伦·纽厄尔、希尔伯特·A.西蒙（Herbert A. Simon）等。

2. 连接主义

连接主义又称仿生学派或生理学派，该学派认为 AI 源于仿生学，特别是对人脑模型的研究。连接主义通过研究脑模型和模拟神经元，构建人工神经网络模型，开辟出 AI 发展的另一种途径。20 世纪 60～70 年代，基于感知机的脑模型研究曾引起关注，但由于受到技术条件的限制，脑模型研究在 20 世纪 70 年代后期陷入低谷。1982 年，霍普菲尔德（Hopfield）教授提出霍普菲尔德神经网络；1986 年，鲁梅尔哈特（Rumelhart）等人提出误差反向传播（Back Propagation，BP）算法，之后，卷积神经网络、深度信念网络、深度神经网络训练方法等理论相继提出，这将连接主义的发展带入高潮。基于深度神经网络的方法在 21 世纪初给计算机视觉、语音识别、语义理解等领域带来了应用突破，使大量应用成功落地。

3. 行为主义

行为主义又称进化主义或控制论学派。这个学派认为，AI 源于控制论，即基于感知、控制和行为反馈的系统。在 20 世纪 40～50 年代，控制论就成为时代思潮的重要部分，影响了许多早期的 AI 学者。控制论将信息论、神经系统、逻辑和计算机联系在一起，模拟人类在控制过程中的智能行为，如自寻优、自适应、自学习等。对控制论系统的研究为智能控制和智能机器人打下基础，推动了20世纪80年代智能控制和智能机器人系统的诞生。

行为主义是20世纪末才以AI新学派的面孔出现的，引起了许多人的关注。在21世纪，智能机器人在各个领域获得了巨大的成功，比如工业领域机器人的出现带动了先进制造的发展。在其他领域，也出现了一些具有代表性的产品，如波士顿动力公司的机器狗、行走机器人等。

1.1.3 AI的发展历程

AI的概念始于19世纪50年代，而后经历了三个大的发展阶段，这三个阶段也是AI不同学派、研究路径、算法兴起和发展交替的过程，如图1-2所示。

AI发展的第一阶段是20世纪50~80年代，在这个阶段，数字可编程计算机已出现，是符号主义的繁荣时期，但是由于当时的运算能力不足，许多复杂的问题无法具象化表达，在常识认知和推理方面发展难度较大，在1970年后进入了低谷期。

AI发展的第二阶段是在20世纪80~90年代末，在这个阶段，连接主义和符号主义都得到了快速发展，人工神经网络、反向传播算法在这个阶段获得突破。资本和研究对专家系统的热情高涨，加上计算机发展得到长足进步，迎来了AI的第二波高潮，但由于数据及知识获取、知识和规则的局限以及高昂的构筑成本，专家系统又走入了低谷。

AI发展的第三阶段是21世纪初至今，随着大数据的积累、计算机运算能力的大幅提升、算法的革新，以深度学习为代表的第三波AI热潮迎来了繁荣。

第 1 章 深入理解 AI 和 AI 产品

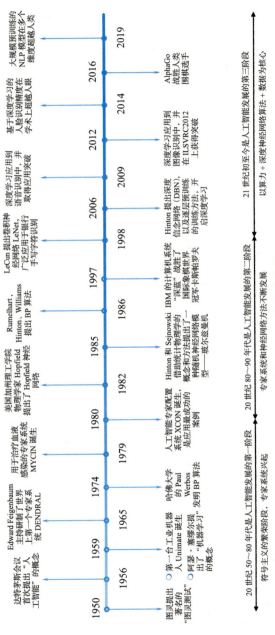

图 1-2 AI 发展路线图

从学派的角度看，AI 的发展过程是各学派竞相发展的过程：符号主义在 20 世纪 80 年代之前一直主导着 AI 的发展，对应的是第一代 AI；连接主义则从 20 世纪 90 年代开始发展，特别是在深度学习有了较大发展后，让其在 21 世纪初进入高潮，大有替代符号主义的势头，这对应着第二代 AI。这两种学派的本质是从不同的角度模仿人的心智，具有各自的片面性，难以触及人类真正的智能。

清华大学 AI 研究院院长、中国科学院院士张钹教授在纪念《中国科学》创刊 70 周年专刊上发表署名文章㊀，阐述了第三代 AI 的理念，即融合利用知识、数据、算法和算力 4 项要素的可解释和鲁棒的 AI 理论方法，发展安全、可信、可靠和可扩展的 AI 技术。

从智能化程度的角度看，过去数十年 AI 的发展推动了智能化水平的不断提升，智能化的形态可以通过计算、感知、认知、意识这 4 个阶段来划分，如图 1-3 所示。

图 1-3 智能化水平的 4 个形态

计算是基础，智能水平也可以用计算水平来表示。随着算力的增长，计算机可解决的问题也越来越多。随着深度学习方法的突破，大规模并行计算成为智能计算的主流。传感器对物理世界

㊀ 参见张钹、朱军、苏航等撰写的《迈向第三代人工智能》，发表于《中国科学》2020 年第 50 卷第 9 期。

的感知实现了物理世界的数字化，感知智能能让计算机理解数字化物理世界中的基本概念，让它会听能说、会看能认，从而实现机器与世界的基础交互。认知智能能让机器理解、思考并解决问题，是更高级的智能，能解决更加复杂的问题。意识智能是图灵奖获得者 Manuel Blum 夫妇在 2020 年提出的，即构建可计算的意识模型。深度学习方法不仅在计算机视觉、语音识别等领域带动了感知智能的大幅飞跃，还在语义理解等方面带动认知智能实现突破。意识智能的到来只是时间问题。

1.1.4 AI 的发展政策

AI 技术的突破带来了新的产业机会。全球主要国家和地区相继推出与人工智能相关的战略规划文件，截至 2020 年 12 月，全国有 39 个国家和地区制定了人工智能战略政策和产业规划文件。我们以中国和美国为例，列举部分早期重要的政策，如表 1-1 所示。

表 1-1 中国和美国早期关于人工智能的政策

国家	相关政策
美国	《为人工智能的未来做准备》（2016 年） 《国家人工智能研究与发展战略规划》（2016 年，2019 年更新） 《人工智能、自动化与经济》（2016 年） 《美国人工智能倡议》（2019 年） 《美国人工智能倡议：首个年度报告》（2020 年）
中国	《新一代人工智能发展规划》（2017 年） 《新一代人工智能治理原则——发展负责任的人工智能》（2019 年） 《国家新一代人工智能开放创新平台建设工作指引》（2019 年） 《国家新一代人工智能标准体系建设指南》（2020 年） 《中华人民共和国数据安全法》（2021 年）

在发展 AI 产业的政策中，技术、人才、行业落地、标准建设、安全、伦理是人们关注的重点。在 AI 发展的早期阶段人们

只注重发展速度,随之出现的是不断标准化和完善的关于安全和伦理的政策、法规;随着后续的持续发展,产业的标准和法规还会进一步完善。在国家级法规之下,各个省市也针对当地特点陆续制定相应的 AI 发展政策法规,形成完整的政策体系。

中国的《新一代人工智能发展规划》提出了 2020 年～2030 年国家对 AI 产业的三步走发展战略,从与世界先进技术竞争的维度,2020 年是技术和应用同步,2025 年是基础理论的突破、部分技术与应用领先,2030 年则是理论、技术、应用都领先,如图 1-4 所示。

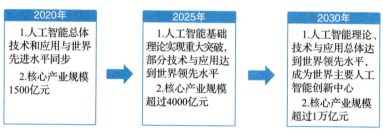

图 1-4 中国 AI 产业三步走发展战略

1.2 深入理解 AI 产品

在大体了解了 AI 之后,本节说说 AI 产品。

1.2.1 什么是 AI 产品

本书的主题是 AI 产品经理,也就是定义和打造 AI 产品的产品经理,所以要想理解什么是 AI 产品经理,就需要先理解什么是 AI 产品。

笔者认为,AI 产品是基于人工智能技术定义的产品,是以

AI技术为核心打造的应用于特定场景、解决某种问题或获得更好体验的功用集合。当一个产品的核心能力依靠AI算法技术实现时，就可以说这是一个AI产品。对于AI产品来说，失去AI技术，其便没有了存在的必要或失去了市场竞争力。比如交互式刷脸通关产品，如果没有人脸识别技术作为核心，那么该产品就无法体现其非接触身份核验通关以及访客管理的价值；再比如普通摄像机产品和智能摄像机产品的区别是，智能摄像机应用了AI技术。

在形态上（自底向上），AI产品可以是：

- AI芯片、AI算法加速卡、AI超算服务器等硬件基础设施产品。
- AI算法框架、算法工具链等软件基础服务。
- 视图、语音、文本、声纹等媒介与AI算法结合的应用产品，如视觉算法、语音识别算法，以及构建在AI硬件基础设施和算法服务之上的软硬一体产品。
- 基于多模态数据融合应用的产品。
- 知识图谱类的行业应用产品。

1.2.2　AI技术产品化

纵观人类社会发展史，无论是基础技术还是应用技术，一直都用于服务社会的发展和进步。技术的商业化需要产品作为桥梁，AI技术也不例外。在AI技术获得突破并进入商业化变现阶段之后，产品化成为AI企业的重心，这也是帮助AI技术大规模应用的正确路径。

AI技术在产品化的过程中存在两种路径：一种是使能原来形态的产品，即让已有产品智能化，比如在摄像机产品中加入AI能力之后使其成为智能摄像机，在迷你小音箱中增加智能语音交互模块后使它成为智能音箱；另一种是创造出新形态的产品，比如物流机器人、机器狗、AI 模型生产平台、人脸测温仪等。

1.2.3　AI 产品产业化和标准化

随着技术和产品的成熟，加之政策鼓励和资本的加持，AI 商业化进程大大加快，落地的场景应用越来越丰富。广阔的市场前景和规模化应用带动了以产品和解决方案为基础的商业化分工协作，从而形成了以 AI 技术、产品和解决方案为基础的较为完整的产业链，一个系统级产品或者解决方案可能需要由上游众多产品组成，如芯片、软件 SDK、软件系统等。整体来看，AI 产业链可以划分为基础、技术和应用三个层次。

基础层提供 AI 所需的基础算力，涉及 AI 芯片、大数据处理模块、云计算模块等。这些产品几乎是所有 AI 上层业务应用都需要的，其中 AI 芯片是产业竞争中的关键。

技术层位于基础层之上，利用机器学习平台、数据、算法、算力提供计算机视觉、语音识别、自然语言处理等模态的算法技术和模型。众多互联网巨头，如谷歌、微软、亚马逊、百度、阿里、腾讯等都在早期就开始布局这方面的能力，并积极与云能力结合。另外，众多 AI 公司（如商汤科技、旷视科技、科大讯飞、第四范式等）都从技术层切入，并不断向产业链两端扩展。

应用层主要包括融合多种技术和基础能力的 AI 产品，以及产品落地到行业的解决方案，其核心是完成商业化闭环，真正为行业带来效率提升和价值。在产业链中存在许多提供解决方案的公司、集成型公司以及在纵深行业中科技基因较强的公司，这些公司推动了 AI 产品和技术在行业中的落地。

整体 AI 产业链分层示意如图 1-5 所示。

图 1-5　AI 产业链分层示意

随着产业规模的扩大，协作越来越频繁，所以标准化成为政策中的一个高频词。标准化是一个产业发展的必经之路，对降低成本、提升质量、规范统一、提升管理都有重大意义。在产业发展的早期阶段，各家公司更多是为了生存而采取野蛮生长策略，但随着后期应用的落地和进一步发展，标准化会被补齐，AI 产业是这样，其他产业也是这样。当前，随着 AI 产品方案在各行业的落地，各领域的标准化正在被补齐。图 1-6 所示是《国家新一代人工智能标准体系建设指南》中给出的 AI 整体标准框架。

标准化体系对 AI 产品来说是非常重要的。一个产品的标准化范围越大，对产品的发展越有利，一个产品符合国家甚至国际标准的程度越高，那么在产业链上下游的协作中成本就越低，机会也就越多。另外，随着安全、伦理等相关标准的出现，产品商业化应用的风险也会成为许多客户采购时考虑的因素。因此，从打造 AI 产品的角度来看，标准是需要早期同步关注和参考的。

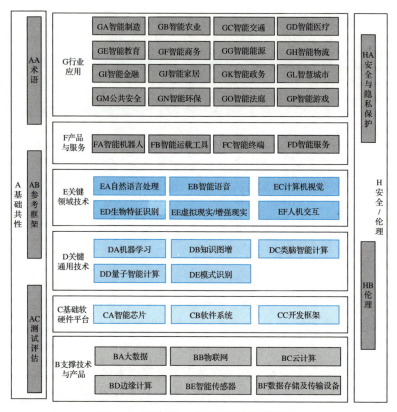

图1-6 国家新一代人工智能标准框架

笔者认为，产品的创新能带来标准的制定。企业的一项技术若能更早地实现产品化、商业化落地，那么企业就可能成为早期标准的制定者，这会帮企业构建产品的竞争力。在市场竞争中，技术和产品参数若都符合现有的标准和规范那么企业会有更大的优势。

1.2.4 AI产品落地的价值与难题

笔者认为AI落地产品可以分为两大类：第一类是以降本增

效为主的产品，第二类是以增加愉悦度为主的产品。

1）降本增效类产品指通过在已有解决方案中加入AI解决方案从而实现降低成本或者增加效益的产品。在这类产品中，AI的作用在于替代、改造生产流程，从而提升生产效率。这类产品更多存在于生产中。这里所说的生产是指更加广义的生产，不仅包括质检、物品生产等工作，还包括与各行业活动相关的业务类工作，比如在政务中进行案件办理等。通俗地讲就是人能做，AI也能做，但是AI做得更快更好。

2）增加愉悦度类产品的核心业务目的是提高愉悦度，虽然其可能也会带来效率上的提升，但是这并非其核心目的。比如AI相机在拍照场景中可进行美颜、检测人脸等操作，还可增加一些可爱、搞笑元素，从而满足了人们的愉悦需求。

AI产品的落地并非一帆风顺，甚至可以说困难重重，除了技术实现上的直接困难，还有几个基础性的难题——成本高、隐私难把控、安全有隐患。如果技术无法解决这些应用场景中的难题，那么就无法落地。三大难题并非在每个场景中都同时存在，但是在不同的场景中，总有一些问题非常尖锐。比如在制造业的应用中，成本问题就会显得突出；而在自动驾驶领域，安全被放在了第一位；在银行领域，个人隐私又显得尤其重要。这些难题指向的解决方法是：更廉价的算力、更高精度的算法，以及数据依赖更少、隐私保护更强的机制。每个场景都有应用的红线，技术每推进一步，就可以解锁更多场景。

1）**成本**：成本问题在AI产品落地的每个场景中都有涉及。当前AI产品落地成本高主要体现在人力成本高、算力成本高两个方面。出现人力成本高的主要原因是与大规模标注数据依赖、算法设计相关的人才稀缺但市场需求量大，以及依赖人的算法要持续定制化、设计精度要持续优化。算力成本高体现在算法在追求精度的同时对参数及其规模的依赖，以及算力硬件在面对大规模使用深度神经网络方法和不断扩展网络参数规模以提升精度时，在成本和功耗上难以招架。

2）隐私：在 AI 应用中，常常被调侃有多少人工就有多少智能，这里所谓的智能，是大量人工通过标注数据得来的，这就可能带来数据泄露问题。在一些场景中，数据隐私问题不突出，比如互联网中数据流通自由，隐私问题相对友好；但另一些场景中对数据在隐私方面要求很高，比如银行和保险业的客户信息、安防监控视频、各类互联网平台的用户数据、电商消费数据、高精密制造业的产品工艺数据等。如何确保数据在获取、存储、传输、使用等环节的隐秘性，是 AI 落地人员要不断思考的问题。

3）安全：AI 中的安全可以分为直接涉及人身的安全和危及财产的安全。自动驾驶是一个颠覆性产业，这个产业中核心性技术之一就是 AI 技术，而 AI 技术在这类产品中最突出的问题是安全问题，而且这种安全是直接涉及人身的安全。自动驾驶导致的安全事故被不断曝光，导致人们对自动驾驶产生了质疑。另外，专门针对 AI 产品的攻击不断出现，如深伪（Deepfake）技术，导致 AI 产品面临的风险越来越多，这类攻击的目的往往都是获得非法收益。比如针对人脸安全验证的攻击。

与学术研究更关注技术理论、提升算法精度不同，在许多商业应用场景中，因为无法解决成本、安全、隐私等问题，技术依然无法落地。当我们大谈场景落地时，需要有可行性研究的意识，这种意识不可只落在技术可行性上，还应考虑经济（市场）的可行性、安全的可行性和法律的可行性。

| 第 2 章 | CHAPTER

AI 产品经理

AI 产品经理是推动 AI 产品落地的重要人员,本章将对 AI 产品经理的含义、职业规划、知识体系等进行介绍。

2.1 什么是 AI 产品经理

AI 产品经理就是对基于 AI 能力打造的业务应用或产品进行管理的人员或职位。

AI 产品经理需要懂 AI 相关技术,但处于不同产业链层的产品经理,对技术的要求也不同。AI 产业链从上到下可分为应用层、技术层和基础层。AI 产品越接近底层(即基础层),对应的产品经理对技术的要求越高。例如做一个人脸识别打卡 App 和做一个 AI 芯片产品,对技术的要求是有很大差异的,后者要求

AI产品经理对技术理解更透彻、更全面。

对于这里所说的"懂技术",有一些误区需要澄清:

1)懂技术不是目的,目的是如何让技术更好地辅助产品经理做出决策,进而做出更好的产品。

2)懂技术不是懂代码,对于产品经理来说,要懂的是产品实现的核心技术逻辑、流程、路径和边界,目的是界定产品范围。

懂技术的产品经理在工作过程中会得到如下好处:

1)更了解技术的局限性。技术是工具,了解这个工具的用法可以更好地理解和解决问题。对于业务和行业中不同的问题,一般可以通过变换技术手段来解决,当所用技术手段受限时,也可以通过产品规则规避。理解技术的局限性后,会在寻找解决问题的方案上更加游刃有余。

2)更懂如何利用技术创新为产品创新提供弹药。早期打造AI产品好比在无人区拓荒,需要有很高的创新性。技术和业务是产品创新的两个源泉,当一项产品技术成熟时,技术创新的权重就降低了,而商业模式和业务创新的权重将升高;当一项产品技术尚未成熟时,技术突破创新对产品创新的贡献会更大。以人脸识别为例,在突破基于深度学习的人脸识别技术之前,市场上已经存在许多人脸识别产品,它们使用传统的特征技术,也可以构建基于特定库的只适用于特定环境的应用。但是,这类应用没有技术的突破,市场非常小。

AI产品经理应充分认识到,技术突破带来的应用场景的解锁可以为早期产品落地插上翅膀,技术突破创新带来的是场景的解锁和产品可行边界的拓宽。

3)更好地沟通。产品经理理解技术可以更好地与负责研发的同事进行沟通,提高产品研发过程中的沟通效率,减少提出技术不可行的方案，以及因此带来的不必要争执。

4）**更专业**。懂市场、懂业务还懂技术的产品经理，无论是在与外部客户沟通时还是对内部人员进行协调时，都会显得更专业、更可信。

相对于其他产品经理，AI产品经理在技术理解方面要求更高。在当下许多AI业务流程中，算法都是作为独立的职能模块进行开发，AI产品经理在懂得基本的软件产品技术原理之外，还应该了解相应的算法维度的知识，具体包括：

- 以深度学习为代表的算法的整体流程和基本原理；
- AI产品中算法的效果；
- 选择和权衡算力，实现算法和算力之间的配合；
- 从数据层面定义业务，完成算法功能边界的定义。

上述这些都对理解AI产品需求、推进AI产品开发、实现产品顺利交付有很大的作用，是AI产品经理的必备技能。

2.2 怎样成为优秀的AI产品经理

想要成为AI产品经理，可以从4个方面考虑：AI产品经理的基本素质、自身优势、定位和途径。

1）**AI产品经理需要的基本素质涉及技术、产品、项目、行业4个维度**。技术即在深度学习相关技术或AI技术方面的认知和经验；产品指的是与产品相关的能力及经验；项目是指在AI产品落地到项目时对解决方案、模式和应用闭环的认识；行业是指对AI落地业务场景或行业业务的理解。这些维度在不同企业和业务部门可能要求各有不同，有些甚至差异巨大，但对于AI产品经理来说，这些维度所涉知识都是要了解的，只不过了解的深浅不同而已。

2）**不同的人有不同的优势**。比如 AI 算法工程师、AI 系统后台工程师转型做 AI 产品经理，在技术认知维度上有一定优势；再如有些候选人所处行业与 AI 产品经理高度匹配，且其本身就是行业中的专家，故其在"AI+行业"落地时，可充分发挥行业理解的优势。

3）**AI 产业链中有众多方向，要明白自己的定位是在基础层、技术层还是应用层，是希望成为技术型 AI 产品经理还是行业应用型 AI 产品经理**。两类 AI 产品经理的简介如表 2-1 所示。

表 2-1　两类 AI 产品经理的简介

类　型	简　介
技术型 AI 产品经理	面向更基础层产品，有较弱的行业属性和较强的技术属性。比如 AI 芯片及工具链、AI 云平台等，如果没有使用过芯片及工具链、没有应用过云平台，甚至对概念都无法理解，则根本无法胜任。市场上有许多基础的科技公司都有技术型产品经理的岗位，这样的岗位对技术转岗的人员更加友好
行业应用型 AI 产品经理	面向纵深行业的产品，有较强的行业业务属性和较弱的技术属性。比如 AI+ 交通、AI+ 安防、AI+ 医疗领域的产品经理，他们更注重如何将 AI 能力应用到纵深行业，既要理解 AI 技术和能力边界，又要了解行业业务，属于 π 型人才，即至少拥有两种专业技能

4）**成为 AI 产品经理的途径有校园招聘和社会招聘两种**。由于高校没有开设产品经理专业，所以在早期的校园招聘中很少开放产品经理岗，那时大部分产品经理都是从其他岗位转过来的，笔者就是转岗大军中的一员。随着产品经理岗位人才需求的增长，校园招聘开始逐渐开放产品经理岗，许多人选择一毕业就成为产品经理。产品经理是对综合能力和实践性要求更高的岗位，相对开发岗位而言，产品经理岗对社会招聘更友好。

无论是校园招聘还是社会招聘,做好职业规划,积累专业素质,结合自身优势寻找有前景的机会,是成为优秀 AI 产品经理的基本路径。

2.2.1 AI 产品经理的职业规划

由于在校时缺乏对职业的了解,许多在校或刚毕业的学生对职业发展较为迷茫。尽早全面了解行业和职业并进行长远的职业规划,可让我们在工作中少走弯路。对于 AI 产品经理,职业规划需要考虑 4 个维度:技术栈、行业业务、职能和平台。

1)**技术栈是某一类技术的集合**,比如许多企业依托 5G 通信、AI、物联网、云计算等技术来打造产品和商业模式。打造科技型产品需要依托于某种技术特性集合,如 AI 中的芯片技术、计算机视觉技术等。了解特定技术栈是打造科技型产品的基础。AI 产品经理在职业规划中应考虑对技术栈的选择。

2)**行业业务是一个行业的痛点、知识、规则、产业链条、商业模式、标准等的集合**。AI 不能算一个行业,只能赋能到某个行业,因此,还应该找到一个纵深的赛道,比如安防赛道、交通赛道,然后深入理解行业业务,只有这样才能更好地实现 AI 为行业的赋能。

3)**职能指的是工作和岗位类型**,比如算法工程师、产品经理。AI 产品经理的职业规划有不少可选择的方向,在产品类型上,可选择做 C 端、B 端或是 G 端产品经理。在大分工的时代,职能是区分一个岗位的标签,它告诉一个员工应该做什么。产品经理对沟通、管理、行业业务、商业、技术都有所涉猎,因此从职能的发展看产品经理有广阔的转型空间,如转型投资经理、解决方案架构师,以及走管理线的产品总监和企业 CEO、走业务线的业务负责人等。

4）**平台是指企业或单位**，不同的企业或单位可提供不同的平台。比如一线龙头企业可以提供很多顶级视角，让产品经理有参与大规模、高规格项目的机会。而在小公司产品经理的工作内容可能更加全面，经历更丰富，有机会培养独当一面的能力。因此，在公司平台的选择上，应该注重考虑自己的能力和经验的拓展需求。

AI 产品经理在进行职业规划时，既要关注上述每个维度上的纵深发展，又要横向成长为多维度复合型人才。

2.2.2 AI 产品经理的知识体系

产品经理在企业中是外部业务，以及内部的产品、技术、运营等的枢纽，因此是一个多面手，需要涉猎的知识非常全面。对 AI 产品经理而言，专业知识体系大体上包括 AI 技术认知、产品生命周期过程管理知识、AI 项目管理知识和行业业务知识。

在知识的标准化上，AI 技术认知、产品生命周期过程管理知识和 AI 项目管理知识是比较基础和稳定的，而行业业务知识会由于行业、业务单位、业务模式和项目的不同而不同，且具有较难获得、差异大、壁垒高、时效性差等特点。

AI 技术认知主要包含理论性内容、工程应用两大方面。理论性内容主要包括如机器学习、计算机视觉、语音识别、自然语言处理等算法的应用知识，工程应用主要包括算法任务的定义、模型训练和评价、落地部署应用等相关内容。整体的知识标签可以表示为图 2-1 所示情形，详细则可参考第二篇的内容。

产品生命周期过程管理关注产品全生命周期中每个环节的基本打造方法，其中涉及的知识是产品经理工作的基础。完整的知识应包括市场感知、产品定义、需求管理、产品设计、产品研发与协同、产品运营及营销等多个维度，如图 2-2 所示。

图 2-1 AI 技术认知

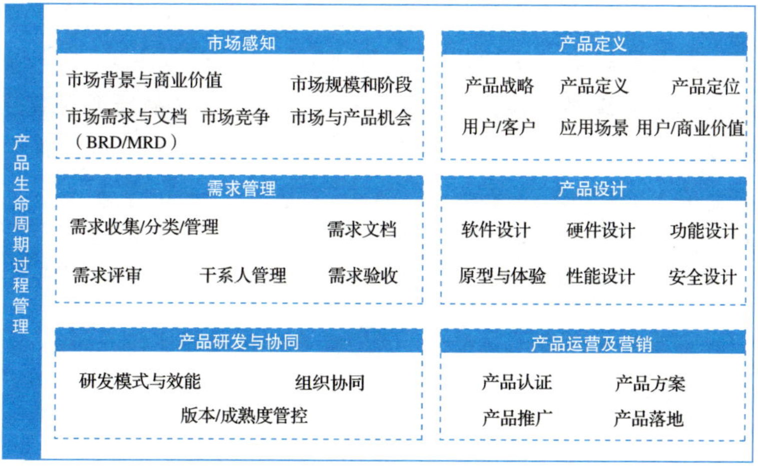

图 2-2 产品生命周期过程管理知识

AI 落地产品中有大量面向 B 端和 G 端的应用，存在大量项目解决方案形式的业务，因此不得不关注 AI 产品在落地过程中涉及的项目管理知识和行业业务知识。项目管理知识和行业业务知识覆盖特定行业中项目从商机、订单、交付、验收到上线运行的完整过程，涉及行业政策标准、业务理解、项目管理等多个方向，如图 2-3 所示。

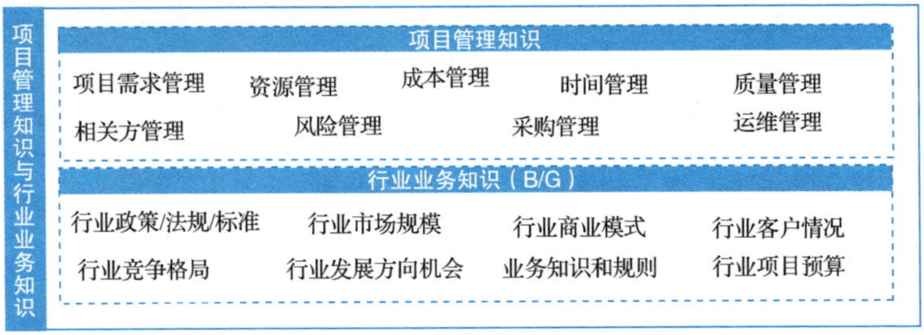

项目管理知识与行业业务知识	项目管理知识			
	项目需求管理	资源管理	成本管理	时间管理	质量管理
	相关方管理	风险管理		采购管理	运维管理
	行业业务知识（B/G）			
	行业政策/法规/标准	行业市场规模	行业商业模式	行业客户情况
	行业竞争格局	行业发展方向机会	业务知识和规则	行业项目预算

图 2-3　项目管理知识与行业业务知识

本节仅从宏观角度对知识做了划分，后续章节还会对相关细节内容进行深入解读。对于行业相关知识，由于不同行业相距甚远，因此在这里并未针对 AI 应用落地行业（如交通、医疗）做详细的知识梳理。本书所讲知识体系可支撑 AI 产品经理利用对 AI 基本技术的认知、应用产品过程管理手段来打造产品，并在行业项目中成功落地产品。

第二篇
AI 技术

一直以来,"图灵测试"都被作为测试系统智能程度的标准,即计算机回答了人类提出的问题,而人类不能区分自己的问题的回答是来自人类还是计算机,此时就可认为这台计算机通过了测试。从图灵测试的角度看,计算机只有具备了感知理解和交流能力(自然语言处理)、在存储交流中获得信息的能力(知识表示)、运用已知的信息回答和交流的能力(自动推理)、学习和适应新情况和模式的能力(机器学习),才能认为它可能是智能的。如果计算机还需要进行物理交互,则还需要具备观察的能力(计算机视觉)、反应和行动的能力(机器人学)等。上述这些能力实现覆盖了大部分 AI 技术。

AI 技术涵盖领域很广,从感知维度看,涵盖了计算机视觉、语音识别、自然语言处理等;从认知维度看,涵盖了知识表示、知识推理等;从行动维度看,涵盖了机器人学、规划、决策等。而"学习",贯穿了感知、认知和行动这三个维度。

本篇将从 AI 理论及算法、AI 工程应用技术两个维度展开介绍,其中 AI 理论及算法包括机器学习、多模态感知及理解、机器人学与运动规划三方面,多模态感知及理解又从视觉、语音、语言三个角度展开介绍;AI 工程应用主要介绍云原生的 AI 应用。

| 第 3 章 | CHAPTER

机器学习

机器学习是 AI 领域的重要方向,得益于机器学习中深度学习方法的突破和发展,当前的 AI 浪潮才会如此汹涌。机器学习是机器通过经验和数据提高自身的感知、认知、思考和行动能力的科学,是来自计算机科学、统计学、心理学、神经科学、控制理论等的交叉学科。

3.1 机器学习概述

美国华盛顿大学的佩德罗·多明戈斯(Pedro Domingos)对机器学习下了一个定义:机器学习由三个部分组成,分别是表示、评价和优化(见图 3-1)。

1）**表示是指建立问题与数据的抽象模型**。"问题抽象"是对待解决的问题进行抽象化处理，即将问题转换成一道逻辑题或者数学题。比如，判断一张图片中的动物是否为猫，结果无外乎"是"或"不是"两种，那在算法上就可将它看成一个二分类问题，输出就可定义为0或1。"数据抽象"即用数据来刻画物理世界中的事物。仍以判别猫为例，判断一张图片中的动物是否为猫，需要关注动物的脸、毛发、身体等方面的特征，将这些信息用数学方式表征，然后经过综合评估，就能完成判断。在对问题、现实情况有了充分的理解之后才能进行算法的选择，再之后机器才有机会参与进来，执行具体任务。

2）**评价是指设定目标函数及评价模型性能**。设计好模型之后，最重要的一步就是评价模型的好坏，这个时候就需要设定一个目标函数，该函数用于评估模型的优化目标和模型指标。以对猫的判别为例，在目标函数上，可通过特征向量距离来评价一个图像目标是否像猫。在数据集的准确率上，可以通过"错误率"等指标来评价分类模型。

3）**优化是指求解目标函数在模型下的参数最优解**。目标函数中存在许多未知参数，求解这些参数，让模型目标函数得到最优结果，即让模型能够获得最小错误率或者最小均方误差。算法优化的过程即逐步调整数据、算法或参数来达到最优目标的过程。

图 3-1 机器学习的 3 个组成部分

机器学习可以根据多种分类标准进行划分：按照函数的复

杂度，机器学习可以分为线性模型和非线性模型；按照学习准则的差异，可以分为统计方法和非统计方法；按照华盛顿大学教授佩德罗·多明戈斯归纳的流派，可以分为符号主义、贝叶斯派、联结主义、进化主义、行为类比主义；按照数据样本提供的信息和反馈方式，可以分为监督学习、无监督学习和强化学习，另外近些年，半监督学习、自监督学习等范式也被提出。这里我们按照最后一种划分方式对机器学习进行介绍。

3.1.1 监督学习

监督学习是一种机器学习方法，即机器通过人工给定的标注，比如告知机器某张图片中的是猫，另外一张图片中的是狗，学习数据特征以及标注信息中一一对应的映射关系，从而在部署应用中，根据一定的策略把数据特征预测出来。

监督学习训练的过程由信息输入（如图片、文本等）和预期输出（标签）组成。标签可以是连续的数值，也可以是离散的分类项。根据输出标签的不同，监督学习要处理的任务可以分为回归任务和分类任务两种。回归任务主要指预测某一实数结果的任务，如预测产品市场价格、股票价格等，使用的主要方法是线性回归。分类任务主要指预测某种样本所属类别的任务，如预测动物的分类、物品的分类等。

常见的监督学习算法包括：k-近邻（k-Nearest Neighbors，kNN）算法、决策树、朴素贝叶斯。监督学习方法的基本工作流程如图 3-2 所示。

在监督学习的工作流程中，首先要对原始数据进行人工标注，即为数据提供人工监督信息，形成训练数据集；其次利用带监督信息的训练数据集对算法进行训练，模型就拥有了辨别能力，之后模型可部署到应用中，并对类似的数据进行判别。

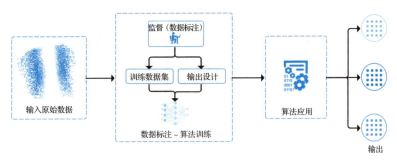

图 3-2 监督学习的工作流程

3.1.2 无监督学习

无监督学习与监督学习最大的不同是,前者不需要人工标注。在现实世界中,大部分数据也是没有被标注的,机器可以根据算法(如聚类、降维等)对数据进行处理,实现机器视角的特征归类。无监督学习的工作流程如图 3-3 所示。

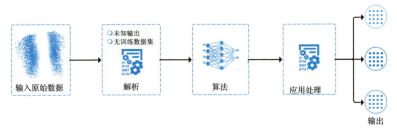

图 3-3 无监督学习的工作流程

在无监督学习中,不需要对数据进行人工标注,而是由机器对数据进行解析,得到特征之类的机器可理解的表征,再通过聚类算法等获得数据的分布,从而得到数据类别。无监督学习可依靠算法找到数据内在的监督信息。

在 AI 应用中,由人工进行大量数据标注是非常奢侈的,所以无监督学习可大大降低实现成本，在实际中有不少应用。比如在大规模人脸识别应用中，对人员的聚类分析；在制造业中，由于缺陷的样式多种多样，可通过对正常和异常样本的对比实现产品是否正常的判断；在互联网应用中，由于用户的类型众多，难以人工一一划分，可通过聚合的方式实现用户画像划分。

3.1.3 强化学习

强化学习也叫增强学习，是智能体与环境通过交互完成序列化的过程，一般由系统环境、智能体（Agent）、状态、行动和奖励五个部分组成。在这个过程中，智能体通过不同的行动，作用到系统环境中，系统环境根据行动的结果，给予智能体奖励或者惩罚，同时反馈当前系统环境的状态。为了获得最多的奖励，智能体会在这个过程中不断调整行动，以求用更优的行动来获得更多的奖励，最终完成任务。以 AI 玩通关游戏《超级玛丽》为例子，玩的时间越久、通过的关卡越多，获得的奖励就越多，在通关的过程中可操作的动作有向前跑、跳等，智能体通过不断尝试，最终会学习出一套通关的策略以帮助完成任务。强化学习的基本流程如图 3-4 所示。

强化学习是通过不断试错和追求最大化长期回报这两个特征来实现的，突破了监督学习标注数据的局限，也突破了非监督学习无法与环境动态交互的局限，为机器学习拓展了实现路径。强化学习十分适合用于决策类的场景，如训练控制算法和游戏 AI 等。在深度神经网络取得突破性进展之后，两者结合得到的深度强化学习更是助力 AlphaGo、AlphaZero 等象棋应用打败了人类。

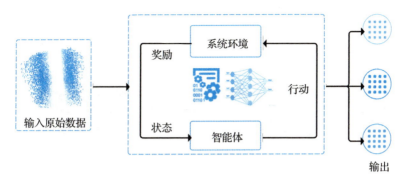

图 3-4　强化学习的基本流程

3.1.4　自监督学习

除了监督学习、无监督学习和强化学习三种区分性较强的学习范式外，近些年，半监督学习、自监督学习等范式被不断应用。半监督学习是监督学习和无监督学习的结合，一般来说，半监督学习是在人工标注数据远远不够的情况下，通过少量标注数据和大量未标注数据进行学习的方式。在应用中，如何应用好大量未标注的数据，得到比应用大量标注数据更好的效果，是半监督学习方法需要关注的。

自监督学习是近些年比较活跃的研究领域，自监督学习是通过数据本身的标签或者变换得到的标签进行学习的，不需要专门的人工标注的标签。换一种说法，它从大规模数据中挖掘或者构造自身的监督信息，利用这些内在监督信息对网络的表征进行学习，从而在下游任务应用中，只需要少量的监督数据就可以获得较好效果。

自监督学习由于无须提供人工直接标注的监督数据，故可以认为它是一种无监督学习，但从监督信息的角度看，它又存在自身挖掘或构造的监督信息，故又可以认为它是一种有监督学习。例如学习如何将黑白视频转换为彩色，可以先将彩色视频转为黑白视频，再将彩色部分作为监督信息来训练模型，模型因此学会从黑白到彩色的映射关系,而不需要人工专门为黑白视频标注上色;又例如,将图片中一部分区域遮挡,让机器学习如何恢复,如图 3-5 所示。

图 3-5　遮挡区域下的图像恢复

3.2　深度学习

3.2.1　什么是深度学习

深度学习是近年来发展最快的机器学习分支。深度学习是深度神经网络及其训练方法的统称。了解深度学习,应先从神经网络开始。

神经网络是由神经元组成的,人工神经元是模仿人的大脑的神经元细胞的基本模型。生物神经元包含了树突、细胞体、轴突、突触这 4 个主要部分,神经元有抑制和兴奋两种状态,当处于激活状态时,神经元处于兴奋状态,会产生电信号并将电信号传递给下一个神经元。在神经元中,树突用于接收信号,信号经过细胞体处理之后若满足激活条件,则通过轴突和后面的突触向另一个神经元输出。多个神经元之间的连接和层级组合构成了神经网络,如图 3-6 所示。

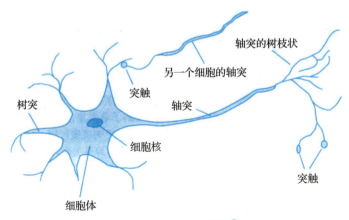

图 3-6 神经元结构图[1]

人工神经元包含了输入、处理、激活、输出 4 个部分。输入可以是原始信号，也可以是经过神经元处理的信号，信号经过不同神经元连接加权后会得到信号数值（加权和），该数值再经过激活函数的判断，就会得到输出信号。人工神经元和生物神经元有极大的相似性，人工神经元的结构如图 3-7 所示，不同环节及作用的对应关系详见表 3-1。

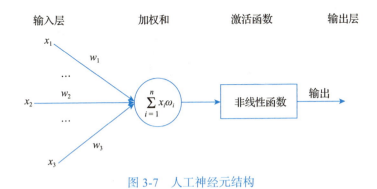

图 3-7 人工神经元结构

---

[1] 参见罗素和诺维格撰写的《人工智能：一种现代的方法》。由人民邮电出版社于 2010 年出版。

表 3-1　生物神经元与人工神经元对应关系

生物神经元	人工神经元	作　用
树突	输入层	接收输入信号
细胞体	加权和	处理信号
轴突	激活函数	信号控制
突触	输出层	结果输出

最小可学习的神经网络被称为感知机，多个感知机进行层级连接组合就可以得到多层感知机。多层感知机一般有一个输入层、一个输出层，还有一个或多个隐藏层，如图 3-8 所示，多层感知机所有层之间是全连接的，故这些层统称为全连接层。

多层感知机也就是我们说的人工神经网络，而随着隐藏层的增加，网络深度也在增加，我们称具有两个以上隐藏层的神经网络为深度神经网络，如图 3-8 所示。对于深度神经网络的训练，一般会使用反向传播（Back Propagation，BP）算法。

图 3-8　全连接的深度神经网络

深度学习算法本身是一种优化问题的方法，该方法的优化效果取决于网络结构（建模）和参数。在不同的应用场景中，通过调整网络结构,以及通过数据训练网络参数,可得到最优的应用模型。深度学习可以理解为一套解决问题的数学模型,通过构建公式和学习参数,得到最后的解决问题的表达式。深度学习之所以强大,是因为深层网络可以学习数据中更深层的特征信息,因此深度学习本质上是一套拥有强大表征学习能力的通用的信息处理算法。深度学习通过更改接收和处理信息的结构和训练方法,可以应用于计算机视觉、语音识别、自然语言处理及其他各类信号处理等场景。

在 AI 领域,有许多关于学习的概念,比如机器学习、深度学习、强化学习等,各种概念和方法之间的关系是怎么样的呢?

从归属上看,深度学习是机器学习的子集,而机器学习是 AI 的子集。上文提到,机器学习又可分为监督学习、无监督学习、强化学习,而这三种算法与深度学习是一种交叉关系,也就是它们中有一部分属于深度学习。具体的结构关系示意如图 3-9 所示。

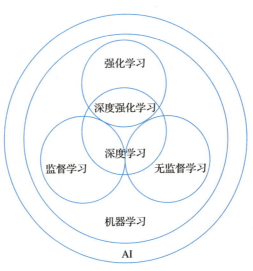

图 3-9 深度学习与其他 AI 算法的关系

3.2.2 深度学习的发展和局限

以2006年为学术起点,深度学习至今(本书完稿时)经历了近20年的发展,经历了从实验室走向工业界的过程,在视觉、语音、语义等各个模态中得到深度应用,在智慧城市、交通、医疗等各个领域广泛落地。深度学习的发展离不开算力、数据的支撑,也离不开算法本身的不断改良革新。

深度学习的改良发展可总结为两大路线:一类是"大"路线,即大模型、大算力、大数据;另一类是"小"路线,即小模型、小算力、小样本。这两条路线也代表了两种应用场景,即云和端。在云场景中,有丰富且强大的算力用于处理海量数据,在这种场景下深度学习可集中解决中心化的问题,并突破问题的边界;在端场景中,算力、存储小,故这种场景中的深度学习更讲究经济性。

1)在模型维度,"大"路线最具代表性的就是基于Transformer技术路线的超大规模预训练模型(如GPT-3等),该模型追求强大的表征能力;"小"路线最具代表性的是包括MobileNet等在内的一系列用于端场景的模型,该模型关注如何在保持精度的情况下对算力和存储要求更小,并更快得到结果。

2)在算力维度,"大"路线追求如何利用大规模算力快速实现分布式训练、推理;"小"路线追求如何极致利用小算力。

3)在样本维度,"大"路线追求用更多的数据让机器泛化能力更强;"小"路线追求小样本学习,可以举一反"百"。

尽管深度学习在很多领域获得了很大的成功,也有不错的发展前景和持续提升的空间,但是在商业落地上依然存在很多问题。这些问题很多是由深度学习的局限性导致的。

1)**数据贪婪性**。为了在应用中达到足够高的准确度,深度学习通常需要非常大的数据量,这导致在数据收集、标注、管理、计算等各个环节都会产生极高的成本。单从收集的角度讲，在许多场景中，正样本数据本身出现的概率就很低，故收集足够多的正样本所需的时间、人力成本是巨大的，比如在一些精密制造场景中收集某个类型的缺陷数据、在交通场景中收集事故数据等。如果数据量少，深度学习算法的精度会急转直下。本质上，深度学习是通过人工标注来"教"模型的，而且所需的标注数据量与人类学习相比要大很多。尽管研究者仍在不断探索小样本的深度学习，但是在一些对精度要求高的场景，大数据量依然是保证高精度的基础。深度学习的数据贪婪性还带来一个问题：在实际应用中，很多问题的分布是呈长尾性的，训练时看到的仅是80%的类型，而在落地应用过程中，对于处于长尾状态的20%的样本数据，可能模型从来没有见过，这会导致识别效果大幅下降。

2）可解释性问题。一直以来，神经网络都是以"黑箱"的形式存在的，人们通过"喂"数据会得出一个模型，当通过该模型对一个样本进行预测时，是由哪一层帮模型得到最终的判断，人们难以得知。尽管近些年，可解释AI成为一个研究方向，许多研究者不断寻找模型的可解释性，在一些应用中也的确提供了许多可解释的元素，但深度学习的可解释性依然很弱。而在一些关键性应用场景（比如自动驾驶导致的事故）中，我们需要追根溯源找到原因，深度学习的可解释性问题就会显得格外严重。

3）泛化能力弱。深度学习可以在特定的场景中达到极高的精度，但是当模型迁移到相似场景的时候，效果却大大下降，甚至在面对两张相同的图片时，对第一张图片识别效果很好，在识别加入特定小扰动的第二张图片时，算法会立刻失效。近年来，许多攻击利用了深度学习这方面的弱点，比如在人脸识别应用中，只要人们戴上一副特制眼镜，系统就无法正确识别人脸了。在一些非关键的应用中，算法因泛化失效所造成的影响是小范围可控的，但是在如自动驾驶、高精密安全检测等场景中，可能带来灾难性影响。如何提升泛化能力是深度学习算法需要不断优化的方向。

围绕上述问题，无监督学习、小样本学习、可解释AI、针对数据隐私保护的隐私计算、构造通用化的模型（如大规模自监督预训练方法进一步的发展）等都是深度学习需要不断深入研究的方向。相信未来会在这些方向有越来越多的成果，补齐当前深度学习的短板。

3.2.3 迁移学习

数据、知识和能力是有领域划分的，就像专家都是分领域的。当前的AI大部分是专用领域的AI，即专用场景的智能。以往当业务变化，需要将智能应用部署到相似的别的场景时，就需要重新训练和学习，而这种学习方法从类脑学习的角度来看是低效的。人类会对知识和能力进行迁移，比如学会了骑自行车，学开摩托车就可以非常容易，能力的迁移和复用是人类基础学习能力之一。

在机器学习中，特别是在深度学习中，迁移学习也被作为一种补充方法被广泛应用。迁移学习可将某一个之前学习到的模型经过迁移，应用到另一个场景中。比如在计算机视觉中，将学习了鸟的分类的模型迁移到飞机分类的应用中，将识别了万物的模型应用到识别专用物品的分类上等。迁移学习是希望用最小的学习代价达到最好的学习效果，两个任务之间的特征和数据分布相似度越高，越适合使用迁移学习。随着模型参数规模不断增大，训练一个基础模型变得越来越昂贵，此时被证明有效的迁移学习开始发挥重要作用。

3.2.4 大规模预训练模型

随着BERT、GPT等大规模预训练模型（Pre-Trained Model，

PTM）在自然语言处理领域获得巨大成功，大规模 PTM 获得广泛关注。大规模 PTM 可以从大批量的标注或未标注的数据中学习到强大的表征能力，基于大规模 PTM 对少量数据做进一步微调，即可复用和迁移其强大的表征能力，这在下游任务中表现更好。使用大规模 PTM 而不是从零开始学习，已经是在应用深度学习技术时人们的共识。

大规模 PTM 的发展过程如图 3-10 所示，可以说大规模 PTM 来源于迁移学习。如果上游的预训练是通过有标注的数据进行的，并在下游使用标注/未标注的目标数据进行迁移，则是监督式预训练，如图 3-10 左侧分支所示。如果上游的预训练是通过未标注的源数据，下游通过未标注/标注的目标数据进行学习的，则是自监督预训练，如图 3-10 右侧分支所示。图中两个分支最底部的代号对应着模型实例。

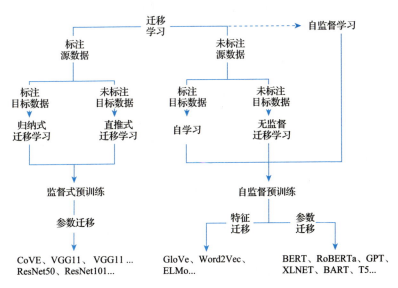

图 3-10　从迁移学习、自监督学习到大规模 PTM

监督式预训练是早期的深度学习任务常用的方法,可以加快模型训练速度,对于小样本集来说可以更好地提升模型精度。而自监督训练取得了更加亮眼的效果,自监督预训练成功的关键是自监督学习与Transformer的整合,最具代表性的就是BERT模型和GPT模型。

大规模PTM的核心是网络架构、大规模数据的设计和利用、高效的计算。在网络架构方面,大规模PTM基于Transformer发展出了多种架构思路;在大规模数据的设计和利用方面,基于多语言语料、多模态数据、外部知识增强等,可充分利用预训练数据;在高效计算方面,则通过系统级的计算优化、更加高效的学习算法、对网络模型进行压缩等方式来提升计算效率。这一切动作都是为了更快、更好地得到一个上游的自监督预训练模型,随着架构、数据、计算的规模越来越大,大规模PTM在各类下游任务中也得到了极其喜人的效果,在自然语言处理的学术榜上频频刷新和超越人类基准,而在视觉领域的数据集中也已大大超越了以往的方法。学术界和工业界对大规模PTM的期望达到了空前的高度,甚至期望进一步探索走向通用智能的道路。与此同时,模型参数规模也越来越大,如由北京智源人工智能研究员牵头研发的"悟道2.0",参数规模达到了1.75万亿。

大规模PTM的思想与人类学习知识有诸多一致性,都是期望掌握强大的基础表征或学习能力之后,便可以触类旁通,用更少的信息就可以举一反三。从这个角度看,大规模PTM的确是极具前景的技术路线。

3.3 生成对抗网络

生成对抗网络(Generative Adversarial Networks, GAN)是一类

无监督的机器学习模型,是 Ian Goodfellow 等人在 2014 年提出的。生成对抗网络包含了生成器和判别器两部分。生成器和判别器都可以是神经网络,生成器生成仿真样本,判别器判别样本好坏,两者形成一种竞争对抗的关系,在竞争中两部分都不断优化提升。

图 3-11 所示为早期 GAN 的一般结构,生成器将噪声向量作为输入并生成假的图像,然后提供给判别器,判别器对真图像和假图像进行鉴别,判断数据是否为真。

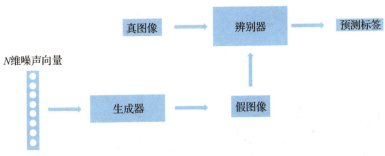

图 3-11　生成对抗网络示意图

GAN 在图像和语音等领域都有应用,其中在图像领域应用非常广泛,产生了许多框架,如 DCGAN、StyleGAN、BigGAN、CycleGAN 等,在人脸生成、动物和环境生成、人脸不同年龄段生成、通过文本语义生成图片等任务中获得了逼真的效果,如图 3-12～图 3-14 所示。

图 3-12　BigGAN 生成的图像

照片→印象派画

普通马→斑马

图 3-13 CycleGAN 图片风格转换

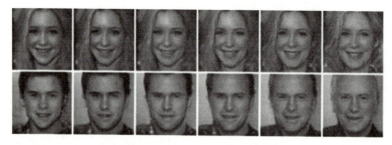

图 3-14 Age-cGAN 年龄变换

近几年,基于 GAN 的 Deepfake 换脸技术更是将人脸无缝换到视频图像中的目标人物上,而且达到肉眼已经难以区分的程度。但是,生成逼真的图像有可能带来欺诈、安全相关的问题,在互联网如此发达的年代,很容易带来舆论风险。

3.4 元学习

一般来说,我们使用机器学习来学习一个任务,是学习一

个从 X 到 Y 的映射。比如学习分辨猫和狗的任务，我们需要收集大量的猫、狗的标注数据，然后对模型进行训练，当训练完成之后，模型可以用于预测图片中的是猫还是狗。但是当我们拿一张鱼的图片给该模型预测的时候，模型依然只能将图片中的动物分为猫或者狗，即该模型没有辨别鱼的能力。当我们想重新学习一个鱼的分类任务时，就需要重新收集鱼的图片，然后重新学习模型映射。这就是监督学习的最大缺点。针对这个问题，业内提出了许多方法，其中一个就是快速实现模型从一个领域到另一个领域的转换，就好像人学会了辨别万物之后，再面对未知的东西，只需要针对一两张新图片进行再学习，就可以快速掌握。如何让机器也学会学习？元学习（Meta Learning）就是这样一种技术。

元学习是机器学习的一个子领域，其思想是让机器学会学习。学习是一种基础能力，在这种基础能力的加持下，机器可以在已有知识的基础上快速学习其他领域的知识。元学习在方法上可划分为三种：基于模型的方法、基于度量的方法和基于优化的方法。下面介绍基于度量和优化的元学习方法。

3.4.1 基于度量的元学习

深度学习的成功在于深度神经网络可更好地学到数据的特征表示，当一个数据经过神经网络时会得到一个特征向量。不同的数据进入网络则会得到多个不同的特征向量，在特征空间中特征向量之间的距离和真实语义下的相似度可一一对应，这种距离相当于一个度量，与之对应的元学习方法被称为基于度量（Metric-based）的元学习。

基于度量的元学习具体落地的方法是孪生神经网络（Siamese

Network）。孪生神经网络是一种相似性度量方法，当类别多但每个类别的样本数量很少，或分类任务中训练样本集很难达到用一般分类方法训练所需的数量时，可以使用这个方法。

孪生神经网络包含了两个部分，第一是共享的卷积神经网络，第二是对两个距离的度量，如图 3-15 所示。在输入数据集上，需要输入两张图片 (X_1, X_2, Y)，X_1 代表第一张图片，X_2 代表第二张图片，Y 代表两者的标注结果。$Y = 0$ 表示 X_1 和 X_2 是同一种分类，$Y = 1$ 表示 X_1 和 X_2 是不同分类。孪生神经网络学习的目标是让相同类别的图片度量距离尽量小，不同类别的图片度量距离尽量大。最终网络学习到的是判断不同图片之间相似性的能力，这样在新增小样本类别的情况下，可以通过学习新的类别样本与其他所有样本之间的距离，快速获得新类别的分类能力。

除了孪生神经网络之外，匹配网络（Matching Network）、关系网络（Relation Network）都是基于度量的元学习方法，这里对此不再详细展开，有兴趣的读者可以自行研究。

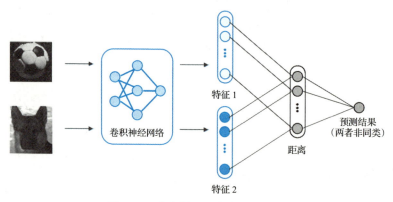

图 3-15　孪生神经网络判别示意图

3.4.2 基于优化的元学习

另一类元学习方法是基于优化(Optimization-based)的元学习。一般来说,深度学习算法是关于建模的算法,即在构建深度神经网络之后,还需要由优化算法对网络参数进行训练,从而找到最优参数。而优化算法一般通过反向传播算法(梯度下降的神经网络形式)不断进行迭代优化,更新权重,最终得到最优网络参数。对于从零开始训练的深度学习任务,网络参数一般都是从随机初始化开始的,随机初始化的缺点就是需要足量的数据和较长的时间才可以训练好一个模型。而基于优化的元学习方法期望在超参数优化中(比如在网络模型初始化中)寻找更好的方法,以求更快、更好地学习新能力。

基于优化的元学习方法包括 MAML(Model-Agnostic Meta-Learning[一],未知模型的元学习)、Reptile(可扩展元学习)等。MAML 希望通过许多训练任务,学习一套初始化参数,也就是模型的"先验知识",通过学习到的"先验知识"可以在新的任务中更快、更好地达到任务的最优结果。通俗地说,设计 N 个训练任务,MAML 期望在这 N 个训练任务中学到一套初始化参数,这套参数不是某个任务的最优解,而是 N 个任务的折中最优解,这个解在每个任务中都可以被快速优化,即在学习新任务的时候,这套初始化参数可帮助最快优化模型。MAML 和迁移学习有相似之处,但是不完全相同,MAML 是通过在多个任务训练集中找到对所有任务折中的初始化参数来达到目标的,而迁移学习是在一个源域任务中找到最优参数,再迁移到目标域任务上,

---

[一] 参见 Chelsea Finn、Pieter Abbeel、Sergey Levine 撰写的"Model-Agnostic Meta-Learning for Fast Adaptation of Deep Networks",发表于 2017 年的 ICML。

这里说的源域可以是 MAML 中多个训练任务的集合，且迁移学习应一次性在这个集合中找到最优解。

3.5 联邦学习与隐私计算

在深度学习中，为了让算法达到可应用落地的效果，除了模型本身要具有良好的特征学习能力外，还要有大量的标注数据。大批量的数据标注会面临 3 个问题：

1）在一些场景中，对数据的标注需要具备专业知识，比如在医疗领域。

2）数据的标注一般需要从需求方采集数据并汇集到算法方，一些需求方对数据安全的要求非常高，难以对外提供数据，对于高敏感数据甚至在一个企业内部的部门之间流通都非常困难。

3）有些数据的产生是长周期的、长尾的，在数据标注方面的投入难以集中一次性完成，这是一个持续的、长期的过程，这会导致数据和算法的运维成本高昂。

上述 3 个问题中，数据安全是最为棘手的问题。如何解决隐私和数据安全问题，是 AI 发展必须面对的一个重要问题，而联邦学习是一个可行解决方案。

3.5.1 什么是联邦学习

联邦学习是多方合作的机器学习，是一种各个参与方可共同进行建模，在数据不出本地、保证数据安全的情况下对模型进行联合训练并共享最终模型的方法。

举个例子，如果公司 A 和公司 B 各有一批数据，按照原来的模型训练方法，会将 A 和 B 的数据分别拷贝到算法公司 C，C 对数据进行标注，并在训练输出模型之后给 A 和 B 提供服务。

如果 A 和 B 都具备模型训练的能力，但 A 和 B 的数据不能共享，则只能由 A 和 B 各训练一个模型，但由于无法利用双方的数据，两者的模型都不是效果最优的。联邦学习的出现既可以使之符合数据隐私的规范，又可以解决因两者互补数据无法共享而无法训练高质量模型的问题。

联邦学习的核心是在本地训练模型以及加密、更新、共享参数，并最终优化出高质量的联合模型，如图 3-16 所示。

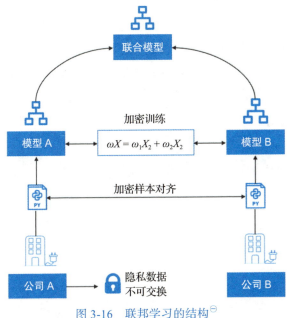

图 3-16　联邦学习的结构[一]

联邦学习最重要的价值是解决了安全隐私问题，从而解决了数据孤岛问题，这促进了更丰富信息在个体之间的交换，加速了 AI 创新应用。联邦学习还会促进企业之间的合作，催生新的商业模式。

[一] 引用自微众银行人工智能部等发布的《联邦学习白皮书》。

3.5.2 联邦学习的分类

联邦学习的核心是在解决数据隐私的基础上,实现模型参数之间的共享和模型联合优化。针对不同合作方之间数据的组织形式,可以使用不同的联邦学习方法,因此我们按照数据的分布形式,将联邦学习分为横向联邦学习、纵向联邦学习和联邦迁移学习。

这里所说的不同合作方之间数据的组织形式,是指合作方之间用户身份和用户特征的重合度,用户特征是指用户的属性信息,比如用户的年龄、性别、收入等。当用户特征重叠多,但是用户身份重叠少的时候,对应为横向联邦学习;当用户特征重叠少,但是用户身份重叠多的时候,对应为纵向联邦学习;当用户特征和用户身份重叠都比较少的时候,对应为联邦迁移学习。三类联邦学习的示意如图 3-17 所示。

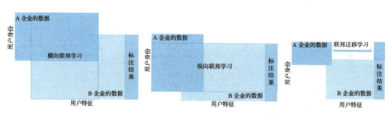

图 3-17 三类联邦学习的示意⊖

1. 横向联邦学习

在两个数据集的用户特征重叠较多但是用户身份信息重叠较少的情况下,我们对数据集按照横向进行切分(横向指按照行来切分数据,即用户维度),并对双方用户相同而用户特征不完全相同的数据进行训练,这种方式称为横向联邦学习。例如有两家证券公司,分布在相隔很远的两个地区,因此用户身份交集很小,但因为

⊖ 引用自微众银行人工智能部等发布的《联邦学习白皮书》。

是相同的业务类型,故特征数据特别接近,如图 3-18 所示,这种情况就可以用横向联邦学习。从本质上看,横向联邦学习是样本的联合,适用于触达用户不同,但特征维度重叠多的场景。谷歌最早使用横向联邦学习解决安卓用户在手机终端更新模型的问题。

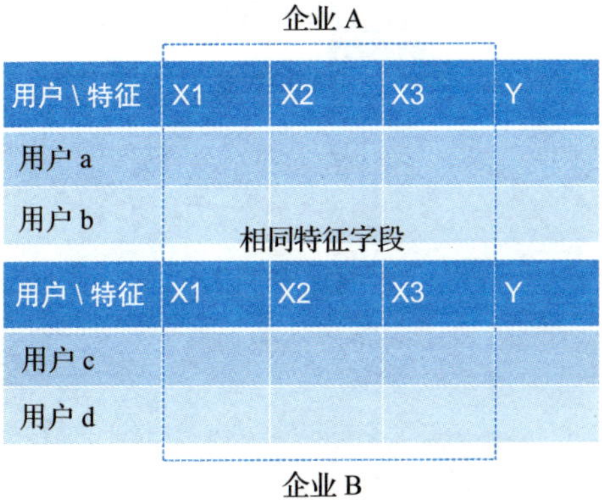

企业 A

用户 \ 特征	X1	X2	X3	Y
用户 a				
用户 b		相同特征字段		
用户 \ 特征	X1	X2	X3	Y
用户 c				
用户 d				

企业 B

图 3-18 特征重合度高的数据集

横向联邦学习在学习过程中需要有中心服务、参与方,如图 3-19 所示。参与方首先从中心服务下载最新的模型,使得三方模型同步;每个参与方利用本地数据训练模型,然后将加密梯度上传至中心服务,中心服务聚合各用户的梯度来更新模型参数;中心服务将模型的更新项返回给各参与方,各参与方更新各自的模型。

2. 纵向联邦学习

纵向联邦学习是在两个数据集用户身份信息重叠较多,但是用户特征重叠较少的情况下使用的一种联邦学习方法,主要针对用户相同但用户特征不完全相同的部分数据进行训练。比如同一地区有两家业务不同的机构,A 是超市,B 是银行,它们的地理位置很近,用户群体都为本地居民,所以用户的交集很大,如图 3-20 所示。但两者业务数据差异大,超市记录的是会员的购买品类和历史,银行记录的是用户的资金存取记录、信用评级等,故两者的用户特征交集少。纵向联邦学习通过加密状态下特征的聚合训练,来增强模型的学习能力。

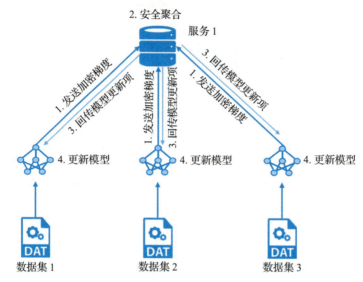

图 3-19　横向联邦学习的学习过程

企业 A					企业 B			
用户\特征	X1	X2	X3	Y	用户\特征	X4	X5	Y
用户 a				相同用户	用户 a			
用户 b					用户 b			
用户 c								

图 3-20　用户身份重合度高的数据

　　传统方法在实现相同用户、不同特征数据的模型训练时,需要将企业 A 和企业 B 的数据进行汇集,将每个用户的特征联合成一个数据集再进行训练。而在纵向联邦学习中,首先需要进行加密样本对齐,这是系统级加密操作,企业双方不会互相暴露用户信息；其次是对对齐的样本进行加密训练。加密训练需要由中心服务协同进行，具体如下。

1）对企业 A 和企业 B 发送公钥，公钥用于加密传输数据。

2）A、B 分别计算与自身相关的中间结果，并对中间结果加密后交互，然后两者计算各自的梯度和损失。

3）A 和 B 将各自计算的加密梯度和损失汇集发送给中心服务 C。

4）C 解密梯度和损失后回传给 A 和 B，双方更新模型。

纵向联邦学习结束后，参与方只得到自己侧的模型参数，以及自己所需的业务模型。

3. 联邦迁移学习

联邦迁移学习是在用户身份和用户特征都很少重叠的情况下进行的联合学习方法。例如不同地区的证券公司和超市，它们在用户和业务上的差异都很大，导致用户特征差异也很大。迁移学习是一种"举一反三"的学习，比如当你学会打乒乓球之后，就可以快速利用已学会的打乒乓球的技能来学习打羽毛球。

在联邦迁移学习中，联邦主要表现为 A 和 B 可以通过中间训练结果共同学习一个模型，而迁移主要表现为 B 在 A 的分类能力基础上实现了迁移。

3.5.3　联邦学习框架与应用

尽管联邦学习的研究时间不算长，但在产业界已有许多联邦学习的应用框架，如微众银行的 FATE、谷歌的 TensorFlow Federated、百度的 PaddleFL、OpenMind 的 PySyft。

1）FATE（Federated AI Technology Enabler）是微众银行 AI 团队发布的用于联邦学习的开源计算框架，是一套基于数据隐私计算的分布式 AI 计算框架，为机器学习、深度学习等提供了高性能隐私计算。FATE 支持纵向联邦学习、横向联邦学习和联邦迁移学习。

2）PySyft 是 OpenMind 开源的联邦学习计算框架，主要支持横向联邦学习，框架底层支持 TensorFlow、Keras、PyTorch 等热门深度学习框架。

3）百度在 2019 年年底开源了联邦学习工具 PaddleFL。PaddleFL 通过 PaddlePaddle 生态引流，在用户推广上有一定的优势。

联邦学习在金融、保险等领域应用较广，这些领域拥有丰富的用户数据，但用户数据的隐私安全要求非常高，机构内不同部门、机构之间均难以共享，因此是联邦学习很好的应用场景之一。下面以信贷风控为例，讲解领域痛点和联邦学习解决方案。

信贷行业在评估贷款的时候，需要了解贷款对象的信用情况和资质，这些信息来自非常多的维度。如面对小微企业信贷需求时，需要有效的企业经营数据，但这些信息分布在非常多的机构中，很难有效打通及综合利用。另一个是面对小微个人贷款时，需要贷款人的有效画像数据，贷款人的有效画像数据也来源于非常多的机构，如电商、其他金融支付工具、证券等，数据也难以打通和有效利用。

合法合规地从多源数据中综合判断客户的资质和信用情况，如企业的负债情况、收入情况、成长潜力等，或个人的消费行为、消费能力、兴趣爱好、收入情况等，是推动业务更加高效和高质量落地的关键。比如在消费金融机构中，消费者的有效标注样本量不足、样本分布好坏区分度小且偏离正常的分布规律，如使用这样的样本集训练模型，会由于样本偏离真实分布情况，导致系统容易学习到偏离真实情况的判断模型。解决办法是从信贷机构合作方获得更多的有效标注数据，从而增加样本量并调和样本分布。具体的解决方案是建立消费金融机构和信贷机构的业务及 AI 模型优化闭环，在持续的数据积累中使用联邦学习优化模型。

3.6 AutoML/AutoDL

3.6.1 什么是 AutoML

在深度学习技术成熟之前，传统机器学习需要经过问题定义、数据采集和标注、模型选择和设计、超参配置等步骤才能达到目的，如图 3-21 所示。图 3-21 所示大部分步骤都需要算法工程师或研究员人工操作。随着算法业务的增加，对专业人员的需求开始加大，也对自动化机器学习（Automated Machine Learning，AutoML）提出了要求，人们期望通过自动化平台实现大部分流程的自动化，而人工只需要输入数据。这样整体流程变成问题定义、数据收集、自动化机器学习、应用部署等步骤，如图 3-22 所示。综上，AutoML 是一种将自动化和机器学习结合的系统方法，包括使用机器学习技术等寻求最优的训练方法及模型等，以提高算法生产效率。

图 3-21　传统机器学习模型训练流程

在传统机器学习中，AutoML 包含了自动化数据工程、自动化模型选择、自动化算法优化等。在深度学习方法中，AutoML 的内容不断丰富，主要包括自动数据处理与增强、自动化模型选择、自动化超参优化、自动模型压缩等。由于当前深度学习方法已占主流，本节将主要针对深度学习领域的 AutoML（或称为 AutoDL）进行介绍，内容上关注技术路线，如读者有兴趣深入研究，还须研读相关论文。

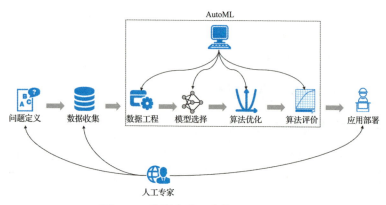

图 3-22　在深度学习中使用 AutoML

3.6.2　自动化数据处理与增强

在基于深度神经网络实现的应用中，一般需要大规模标注数据以完成模型训练，只有这样才可以学习到精度足够高的模型。但是在实际应用中，一方面很多场景数据难以收集，另一方面与任务有关的数据很多是长尾的，存在许多样本出现的概率小、数量少，但是这些样本一旦出现就会造成误判的情况。因此，在寻求增加数据采集的同时，研究人员也在不断尝试使用数据增强的方法，实现样本集的扩充。

本节的数据处理是指从数据获取、数据标注到数据预处理这一系列工作，而自动数据处理是指在这个流程中如何实现自动化提效提质。在大批量的数据标注任务中，往往需要大量的人力和时间，利用学习模型进行自动标注，可提升标注效率，这已经在模型开发甚至产品中推广应用。随着模型精度的提升，可利用原有模型进行自动化辅助标注，并利用少量的人力进行纠偏，这些纠偏的人力可以由开发过程中的标注员提供，也可以由实际用户提供。纠偏的数据再按照一定的规则来增强模型，从而大大提高数据处理效率。

数据增强指使用各种数据变换方法,在原来数据的基础上,变换生成更多有效的标注数据,从而增加可供模型学习的数据量,从而提高模型的泛化性能。以图像数据为例,常用的数据增强方法有图像的旋转或翻转、给图像增加噪声信号等,如图3-23所示。数据的增强往往很依赖相关的领域专家,不同的任务会使用不同的数据增强方法。

图3-23 数据增强[⊖]

自动数据增强,则是针对不同的数据集自动化搜索对应的数据增强方法,在不同的任务上都能使用最优的方法获得最好的数据增强效果。谷歌在2018年提出了利用强化学习来寻找数据增强策略的方法——AutoAugment,最终该方法在公开数据集上获得了理想的效果。该方法运行包含了以下几个步骤。

1)设计了16个常用的数据增强操作,每个子策略中包含从16个操作中选择的5个操作并随机产生使用该操作的概率和幅度。

2)为训练中每个批次(batch)中的每张图片,随机采用5个操作中的一个。

3)评价训练之后的模型的泛化能力并进行反馈。

4)经过反复迭代,学习到最优的5个操作。

5)用最后的最优组合策略进行训练。

自动化数据增强的方法还包括GAN方法,比如在人脸识别

⊖ 参见由Ekin D. Cubuk、Barret Zoph、Dandelion Mane等撰写的"AutoAugment: Learning Augmentation Strategies from Data",由CVPR于2019年发表。

应用中，为提升在遮挡情况下人脸的识别精度，通过 GAN 生成眼镜、口罩、妆容等数据，辅助提升人脸识别精度。相似的应用还有通过 GAN 生成行人重识别的数据，用于辅助行人重识别。

3.6.3　自动模型生成——神经架构搜索

深度神经网络在过去几年取得了巨大成功，无论是在语音识别领域，还是在图像识别领域。但是网络结构仍在不断发展，根据任务调整结构参数以及超参仍需要大量的专业知识和时间。模型结构、网络参数及超参数的众多变量会产生海量组合，如果只是使用常规的随机搜索和网格搜索，则效率会很低。在这样的背景下，针对神经架构搜索和模型优化的研究开始火热起来。

神经架构搜索（Neural Architecture Search，NAS）的核心是利用搜索算法来寻找对任务来说最优的神经网络结构。NAS 研究的问题主要包括构建搜索空间、研发搜索算法以及进行模型评估。对深度神经网络进行搜索的难点在于，如何拼接不同的结构以及如何提升模型评估效率。

1. 搜索空间

搜索空间是一个可对算法进行搜索的网络结构的集合，包含网络结构（神经网络深度、各个层的宽度）和配置（如某层使用的算子类型、链接关系、算子对应的超参）。由于深度神经网络的层次结构已被验证是有效的，因此一开始 NAS 的研究采用的是以固定整体架构和链接为方向的全局搜索空间的思路。NAS 要调整的主要是每一层的操作（如卷积、池化等）和对应的参数，但全局搜索问题很明显——巨大的搜索空间使得优化速度非常慢。

较少计算的办法就是减小搜索空间，模块化网络结构，如图 3-24 所示。在这种思想的影响下，很多研究转向基于模块化单元的搜索空间，其中很多基本单元由人工设计且具有很好的效果,NAS只决定每一块的位置和参数,这使整体的搜索空间减少了很多。这种方法存在两个潜在缺点:第一,搜索空间通常更小且受到更多约束;第二,单元结构会受到网络设计专家的预设计结构的影响,从而降低了找到最优结构的可能性。

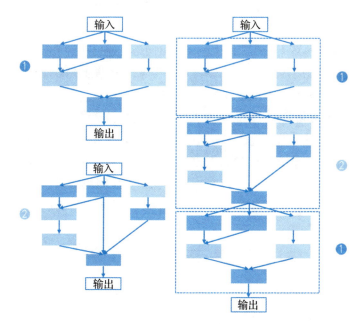

图 3-24 模块化网络结构的搜索空间

2. 搜索算法

NAS 搜索的对象是最优的网络结构,NAS 的评价函数(目标函数)是未知的,因此这是一个"黑箱优化"问题,评价是在某个数据集上进行的,优化过程只需要知道优化目标和约束。优化这类问题最基本的搜索算法是网格搜索和随机搜索,但这两种搜索方法的效率都比较低,对本身就非常耗时的 NAS 来说,需要找到更优的搜索算法。目前前沿的搜索策略主要有强化学习和进化算法。

1）**强化学习**：强化学习是最早用于 NAS 的搜索方法，它根据与环境交互的结果获得奖励并指导下一步优化，即通过"试错"的方式进行学习。强化学习中的行动代表的是每一次搜索出来的网络结构，这个网络结构评估的结果就是奖励。不同强化学习方法的差别在于如何设计智能体的搜索策略。最初的方法是将循环神经网络（RNN）作为控制策略网络，通过迭代策略网络生成新的网络架构。在强化学习中，搜索的策略还有 Q-learning、蒙特卡洛树搜索（Monte Carlo Tree Search）等。

2）**进化算法**：进化算法是一种仿生的、模拟生物进化过程（优胜劣汰）的优化算法。算法随机初始化一个种群，这里可以把种群看成简单的子网络或层类型，然后依次执行选择、交叉、变异算子，根据适应性评价完成迭代进化，如图 3-25 所示。进化算法的机制决定了搜索过程，这也是一个非常耗费算力的过程。

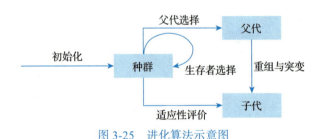

图 3-25　进化算法示意图

3）**其他方法**：常用的搜索方法还有贝叶斯优化（Bayesian Optimization）、高斯过程（Gaussian Process）、随机森林（Random Forest）、基于梯度（Gradient-based）等。

3. 模型评估

NAS 搜索的每个子模型都需要经过训练集训练之后才可用

于评价模型好坏,模型评估中 NAS 过程所用时间最长,如果每个子网络都从随机参数开始训练,需要大量的资源和时间,因此很多研究人员提出了加速的模型评估思路。

第一种思路是低保真度的方法,比如缩短训练时间、在训练集的子集上训练、使用低像素的数据集等。这种思路的风险是会带来很大的评价误差。

第二种思路是迁移以及权值共享。比如利用网络态射(网络功能相同、结构不同)从小网络开始做,在改变结构的时候复用原来的权重,此时仅需要为数不多的迭代就可以训练出新结构的参数,如图 3-26 所示。又如使用 one-shot 模型,即使用一个超大的有向无环图生成很多子图,每个子图都是一个子网络结构,每个子网络结构都继承了原来的权重参数,并直接对该权重参数下的子网络进行评估和排序,让最好的子图在训练集上训练,在测试集上评估。还有非常多的加速模型评估方法,本节不再一一展开。相信随着研究工作的推进,会有更多又快又好的 NAS 模型评估方法出现,从而推动模型设计自动化更加完善。

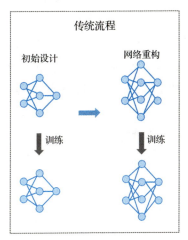 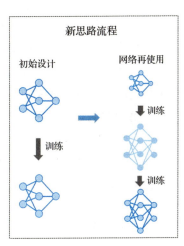

图 3-26 迁移及权值共享示意图

3.6.4 自动模型压缩

模型生成即从无到有建立一个模型，而模型压缩是在已有的高精度模型的基础上，再对模型进行压缩。模型压缩是在计算资源有限、能耗预算紧张的移动设备上落地部署应用的重要技术，哪怕是非边缘计算场景上的模型设计，我们也倾向于先设计一个高精度的模型，再在这个基础上进行压缩和加速，在保证精度的同时快速获得一个更快、更小的模型。模型压缩在许多场景中都有应用。例如，在移动机器人、自动驾驶等应用场景中，因受到延迟、功耗和模型大小的限制，深度神经网络在部署上需要对运行速度、应用大小、参数等进行考虑。尽管硬件算力和存储等在不断提升，但是获取一个兼具快、准、小的模型仍是模型压缩领域不断研究的方向。目前常用的人工压缩方法包括剪枝、知识蒸馏、量化等。

1. 剪枝

剪枝即去除训练好的模型中的冗余参数，以减小模型参数量和计算量，提升模型推理速度。剪枝包含了对神经元的修剪和对通道的修剪。

神经元修剪的思路是先对神经网络中所有参数的权重进行排序，权重越接近 0 的被认为对模型效果贡献越小，故应把接近 0 的参数去除，即使得这些神经元不被激活。为了保证精度不下降过大，每次修剪之后都需要进行微调。如想对模型进一步压缩，还可以对修剪后的模型进行量化编码，将连续的权值离散化。

通道修剪是通过裁剪滤波模板来裁剪特征图通道，从而大幅降低模型存储量和计算量。

2. 知识蒸馏

在模型参数问题上，一般来说，参数量越多则结构越复杂，但模型可以学习到的深层特征越多。参数过多会造成计算消耗变大，知识蒸馏就是解决大网络有效参数往小网络迁移的一种方法。

知识蒸馏最早由 Hinton 在 2015 年提出，它的核心思想是将训练度大的、精度效果好的模型作为教师（Teacher）模型，然后用教师模型指导和训练学生（Student）模型。知识蒸馏有许多实现方法，比如学习样本在两个模型中推理得出的结果之间的差异，也就是学习教师模型告诉学生模型的答案；再比如学习拟合教师模型不同层之间的转换关系，也就是学习教师模型解决问题的中间过程，这在本质上会学习到更多信息。

3. 量化

在深度神经网络模型中参数数量巨大，且一般使用 FP32，也就是 32 位编码的数据类型，更高精度的参数理论上可以表达更加细微的特征。但是从性价比上看，低精度参数虽然无法在特征表达上达到高精度参数的程度，但在很多情况下仍可以保持较高的精度且满足使用需求，而在计算性能方面却可以得到较大提高。比如将参数从 FP32 转换为 FP16 或 INT8，在特征表达足够好的情况下，量化后的模型会有较好的速度提升。

4. 自动模型压缩

上述压缩技术的落地，一方面要求使用者了解对应算法原理和实现细节，另一方面需要大量调参工作。另外，基于规则的剪枝策略并非最优压缩策略，因为针对某一模型的剪枝难以复用到另一个模型上，因此每个模型都需要花费许多人工成本。为了扩大模型生产的效率，提升压缩效率和稳定压缩质量，许多自动模型压缩技术方法被提出。

2018年韩松团队提出了自动模型压缩（AutoML for Model Compession，AMC）技术，研究目标是面对任意网络，机器可自动找到压缩策略并实现比人为的基于规则的模型压缩方法更好的性能。AMC通过使用强化学习进行迭代优化，在精度损失时对智能体进行惩罚，在模型加速和缩小的时候进行奖励。在具体的压缩方法上，仍使用细粒度的剪枝和粗粒度的通道剪枝方法。在搜索协议上，根据用户的目标，可以选择资源受限的压缩和精度保证的压缩，资源受限的压缩在降低延时的前提下可提高限定硬件条件下的可用性，精度保证的压缩优先保证精度。AMC也证明了机器压缩可以比人工压缩得到的效果更好。在应用实践中，许多互联网AI头部企业都发布了自己的自动模型压缩框架，如腾讯AI Lab的PocketFlow、百度的PaddleSlim等。

3.7 可解释AI

在大数据、大算力的支撑下，以深度神经网络为代表的AI技术，在特征表达能力上取得了巨大突破，在很多场景中达到甚至超越了人类，这大大推动了各行各业的智能化进程。在某些领域，基于深度学习的AI技术可以快速实现业务效率的大幅提升，如安防、物流、推荐和信息分发等，这也使得AI在技术和商业应用上快速突破，并进入商业红利阶段。市场反哺带来的是技术向更多领域的进击，但当AI技术向自动驾驶、金融等更重视安全、隐私、伦理的应用场景落地时，遇到了巨大阻力。如在自动驾驶中，尽管技术可以带来平均事故率的降低，但仍无法满足实际应用要求。在伦理上对AI技术的要求更加苛刻，这类要求又是合理的。另外，在某些实际业务应用和决策程序中更讲究有理有据，因此对 AI 技术的可解释性提出了更高的要求。

当前的深度学习算法模型是通过大量数据进行训练而得到的黑盒，神经网络模型中复杂的连接结构、大量的参数以及推理过程中大量的数值计算，使得识别和决策难以使用简单的逻辑进行解释。可解释性成为阻碍深度学习技术在一些应用场景中落地的最主要问题。

以金融风控场景为例，深度学习模型可判别出某部分用户有欺诈嫌疑，但由于模型并未指明是如何得到这些结论的，故人们无法判断结论的准确性，业务部门也就不敢直接使用该结果来处理业务。又如，在自动驾驶领域，当前车突发事故，在急刹车也无法避免与之碰撞的情况下，自动驾驶汽车会做出相应的决策，但做出决策的依据是什么？人们对此无从知道。要解决这些问题，就需要打开黑盒，使 AI 透明化、可解释。

对于可解释 AI（Explainable AI，EAI/XAI），尽管学术界和工业界尚未形成统一定义，但可以理解为提供一套面向深度学习的工作机理可理解、决策可解读且人类可信任的技术和方法集合，从而满足用户对解释性的诉求。这些技术包括可视化、逻辑推理等。按美国国防部高级研究项目局（DARPA）的说法，可解释 AI 的目的是让用户理解如下内容。

- ❑ AI 系统为什么这样做？AI 系统为什么不这样做？
- ❑ AI 系统什么时候可以成功？AI 系统什么时候失败？
- ❑ 什么时候可以信任 AI 系统？
- ❑ AI 系统为什么做错了？

在深度学习的发展过程中，可解释 AI 也在不断发展。在视觉领域的常用使 AI 具有可解释的方法有基于梯度的可解释性、基于掩码的可解释性、基于类激活映射的可解释性等，这些方法都是通过关注 AI 判别的区域来确定 AI 是否做出了正确判断。如

图 3-27 所示，高亮区域展示了 AI 判别结果的重点依据，可以看到判别"狗"的关键特征区域是头部，而判别"猫"时猫的全身各部位都对决策有贡献。

原始图片　　　　　　猫　　　　　　　狗

图 3-27　基于加权梯度的、类激活映射的可解释 AI

通过可视化的手段及合理性的逻辑解释，可以判别 AI 是否真的做出了正确判断。可解释性方法不仅可以避免模型"歪打正着"，还可以分析模型学得不好的原因，从而找到改进的路径。

当前机器学习主流方法基于连接主义和数据驱动的深度学习方法，在各类场景获得了极其出色甚至意料之外的效果，却难以通过学术符号和原理进行解释，这是学术界难以接受的。可解释 AI 的发展可帮人们将 AI 应用的风险掌控在自己手中。

| 第 4 章 | CHAPTER

多模态感知及理解

每一种信息的来源或者形式都可称为一种模态。人与人之间可以通过视觉信息、语音信息、文字信息等进行交流，而交流的过程可以视为针对不同模态的信息进行沟通和理解。智能体与外界同样需要通过像图像、语音、文本这样的信号进行交互。本章关注 AI 应用中最常见的与模态相关的计算机视觉、语音识别、自然语言处理等技术，介绍这些技术的应用，以及多种技术的融合发展。

4.1 计算机视觉

计算机视觉（Computer Vision，CV）是研究计算机如何模拟人或生物视觉系统的学科，是使用计算设备（如摄像机、计算机等）代替人眼进行环境感知和理解的技术，具体地说是计算机通过感知获得成像数据，并对成像数据中的目标进行识别、跟踪、测量、理解等。计算机视觉是重要的 AI 研究领域之一。

在 AI 应用中，经常会听到另外一个概念——机器视觉。这两个概念的意义相似，但两者又有一定的区别。计算机视觉是计算机科学的分支，更侧重研究通过视觉理解万物及其基础理论，包括从生成图像到理解图像、视频等内容的全过程。机器视觉是机电工程、测控类学科的分支，更注重工业生产中光机电传感等一体化的视觉系统，更注重将光源、相机及成像、模式识别、机械引导和自动化控制等进行整合，并广泛应用在工业缺陷检测中。本节更多从计算机视觉算法角度进行介绍。

计算机视觉包括非常多的研究子领域，《计算机视觉：一种现代方法》[一]将计算机视觉研究分为图像生成、早期视觉、底层视觉、中层视觉、高层视觉五大部分。

1）**图像生成**，主要关注成像原理以及光照、颜色等，研究如何生成一幅图像。

2）**早期视觉**，主要研究如何使用滤波、局部图像特征和纹理等对一张图像进行处理，这部分可以理解为经典的图像处理。

3）**底层视觉**，主要研究如何从多张图像中实现立体视觉、重构三维结构。

4）**中层视觉**，主要研究图像的分割与跟踪。

5）**高层视觉**，主要研究图像的检测和分类。

在学术上，计算机视觉从研究图像生成开始，然后延伸到图像的预处理（预处理的目的是得到更好的图像），之后还要对多张图像进行组合研究，以求获得更丰富的信息。在上述基础之上，

[一] 参见由 Forsyth 和 Ponce 撰写的 *Computer Vision: A Modern Approach*。中文版由电子工业出版社于 2012 年出版。

还要进行图像的分割与目标跟踪、图像目标的检测和分类。最后，可以针对更加具体的目标，比如字符、人脸等，进行特定应用领域的研究。

4.1.1 图像生成

图像生成是指计算机通过光学成像设备对外界进行感知，生成图像或视频的过程。在计算机视觉应用场景中，图像成像质量的好坏直接决定了后期图像识别效果。虽然图像生成之后可以通过图像预处理技术进行修补，但如果关键信息在成像的时候就已丢失，后期做多大努力也无法弥补。

在计算机视觉领域的 AI 落地过程中，采集图像是工作的第一步，而如何获取好的图像或视频是至关重要的。在安防、交通、工业质检等行业的许多应用中，人们会在图像生成方案上下非常大的功夫。比如在自动驾驶领域，视觉＋激光雷达的方案会利用 2D 和 3D 信息进行融合分析。在图像生成上，为了无死角获取全车信息，一般在车的前、后、左、右、上这 5 个方向安装传感器。在工业质检中，在图像生成上，人们会在光源、镜头、相机等几个维度下足功夫，以确保获得针对目标缺陷清晰、无异议的图像。

关于图像生成，从产品维度看需要关注光源、镜头、摄像机、多传感器的配合方案。

1）光源：光源广泛应用在工业质检中，使用好的光源可以克服环境影响，大大简化图像处理算法，降低系统设计复杂度。根据形状，光源可以分为环形光源、条形光源、同轴光源、线性光源、点光源等（见图 4-1）。不同的光源与不同物体表面的配合效果差异很大，选取什么样的光源需要结合实际场景、目标物体进行综合考虑。

图 4-1　光源示例图

2）**镜头**：在成像原理中，镜头的主要作用是调节焦距、广角、光圈等，通过控制焦距和广角获取对图像识别算法友好且大小合适的目标图像，通过控制光圈曝光可影响成像的明暗（见图 4-2）。镜头选取不当会造成一定影响，比如广角镜头会造成更大的相机畸变，在高精度视觉测量时，对畸变影响的测量精度要进行修复，而修复方法是相当复杂的。再比如在人脸识别场景中，镜头的选择和调节不当可能造成人脸过大，从而使可检测人脸数量变少，而识别的效果和体验也会较差。

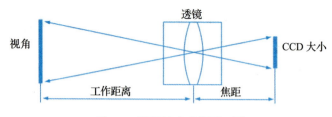

图 4-2　视觉镜头成像原理图

3）**摄像机**：在摄像机中，一般使用 CCD、CMOS 等核心部件进行感光以形成图像，为应对不同的应用场景，出现了不同形态、不同参数的摄像机。从形态上摄像机可以分为枪型摄像机、球形摄像机、针孔摄像机、枪球联动摄像机等；从工作的高低照度上摄像机可以分为白光摄像机、红外光摄像机、星光摄像机、超星光摄像机、黑光摄像机等；从分辨率上摄像机可分为 1080P、2K、4K 等几种。摄像机参数众多，且对下游成像、AI 识别等环节影响较大，故选型时需要非常重视。

4）**多传感器**：在一些视觉应用场景中，还可能使用其他传感器来辅助视觉传感器进行多模态融合，这类传感器生成的图像与普通相机的区别在于其使用了非可见光的形式来形成信息，并进行可视化处理。比如，毫米波雷达、激光雷达等，在自动驾驶、工业检测等领域都有一定的应用。

4.1.2 图像处理

图像处理的目标是通过增加、减少、变换图像信息，达到满足特定场景对图像的要求。比如在一些场景中需要对图像进行清晰化处理，此时可以锐化图像边缘；又比如在模型训练时为了增强数据，可给图像增加噪声。下面介绍图像处理中常用的方法，并提供一些解决实际工作中的问题的思路。

当前大部分成像设备的输出都是数字信号，我们所处理的图像信息也是数字信号的一种。在数字图像处理中，一张图片代表的是一个矩阵，一张 RGB 图矩阵中的每个像素最少是由 R、G、B 三个通道组成。若某图片的分辨率为 1920×1080，则说明该图像横向有 1920 个像素，纵向有 1080 个像素，而对该图像的处理就是对其中的 1920×1080 个像素，以及每个像素的三个通道进行处理。图 4-3 所示是一张经典的图像处理图。

在处理图像时，常需要对图像做一系列基础的预处理操作，如图像变换、图像编码压缩和解码、图像增强和复原、图像描述等。

图 4-3 经典图像处理图

1）**图像变换**：由于图像是空间域的像素阵列，所以当图像分辨率很高时阵列会很大，这会有两个方面的影响。一方面，如果直接在空间域进行处理，计算量会很大；另一方面，在一些情况下须将图像转换到其他表达域，此时可以获得更有效的信息。因此，在一些情况下需要对图像进行变换时，可使用傅里叶变换、沃尔什变换、离散余弦变换等处理技术，对空间域的图像进行变换域处理，这样不仅可减少计算量，而且可获得更有效的处理（如傅里叶变换可在频域中进行数字滤波处理）。

2）**图像编码压缩和解码**：图像编码压缩技术可减少描述图像的数据量（即比特数），从而减少图像传输、处理的时间和图像的存储空间。压缩包括无损压缩和有损压缩两种。若更换了新的编码方式图像依然可以全量复原表达时就称这种压缩为无损压缩；若仅能近似复原，则称其为有损压缩。压缩的图像或转换格式的图像在使用时需要进行解码，解码是编码的逆操作。

3）**图像增强和复原**：对于一张低质量图像，可以通过图像增强和复原来提高图像的质量。图像增强和复原的操作包括去除噪声、提高图像的清晰度、提升对比度等。图像增强可不考虑图像降质的原因,增强的核心是针对图像中感兴趣的部分进行增强和复原,如通过增强图像高频分量,可以让图像中物体边缘轮廓和细节更加清晰。图像复原需要了解图像降质的原因,以便根据降质过程建立"降质模型",再采用某种滤波方法,恢复或重建原来的图像。在深度学习应用中,我们为了模拟真实预测下许多图像质量低的情况,在模型训练中刻意产生许多瑕疵图片,以帮助模型提升鲁棒性。

4)**图像描述**:图像描述是进行图像识别、检测等高层操作的必要前提。以最简单的二值图像为例,可采用二维图形对图像特征进行描述,包括点、线(边界)、面(区域)等。对于特殊的纹理图像可采用二维纹理特征描述的方式。随着深度学习的发展,图像特征描述的方式更多通过深度神经网络学习到样本后得到。

图像处理在计算机视觉中应用广泛,图像处理的核心是实现图像低层信息的处理,不涉及图像理解。传统的图像处理方法可以作为预处理,目标是高效处理图像低层信息,辅助高层视觉。随着深度学习方法的普及,深度学习被不断应用到低层视觉处理中。在图像增强、复原、压缩等领域,新的深度学习方法在不断推出。从本质上讲,图像处理是一个优化问题,用深度学习可以比以往用人工规则方法更好地寻找到最优解。不过,深度学习在处理速度上比传统算法要慢得多,在实际应用中成本也较高。

4.1.3 立体视觉

我们所处的客观世界是一个可观察的三维空间,人的视觉系统具备将获取的图像信息转换为立体信息的能力。立体视觉即根据这个原理,实现将 2D 图像恢复为 3D 空间信息,以求让机器更真实地感知世界。立体视觉主要研究如何从成像技术及辅助信息中获取场景和物体的深度信息,从而重建三维场景。

1. 立体视觉的研究方法

随着传感器的发展，立体视觉的研究方法越来越多，主要集中在单目立体视觉、双目/多目视觉、程距法上。

1）**单目立体视觉**：主要研究单个成像设备如何通过运动视差、焦距差异等感知环境深度信息。在单目视觉系统中，如果仅靠单张图像是难以获得深度信息的，如图4-4所示，其中 O 是摄像机的光心，π 是成像平面，Q 和 P 是不同深度的两个点，当 OQP 三个点成一条直线时，在成像平面上 $p \equiv q$，无法判别距离上的差异。仅使用单个成像设备获得单张图像来获取深度信息，虽然在学术上有一些研究，但是由于获取信息本身的局限性，难以有效推广。但是可以通过单个成像设备，在与被拍摄物产生相对运动的情况下获取多张图像的信息，从而实现三维重建，比如在多工位移动目标的情况下使用单目进行测量。单目立体视觉在应用上最大的好处是成本低，对于一些成本敏感或利用旧设备实现新功能的场景，这是一个可选的方案。

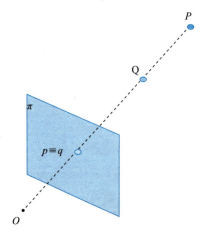

图4-4　单目立体视觉中两点之间无法判别深度

2）**双目/多目视觉**：即通过双摄像设备或多摄像设备实现多图像三维重构。双目视觉是 3D 视觉应用中较为常见的方案。双目视觉即在两幅图像中找到对应的点，从而通过三角测量的方法求得深度。如图 4-5 所示，右侧是模拟双目摄像机对点 P 进行测距，图中的 Z 就是最后求得的深度。只要知道两个光心的长度、目标点 P 在两个平面中的成像位置和相对距离，以及焦距 f，就可以通过相似三角形定理计算出深度 Z（这不在本书讨论范围内，有兴趣的读者可以自行研究）。

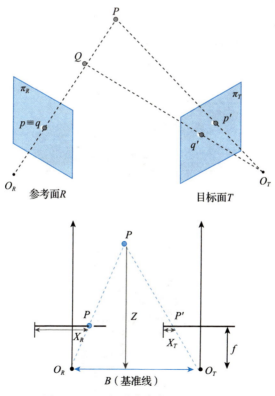

图 4-5　双目视觉中参考平面及基准

3）**程距法**：除了通过摄像机外，通过距离传感器也可实现立体视觉，这种方法称为程距法。测距器包括3D结构光设备（见图4-6）、激光雷达（见图4-7）等。3D结构光设备是通过光学手段投射光信号，信号经过物体反射之后，被摄像机捕捉进而得到结构光图像。3D结构光的成像硬件主要包括投射器和摄像机，投射器可将激光条纹、格雷码、正弦条纹等投射到物体表面，摄像机会对反射信号进行采集，然后基于三角测量原理和图像解析技术实现三维信息重建，具体示意如图4-8所示。激光雷达的基本原理和3D结构光的思路类似，只不过激光雷达在这个基础上对周围环境进行了360度扫描，可以对全场景进行障碍物测距。激光雷达在高精密的工业质检、自动驾驶等领域有比较广阔的应用。

图4-6　3D结构光设备

图4-7　激光雷达

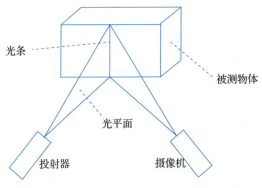

图 4-8　3D 结构光示意图

2. 立体视觉的应用流程

一般一个完整的立体视觉系统可以分为几个主要组成部分或环节：图像采集、摄像机标定、特征与图像匹配、三维重建、内容理解。

1）**图像采集**：图像采集是利用光学原理，通过摄像机、距离传感器等对图像采集系统进行搭建，之后对数据进行采集。不同的立体视觉方案采集的图像信息不同，对应的后期处理方式和应用方式也有较大区别。

2）**摄像机标定**：摄像机标定又称摄像机校准。在立体视觉中，通过对摄像机获取的图像信息进行计算可得到真实空间中物体的几何坐标信息，而图像中的坐标点和真实物理坐标点的对应关系是由摄像机成像几何模型决定的，几何模型中的参数就是摄像机的参数。通过计算和实验获得摄像机参数的过程就是摄像机标定。

摄像机标定是立体视觉系统落地过程中非常关键的环节，摄像机的标定主要解决两个问题：确定世界坐标系和像素坐标系的转换关系，也就是摄像机参数；对摄像机进行畸变矫正。在工业机器视觉应用中，比如测量，对精度的要求很高，摄像机标定之后应对畸变进行矫正，这有助于提高测量和识别的精度。

摄像机标定示意如图 4-9 所示。

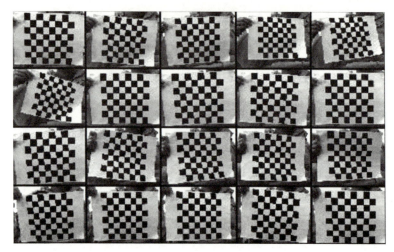

图 4-9　摄像机标定示意

3）**特征与图像匹配**：特征与图像匹配包含两个过程，第一是对图像特征的检测，第二是图像特征的匹配。特征检测的方法很多，一般是可根据点状特征、线状特征、面特征等，或根据颜色、纹理、轮廓等，针对不同的对象采用不同的特征方法。当检测出图像特征时，还需要进行匹配，匹配的方法包括区域匹配、特征匹配、相位匹配等。

4）**三维重建**：当通过特征匹配得到视差信息之后，就可以获取匹配点的深度并利用匹配点的深度信息进行插值运算了，也就是通过对具有不同深度信息的离散点进行插值，得到有深度差的离散点之间的点，然后再对 3D 点状信息进行重建，以恢复 3D 场景信息。

5）**内容理解**：虽然在不完成三维重建的情况下，也可以对多张二维图像进行内容理解和应用，如目标跟踪等，但在一些应用场景中只有获得三维信息才可以更好地落地应用。比如在自动驾驶领域，安全是首先要解决的问题，三维信息可以帮助实现三维目标检测，如马路上的人、车、物等。在工业检测和分拣场景中，三维信息有助于完成三维目标检测，从而更好地实现机器手的抓取和分拣。

从技术和应用发展等角度看，立体视觉技术发展有以下几个趋势：①深度学习在计算机视觉领域应用广泛，其与立体视觉应用的结合会越来越深；②立体视觉正从纯视觉方案向与3D结构光、激光雷达等其他类型传感器相结合的方向发展；③立体视觉的应用越来越广泛，以自动驾驶、工业应用、AR、机器人等为主，这会推动相关算法和应用进一步发展。

4.1.4　图像分类

图像分类是计算机视觉中最广泛的应用之一。我们会对物理世界中的人、物品进行分类，从而给我们的行为决策提供依据。经过30多年的研究，图像分类已经成熟地应用在生活的方方面面。如在工业制造中，利用图像分类对商品物料进行分拣，提升生产效率；在视频媒体平台上，系统会通过获取图像对内容进行分类和打标签。图像分类根据标签、任务类型可以划分为单标签分类、多标签分类和多任务分类。

1）**单标签分类**：单标签分类属于简单的分类任务，要分类的图片的信息相对单一，仅包含单个目标或场景，一张图片仅对应一个类别的标签，不同类别之间相互排斥，比如回答"图片是否存在猫"，"是"和"否"不可能同时存在。根据类别的数量，又可以分为二分类和多分类。

2）**多标签分类**：多标签是指一张图片在任务的多个分类中可能同时存在，比如一张图片中既有房子、山，还有河，可以为图片打上多种标签。

3）**多任务分类**：在实际应用中，一张图片往往不止包含一种识别任务，如人脸图片，在应用中，我们可能除了想了解人的身份外，还想了解人的性别、年龄等，所以对同一批图片就要做多种任务的识别。

4.1.5 图像检测

图像分类是通过算法对图片中的目标进行类别划分，而图像检测除了需要判断目标是什么类别，还需要判别目标的位置，并输出位置信息，如图 4-10 所示。简单来讲，图像检测是"框"出目标。

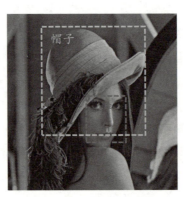

图 4-10 图像检测示意图

自 2013 年 R-CNN 算法提出，至今发展出了很多目标检测方法，在精度和性能上都有了很大的提升。从目前应用来看，比较流行的检测算法可以分为两大类：一类是 R-CNN 系列算法，包括 R-CNN、Fast R-CNN、Faster R-CNN 等，这类算法是基于两阶段（two-stage）实现检测的，即先在图像中产生目标候选框，然后对候选框做分类或回归；另一类是基于单阶段（one-stage）实现检测的，仅用一个网络同时预测目标位置和类别，比如 YOLO、SSD。两阶段的方法精度高但速度慢，单阶段的方法速度快但精度相对较低。

以 R-CNN 为例，其思想是通过选择性搜索提供众多候选区域，并将候选区域截取为小图，然后将小图送入特征网络由特征网络提取图片中的特征，再分类模块对特征进行分类，如图 4-11 所示。其中选择性搜索提供各种尺度的检测框，分类模块学习如何将检测框中的图片准确分类。R-CNN 在精度上取得了巨大的提升，但是由于要进行选择性搜索、提取所有图片特征等操作，所以速度非常慢。Fast R-CNN 在 R-CNN 的基础上使用了 ROI Pooling 操作，即从全图特征中找到 ROI 特征，这大大减少了特征计算量，提升了速度。Faster R-CNN 则在 Fast R-CNN 的基础上加入了区域推荐网络（Region Proposal Network，RPN），改变了选择框推荐的方法，进一步提升了速度。

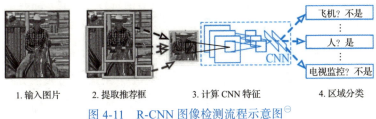

1. 输入图片　　2. 提取推荐框　　3. 计算 CNN 特征　　4. 区域分类

图 4-11　R-CNN 图像检测流程示意图[一]

YOLO 是单阶段检测算法的开山之作。它首先对数据进行处理，将图片缩放并均等划分为网格，每个网格按照与标注框

[一] Ross Girshick, Jeff Donahue, Trevor Darrell, et al. Rich feature hierarchies for accurate object detection and semantic segmentation[C]. arXiv: 1311. 2524. 2014.

的重叠程度（IOU）划分为待预测的样本。对每个网格都预测归属类别以及对应的概率，并组合网格生成多个框（BBox），每个框预测 5 个值，分别是框的 4 个坐标点以及判断该框是否含有物体（非细分类）的概率和位置准确程度。测试时，得到每个框含有不同类别物体的分数，并使用非极大抑制（Non-Maximum Suppression，NMS）过滤得到最后的预测框。

图像检测的应用场景众多：在工业中，检测物料零部件、统计零件个数、对产线产品进行缺陷检测；在城市安防中，对人脸、行人、车辆进行检测。

4.1.6　图像分割

图像分割是计算机视觉和图像处理中常用的技术，旨在通过像素级别的检测，将图像中不同类别的目标进行更细粒度的划分。

根据对信息理解的深度，图像分割可以划分为普通分割、语义分割、实例分割和全景分割。普通分割仅对区域进行划分，无须知道哪个区域代表什么意义，更多的应用是对物体前景和背景的划分，比如工业产线中对零件图像的分割；语义分割是在划分区域的同时，对其中的目标进行类别或属性划分，如图 4-12b 所示，需要识别哪些区域代表的是车，哪些区域代表的是人；实例分割主要是针对前景目标的分割，可以理解为在检测的基础上对目标做像素粒度的划分，比如人、车等，但实例分割还需要区分不同的车、不同的人，如每辆车、每个人用不同的颜色区分，如图 4-12c 所示；全景分割则是结合语义分割和实例分割，对于图像中的每个区域，无论是前景还是背景都需要按实例进行分割，如图 4-12d 所示。

a）原始图片

b）语义分割

c）实例分割

d）全景分割

图 4-12　分割类型示例图[一]

1. 图像分割的经典方法

一般来说，图像分割的算法主要有五类：阈值分割、区域增长、边缘检测、聚类分割、深度神经网络方法。前四种方法属于传统图像分割方法，适合针对简单任务做普通分割，对于复杂的语义分割、实例分割、全景分割，一般使用深度神经网络方法，这会获得更加理想的效果。

1）**阈值分割**：在传统机器视觉方法中，阈值分割是最简单和常用的技术，主要针对一些简单的场景应用，比如在工业检测场景中，背光（白色背景光）下使用灰度图像，白色背景、黑色物体在灰度值上差异明显，通过寻找最优阈值划分，可以实现物品的分割。

㊀ Alexander Kirillov, Kaiming He, Ross Girshick, et al. Panoptic Segmentation[C]. CVPR 2019.

2）**区域增长（Regional Growth）**：区域增长的核心思想是对属性相似的像素进行聚合、组合进而形成区域。区域增长方法的核心是初始化（种子像素选取）、生长准则、终止条件。在初始状态划分区域找到种子像素点，基于生长准则将种子像素点周围有相似属性（如灰度值相差小于某个数值）的像素合并到对应种子像素的区域，当不再有满足条件的像素划分进各个区域时，则终止，最终形成多个不同区域。

3）**边缘检测（Edge Detection）**：边缘检测是根据像素灰度或像素值之间的不连续，来判别图像中不同区域的边缘。通过边缘的判别，再基于边缘的连接，即可形成基于边缘检测的图像区域分割。

4）**聚类分割**：聚类是将相似的元素聚集在一起，在图像中表现为像素的聚集。根据像素值以及聚类类别的数量 k 对像素进行聚合，从而将图像像素划分为 k 个类别，k 个类别代表 k 个不同的区域，这就是聚类分割。

5）**深度神经网络方法**：传统的分割方法基本都是普通分割，即可以分割出区域，但不知区域的具体含义。语义分割、实例分割和全景分割均使用深度学习方法。在深度学习方法中，最早使用的方法是全卷积网络（Fully Convolutional Network，FCN），如图 4-13 所示。在以往的分类卷积神经网络中，图片经过卷积神经网络之后通过全连接层转换成特征向量，再通过分类器进行分类。FCN 对比以往的分类卷积神经网络做了以下更改：

- ❏ FCN 去除了全连接层，全改成了卷积层。
- ❏ FCN 使用反卷积操作来恢复图像尺寸。
- ❏ 针对每个像素都会产生预测结果。

在 FCN 之后，又有许多图像分割方法被提出，如 U-Net、SegNet、RefineNet、DeepLab 系列、用于实例分割的 DeepMask、专门用于全景分割的 DeeperLab 系列等。

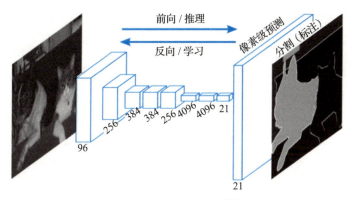

图 4-13　FCN 示意图^㊀

2. 图像分割的应用场景

得益于图像分割相比图像分类、图像检测提供了更细腻的图像理解信息,图像分割技术落地的应用越来越多。

1)**自动驾驶**:在自动驾驶中,使用图像分割技术可实现路面全场景分割,从而判别可行进区域。

2)**媒体娱乐**:在媒体和娱乐场景中,图像分割技术可实现人像和背景的分割。比如,背景的更换、通过分割人像来避免视频中的弹幕遮挡人脸,以及为图像中的人物换衣服、换头发颜色等,均是在图像分割结果的基础上进行的。

3)**工业质检**:在工业质检中,图像分割技术可以对目标物料缺陷进行像素级分割,实现精益化的缺陷检测。

4.1.7　目标跟踪

目标跟踪是计算机视觉中的一个重要应用,是针对连续图像或视频中的目标进行一致性匹配和追踪的技术。

㊀ 参见 Jonathan Long、Evan Shelhamer 和 Trevor Darrell 撰写的"Fully Convolutional Networks for Semantic Segmentation",于 2015 年发表于 CVPR。

1. 目标跟踪概述

从跟踪目标的数量看，目标跟踪可以划分为单目标跟踪（Single Object Tracking，SOT）和多目标跟踪（Multiple Object Tracking，MOT）。

目标跟踪技术已有数十年的研究历史，积累了很多方法。得益于近几年深度学习技术的加持，目标跟踪技术和应用在近些年取得了较大的发展，帮助 AI 落地到了行业之中。在这些技术方法中，如果按照观测模型的模式划分，有两种主要路线，一种是生成式方法，另一种是判别式方法。

生成式方法是指在当前帧对目标区域建模，生成待跟踪目标的模型或特征，在后续帧中进行相似特征搜索比对，以求找到最相似的位置，即预测目标位置。光流法、粒子滤波、Meanshift、Camshift 等都是生成式算法。这类算法的缺点比较明显，即缺乏对背景信息的利用，且目标本身的多变和多样性会影响建模质量，从而影响跟踪精度。

判别式方法是指将目标和背景同时考虑，这种方法更注重两者的区别，通过对比两者的差异，得到目标的位置。判别式方法本质是对目标和背景做分类，引入背景信息以获得更好的效果。判别式方法包括结构化学习、TLD、SVM、随机森林、相关滤波等。判别式方法已逐渐占据主流地位，近年来火热的深度学习方法走的基本都是判别式的路线。

按照算法研究的顺序，跟踪算法经历了从经典跟踪算法到相关滤波，再到基于深度学习的过程。经典跟踪算法主要是光流、Meanshift、Camshift 等。相关滤波方法源于通信领域，用于衡量两个信号的相关程度，包括 KCF、MOSSE 等。相关滤波方法运行速度更快，且精度也较高，在 2016 年之前相关滤波方法应用更广。深度学习方法的引入提升了学习目标特征的能力，提升了目标跟踪的精度,但由于深度神经网络方法所涉参数多、计算量大,导致其运行速度慢。

自 2016 年开始,基于孪生网络的跟踪方法快速发展,SiamFC、SiamRPN、RPT 等方法相继被提出,这些方法在精度上不断得到提升。

2. 目标跟踪应用

目标跟踪技术在众多领域被广泛应用,包括安防监控、人机交互与娱乐、机器人视觉导航等。

1)**安防监控**:在安防监控中,许多摄像机云台可以多角度拍摄周边环境和敏感目标。以往的固定角度摄像机在一些场景中获得的有用目标信息少,而通过跟踪技术控制相机取景方向,可以获得更丰富的信息,特别是在一些人烟稀少的地区,对移动目标跟踪从而获取更多信息可以帮助挖掘出更多有用线索。

2)**人机交互与娱乐**:以往的人机交互主要包括触摸屏、鼠标和键盘等来实现,在一些游戏场景中,交互的方式变得越来越多样,手势、姿势等的识别跟踪可以代替传统的触按式交互;在一些传媒娱乐直播中会加入许多特效,通过对人脸和姿态及关键点的跟踪,可精准加入特效。

3)**机器人视觉导航**:在一些玩具机器人、无人机等上会有一些目标跟踪技术的应用,比如识别目标并跟随等。

4.2 语音识别

4.2.1 基本概念

语音是由物体振动产生的声波,是一种搭载着信息的模拟信号。语音信号可以通过麦克风采集,通过模拟/数字(A/D)转换之后,得到音频数字信号。语音信号的 A/D 转换需要经过采样、量化和编码三个步骤。

1. 采样

采样是将连续的模拟信号变成离散信号的过程,采样频率是每秒采样的次数。采样频率越高,音频损失越小、还原度越高。一般来说,人耳可分辨的最高频率是 20kHz。根据奈奎斯特 – 香农采样定理,采样频率要高于模拟信号的 2 倍才不会失真,因此要达到人耳可分辨的频率,则采样频率需要在 40kHz 以上。在语音识别中,使用的采样频率一般是 16kHz 和 8kHz,在嵌入式设备上,一般使用 8kHz 采样频率的语音进行识别。

2. 量化

量化是对采样后对应样点的幅度值(波的振幅)进行量化,即将模拟的数值转换为数字信号,这个过程就是 A/D 转换,如图 4-14 所示。在当前的语音识别中,经常使用 16 位来存储振幅值,16 位表示将振幅的数值范围划分为 65535 个数。量化的位数(即量化位深)越多,量化误差越小,量化噪声也越小,但带来的是更高的传输速率和带宽要求,因此,还可以采用非均匀量化的方式,即幅度小的区间量化间隔小,幅度大的区间量化间隔大。

3. 编码

编码是按照一定的格式对采样及量化之后的数字进行编排,以实现声音数据的记录、存储、传输。最简单的编码方式是通过采样及量化将振幅转换成二进制编码,编码之后,声音会经过不同算法被编排变成可存储、可计算的编码文件。脉冲编码调制

（Pause-Code Modulation，PCM）是原始数字信号编码技术，得到的是不经过压缩的裸音频数据。音频文件还会被编排成不同的文件格式，常见的有：WAV，一般是在 PCM 编码的音频数据基础上，增加头部描述编码来描述音频的基本信息，如采样数、声道数等；MP3，通过去除超出人耳音频感知范围的部分，并调整编解码器的有效比特率（即每秒比特数）来调整压缩量和存储音频数据。

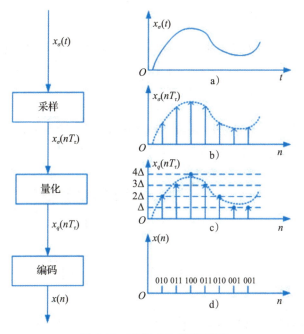

图 4-14　音频 A/D 转换过程

除了上面提到的采样频率、量化位深两个指标外，在音频中还有一个常用的属性——声道（Channel）。当人听到声音时，会判断声音的位置，声道即基于此而来。声道是指声音在录制时，在不同空间位置采集的独立音频，通过多音源的配合，可达到更好的听觉效果。常用的音频可分为单声道（Mono）、双声道（也叫立体声，Stereo）、多声道等。

语音识别（Automatic Speech Recognition，ASR），是将音频信号转换为文字/文本信息的一种技术。语音识别的核心是将声音转换成文字，无法区分说话人，也无法理解文字所表达的意思。从技术处理的流程看，语音识别的输入是音频，中间经过预处理、特征提取、特征识别，最终输出为文本。

4.2.2 传统语音识别流程

在传统的语音识别中，需要经过语音预处理、语音特征提取、声学模型训练和识别、语言模型构建等环节的处理，才得到最终语音对文本的转换，如图 4-15 所示。

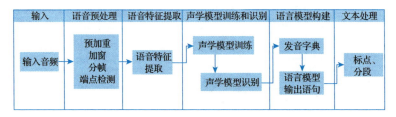

图 4-15 传统语音识别流程

1. 语音预处理

在处理语音信号时，通常只对带有语言信息的信号进行处理。要获取这段特定的信号，需要对原始语音信息做预处理。常用的预处理包括预加重、加窗、分帧、端点检测等。

1）**预加重**：在信号传输过程中，高频信号更容易损耗，预加重就是在信号传输的开始增强信号的高频成分，补充高频信号在传输过程中的衰减。

2）**分帧**：从整体看，语音信号是随时间变化的，而非平稳过程,这是语音的时变特性。但在一个短的时间范围内信号可保持相对稳定,这个"短的时间"一般为10~30ms,这种特性可称为短时平稳特性。为了更好地实现语音分析,需要进行短时分析,即需要对语音信号进行分帧。分帧是将语音信号按帧拆分,一般每帧10~30ms,为了保持帧之间的连续性,通常使用交叠的方法进行,如图4-16所示,图中移动的步长(帧移)为10ms,帧长为25ms。

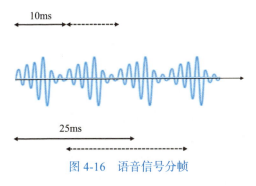

图 4-16 语音信号分帧

3)**加窗**:加窗是将窗函数与音频信号函数在时域进行相乘或在频域进行卷积,常用的窗函数有矩形窗、汉宁窗等。加窗可以使时域信号更好地满足快速傅里叶变换的周期要求。

4)**端点检测**:端点检测是从音频信号中判断语音信息的开始点和结束点,从而剔除无效的噪声信号,保留有效语音信号。

2. 语音特征提取

预处理完成之后,会得到一段一段的波形信号。因为计算机难以直接处理波形信号,所以还需要对语音进行声学特征提取,得到计算机可用的向量表达。这里所说的向量一般被称为特征向量。

常用的语音特征提取方法有:线性预测倒谱系数(Linear

Predictive Cepstral Coefficient，LPCC)、梅尔频率倒谱系数（Mel Frequency Cepstral Coefficient，MFCC)、线性预测系数（Linear Prediction Coefficient，LPC）等。

3. 声学模型训练和识别

声学模型包含训练和识别两种状态，首先通过提供标注的声学特征数据对声学模型进行训练，学到声学模型的参数后将声学模型应用于识别中。要想了解声学模型训练和识别需要知道音素和状态。

1）**音素**：从语音学角度看，语音中的词或字的发音由音素组成，音素是语音的最小单位，如在汉语音节中，"汉语"两个字包含"hàn yǔ"五个音素。在英语中如"English"，包含了/I/、/ŋ/、/g/、/l/、/I/、/ʃ/六个音素。

2）**状态**：在声学模型识别中，状态是比音素粒度更细的语音单位，一般一个音素包含3个状态位。

在语音识别过程中，声学模型的任务就是把帧识别成状态，以及将状态识别成音素，如图4-17所示。常用的声学模型包括隐马尔可夫模型（Hidden Markov Model，HMM)、高斯混合模型（Gaussian Mixture Model，GMM)。

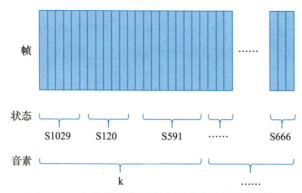

图 4-17　声学模型中从输入帧到输出音素的转换

4. 语言模型构建

在声学模型识别出音素之后，需要通过音素找到对应的单词，这时可以通过查找发音字典得到单词。发音字典是单词和发音对应的映射表，可以通过单词和发音音素相互查找，建立声学模型和语言模型的桥梁。中文字典样例如表 4-1 所示。

表 4-1 中文字典，样例

文字	发音
一	yi1
一一列举	yi1 yi1 lie4 ju3
一一对应	yi1 yi1 dui4 ying4

语言模型是针对特定语言序列概率分布所建的模型。对于语言序列 w_1，w_2，$\cdots$，w_n，语言模型即计算该序列的概率，即 $P(w_1, w_2, \cdots, w_n)$，也即判断一个语句顺序正确的概率。若存在单词序列 I happy am 和 I am happy，则语言模型会判断 P（I am happy）$>P$（I happy am）。传统方法中常使用统计概率模型为 N 元语言模型（N-Gram Language Model）。N 元语言模型假设在给定上文环境下，当前词的概率只与前 $N-1$ 个词有关。

4.2.3 端到端深度学习语音识别

传统的语音识别框架的流程较多，一般需要拆分为声学模型、语言模型等，实现过程繁杂，存在需要进行手工特征标注、独立训练无法联合优化、效果差等问题。在 2010 年前后，深度学习方法开始应用于语音识别框架中。最早使用的是 DNN+HMM 的声学模型框架，其中 DNN 实际上部分替换了之前的 GMM（声学模型中的一部分）。用 CTC 替换 HMM 虽然实现了声学模型的端到端学习，但是这依然存在瓶颈，即缺乏语言建模能力以及与语言模型进行联合优化的能力。2018 年前后基于

Attention 和 Transformer 机制，实现了深度学习在传统语音识别框架方面的突破，彻底实现了端到端（End to End，E2E）的学习。传统语音识别与端到端学习的比较如图 4-18 所示。

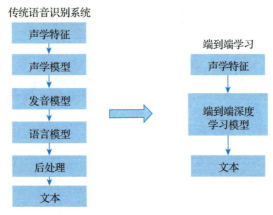

图 4-18　传统语音识别与端到端学习的比较

端到端的语音识别使用序列到序列的模型，将输入的音频声学特征序列映射为文本，实现端到端的学习和联合优化。

1. 数据

对深度学习模型而言，数据的预处理依然是将采集的信号经过采样、量化、编码等操作后变成数字音频信号。对数字音频信号进行切分可得到多个音频块。以采样频率 16kHz、每个音频块 20 毫秒（每秒 50 份）为例，每个音频会包含 320 个采样值。将数据从时域转换为频域，我们所感受的声波是不同频率的波叠加后的效果，这些不同频率的波在频域下可以拆分成不同的频率。将每份音频根据不同的频率进行排序，会得到一份频谱。最后将整个语音片段按照以频率为纵轴、时间为横轴进行叠加，可以组合成一个完整的频谱图，该频谱图可用于深度学习模型的学习或推理。频谱图示意如图 4-19 所示。

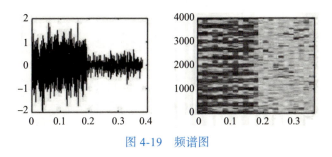

图 4-19　频谱图

2. 模型

端到端模型用到了编码器 – 解码器（Encoder-Decoder）或序列到序列（Sequence-to-Sequence，Seq2Seq）结构的框架，如图 4-20 所示。编码器是对输入数据进行编码，使数据成为特征；解码器是对特征进行解码，输出目标结果。根据不同的任务可以选择不同的模型做编码器和解码器，如 CNN、RNN、LSTM 等。

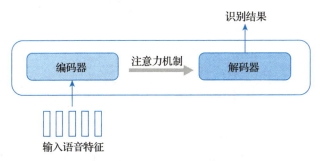

图 4-20　编码 – 解码结构图

上图 4-20 中有一个注意力（Attention）机制，下面就来介绍一下这个机制。在图 4-20 所示框架中，当一个序列向另一个序列转换时，是通过一个定长的向量实现的，但是将不同长度的序列转换为定长的向量，信息丢失程度不一样。这就要用到注意力机制了。顾名思义，注意力机制就是将注意力放在更加需要关注的信息上,比如在模型中通过权重来构建解码器的上下文向量,就是这一机制的落地体现。

谷歌提出的新的框架 Transformer 丢弃了 CNN、RNN 等,在编码器和解码器中都使用了注意力机制,如图 4-21 所示。后续谷歌还针对框架进行了各种结构调整和变种,如针对流式语音识别的 Transformer Transducer。

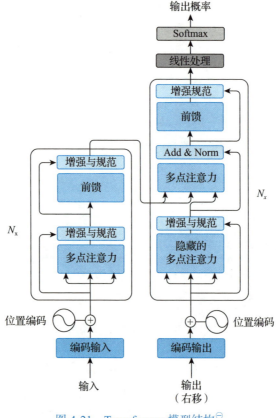

图 4-21　Transformer 模型结构⊖

⊖ 参见 Ashish Vaswani 等撰写的"Attention Is All You Need",于 2017 年发表于 NIPS。

4.2.4 声纹识别

在语音识别中，当音频信号是一段会议音频、一段电话对话时，则需要判断不同语段的说话人，在一些应用场景中，甚至需要对说话人的身份进行比对核验。因此，在语音识别中又分出了声纹识别应用，它的核心功能是通过音频来识别说话人的身份。

说话人识别（Speaker Recognition，SR）又称为声纹识别（Voiceprint Recognition，VPR），是一种通过音频特征来判别说话人身份的技术。 由于在发音器官如舌头、口腔、声带，以及年龄、语言习惯、性格等上的差异，每个人的音频特征几乎是独一无二的，尽管在一些声音表演中可以模仿他人，但是在本质特征上仍有一定差异，因此声纹可以作为判别身份唯一性的重要手段。

声纹识别是一个模式识别问题，声纹识别系统的构建需要经过训练和识别两个阶段，在训练阶段，首先收集大量各类身份的有效音频信息，然后为这些信息标注身份，接着进行训练，得到可用于部署的成熟的声纹识别模型。根据能否识别训练人员集以外的人员，声纹识别系统可以分为开集（Open-set）系统和闭集（Closed-set）系统。闭集系统即训练中包含了哪些人，识别的时候就只能识别哪些人。开集系统可以通过入库注册的方式，扩展待识别群体规模，在实际应用中，开集系统更符合商业应用逻辑，应用也更加广泛。以开集系统为例，声纹识别在应用中需要经过图 4-22 所示流程。

在声纹识别过程中依然要经过两个步骤，分别是声纹注册和声纹比对。声纹注册是指将采集的说话人音频信息进行预处理和特征提取，得到声纹特征，并将特征入库记录的过程。若某个说话人的声纹已入库，则可以在后续交互中对说话人的身份进行判别，判别的过程是：获得音频样本，进行预处理和特征提取，得到声纹特征，与库中特征进行比对，通过判别相似性来判别身份。

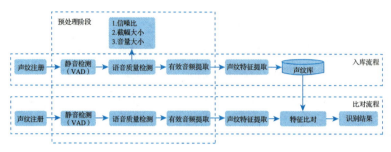

图 4-22　声纹识别流程图

在声纹识别应用中，不同的应用场景会使用不同的应用模式，通常有 1∶1 身份核验、1∶N 身份识别、$N∶N$ 声纹聚类等几种。

1）1∶1 身份核验是在知道人员身份信息的情况下，判别该声音是否是本人。1∶1 身份核验在与安全相关的验证中有比较多的应用，比如在银行相关的应用中，客户通过登录 App 进行转账，应用可以对转账人的声音进行验证，判断是不是本人在操作。

2）1∶N 身份识别是在多人说话的场景中，识别不同说话人的身份，这里要求说话人的身份是已经注册在库的人员。比如智能会议在记录语音信息的同时可以区别不同注册发言人的发言，这样可更高效地整理会议记录。

3）$N∶N$ 声纹聚类是在未知说话人身份的情况下，对相同说话人的发言进行聚合，以便于事后做进一步分析和整理。$N∶N$ 声纹聚类一般应用在规模比较大、有众多说话人且大量语音信息需要快速处理的场景。

在声纹识别中，根据比对语音是否需要按照指定文本发音，可分为文本相关（Text-Dependent）和文本无关（Text-Independent）两种。文本相关的声纹识别需要用户按照系统规定的内容进行发音，比如朗读指定的数字、字母等，这种验证限定了发音内容范围,降低了比对识别难度,可以得到更高的识别精度。在有高精度要求、需要交互配合的环境中会采用这种模式,如在金融相关的安全验证中。文本无关的声纹识别无须按照系统指定内容进行发音,无须进行特定的交互,更多的是在无感的情况下进行声纹识别。由于发音内容多样,这种模式识别的难度较大,精度较低,更多应用在一些安防取证相关的非配合式场景中。

4.3 自然语言处理

4.3.1 概述

自然语言处理(Natural Language Processing,NLP)是计算机和 AI 领域中的重要应用方向。自然语言是人类在社会发展中发明的以文字为核心的信息交流形式,包括汉语、英语、法语等不同种类的语言。自然语言处理是研究人与计算机如何通过自然语言进行交流的融合学科。

自然语言处理根据应用过程中理解和回应两个环节,可以分为自然语言理解(Natural Language Understanding,NLU)和自然语言生成(Natural Language Generation,NLG)。NLU 主要解决机器如何理解自然语言的问题,包括文本分类、实体识别、语句分析、机器阅读理解等。NLG 则关注机器在理解自然语言之后如何做出回应,并将回应转换成人类可理解的语言,包括自动摘要、机器翻译、自动问答。可以说,NLU 是 NLG 的基础,可以帮助机器更有效地生成人类可理解的语言。

从应用方向上看,NLP 主要用于信息抽取、信息检索、文本分类、文本挖掘、信息过滤、舆情分析、文本摘要、文本生成、机器翻译、对话/问答系统、知识库、知识图谱等,如图 4-23 所示。

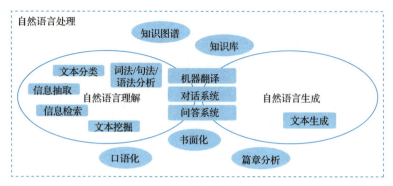

图 4-23　自然语言处理应用

4.3.2　NLP 的分析层次

在人类学习语言和分析语言的过程中，存在多个分析层次，如先分析字、发音和组词，然后通过词语进行造句，再通过组合句子形成篇章。在篇章中，注重文章的主题和上下文关系。这些方法在 NLP 中也是适用的。NLP 一般划分为形态学、语法学、语义学、语用学四个层次○。形态学又称词汇形态学或词法，主要研究词的内部结构；语法学主要研究句子结构以及句子中各个组成部分的规则和关系；语义学主要研究语言的含义，关注从词到句阐述的表面客观意义；语用学主要研究语言在现实中的使用，关注影响语言行为的标准和规则，包括在上下文、文化、规则等的约束下整体篇章语言的理解和使用的问题。

简单地讲，在语言学中文字被当成符号，词法、语法研究的是符号代表的词性、词性之间的组合规则和关系等，而语义则研究符号表达的真实信息和含义，比如在词法中，"房子"是符号，也是主语，在某个特定句子中与其他词语有从属或关联关系；但

　　○　宗成庆.统计自然语言处理[M].北京：清华大学出版社，2008.

是在语义中，房子包含住的地方、资产、财富等含义。语用则研究词句在不同上下文语境中的语义，如"房子"在某个语境中究竟是指住的地方还是资产。尽管分析的对象都是词和句，但各层次分析的维度不同。整体分析层次如图 4-24 所示。

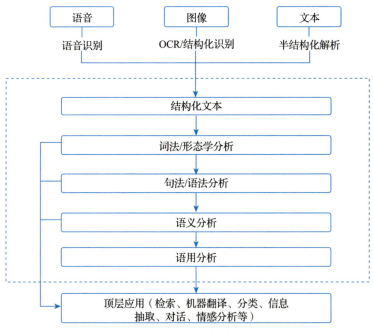

图 4-24　自然语言分析的层次

1. 词法分析

词法分析是 NLP 的基础性工作，包括分词、新词发现、词性标注、拼写矫正等。

1）分词：即在文本处理过程中，对文本中独立的词汇进行划分的操作。在文本篇章和句子中，词汇是最基本的单位，准确划分词汇是进一步理解的基础。以中文和英文为例，中英文通常都有分词的需求，但是英语单词之间通过空格隔开，处理相对简单，中文单词之间没有间隔，因此分词在中文应用中更为重要，精准分词是解决歧义的基础。

2）**新词发现**：新词发现在互联网相关应用中是非常重要的应用课题，互联网催生了新词的快速传播，在一些社会性、网红性事件中很容易出现新词，尽管这些词汇非学术语汇并没有被字典收集，但是在应用中甚至会影响语义理解。因此，新词发现就是在文本中发现新词，并加以理解和使用。

3）**词性标注**：词性是单词的基本属性，词性标注就是自动给单词打上属性标签，词性包括名词、动词、代词等。词性标注对理解句子和段落时消除歧义等有重要作用。

4）**拼写矫正**：拼写矫正是针对词汇中拼写错误进行的矫正，在文本编辑、文本信息核验等中广泛应用。

2. 句法分析

句法分析也叫语法分析，主要是分析句子中的语法结构以及单词之间的依存关系。句法分析是比词法分析更上层的处理环节。句法分析可以分为两类——依存句法分析和句法结构分析。依存句法分析是分析词与词之间的依赖关系，如句子中词汇之间的从属、并列、递进等关系，从而得到更深层的语义信息；句法结构分析是分析句子的语法结构，比如主干与各成分之间的关系，如"主谓宾定状从"等。

语言模型（Language Modeling，LM）的作用是根据给定前一个字或词去预测文本中的下一个字或词，从而预测整个句子。语言模型早期使用 N-gram 方法，然后使用 LSTM，再后来陆续使用预训练表征方法。

在句法分析中还有语种识别应用，核心目标是通过句子确定语言的种类，这属于语言分类问题。

在句法分析中，划分句子边界也是一个应用——句子边界检测，即给没有明显句子边界的文本增加边界，如打标点等，这在语音转换后的文本应用中使用广泛。

3. 语义分析

在语言处理的过程中，理解语义是最重要的目的，在实际应用中存在许多歧义句。以中文句子"我叫他去"为例子，可以理解为"我去叫他"或"我叫他去某个地方"，一个句子可以表达多种意思。在语言学中，语义分析属于 NLP 高层次的分析，核心目的是挖掘文本中单词、句子、篇章等所传达的真实含义。从分析粒度上，语义分析可以划分为词语级、句子级和篇章级。

（1）词语级的语义分析

词语级的语义分析任务一般有词语消歧、词表征、同义词挖掘和上下位词挖掘等。

词语消歧的目的是判断词语的真实意义，一词多义是语言本有属性，比如"苹果"既可能代表科技品牌或产品，又可能代表水果，如果在"苹果"后面加上"手机""公司"等字样，歧义就可以消除了。

词表征是将词语转换成计算机向量。在 Word2Vec 相关的深度学习方法出现之后，如何在词语的表征中包含词语的语义信息，而不是简单的字符代号，成为词表征任务的主要研究方向。

同义词和上下位词挖掘是针对语言的多词同义问题，进行词的关系挖掘和聚合，比如做饭、做菜、下厨等都是同义词；而买菜、切菜、炒菜等都属于做菜的过程，这些词语之间有上下位关系。

（2）句子级的语义分析

句子级的语义分析试图通过词义、语法等分析句子的真实含义，常见的句子级的语义分析任务有语义角色标注、文本蕴含、句向量等。

语义角色标注（Semantic Role Labeling, SRL）是一种浅层的语义分析方法。通过分析语句中的核心语义角色和附属语义角色来理解句子的含义。核心语义角色包括施事者、受事者等，附属语义角色包括地点、时间、方式、原因等。

文本蕴含（Textual Entailment）是指文本间的语义联系，即两个文本之间的推理关系，一般以其中一个文本作为前提 P，另一个作为假设 H，如果由 P 可以推理得出 H，则表示 P 蕴含 H。文本蕴含关系可以理解为一种分类任务，两个文本之间要么是蕴含的，要么是冲突的，要么是中立的。如 P 表示"一只狗在雪地里玩球"，H 表示"一只动物在寒冷天气中玩玩具"，那么这两个文本之间就是蕴含关系。

句向量是对句子进行向量化表征，类似词语的向量化。句向量会包含很多以句子为单位的语义信息，比单纯的字符顺序编码表征的内容要更加丰富。句向量的表征方法也是一个重要的研究方向，而在应用中，句向量因可进行相似度比较，所以可以应用于文本检索、问答系统。

（3）篇章级的语义分析

篇章级的语义分析是句子级的语义分析的延伸，其会从更大的篇章级角度进行语义分析，包括分析词与词之间、句子与句子之间、段落与段落之间的语义联系，以达到整体篇章语义分析的目的。篇章级的语义分析主要有三种研究路径，分别是以文章结构、词汇语义、背景知识为核心进行篇章分析。文章结构分析主要是分析各个段落块的关系，词汇语义分析是以词汇语义之间的关系作为脉络，背景知识分析则是以知识库或知识图谱为背景协助进行篇章级的语义分析。在篇章级的语义分析中，常见的任务为指代消解。

在语言应用中,通常会使用代词来代替重复出现的人或物,这种现象一般称为"指代"。指代解决了因词语重复出现带来的臃肿和累赘问题,但也带来了指代不明的情况。将代表同一个实体的不同代词划分到相同集合的过程成为指代消解。指代消解需要通过不同句子,甚至不同段落才可以找到对应的实体。

4.3.3 信息抽取

信息抽取(Information Extraction)是指将篇章语句中非结构化信息自动提取为实体(Entity)、关系(Relation)、事件(Event)等机器可理解的结构化信息的过程。信息抽取一般包括命名实体识别、关系抽取、事件提取等。

1. 命名实体识别

命名实体识别(Named Entity Recognition,NER)是信息抽取中的子任务,主要用于定位文本中的命名实体并对其进行分类。其中的命名实体是指具有特定代表意义的实体,包括人名、地点、物品名、机构名及其他专有名词。NER需要检测实体的边界和分类,这是理解文本语义的重要基础。

早期主要通过规则和词典的方式,即通过关键词、位置词、标点符号等方式设计规则模板、常识字典等,然后使用匹配的方式进行实体抽取;随着机器学习的出现,NER问题被当作序列标注问题,也就是将文本中的词句当作序列,通过机器学习的方式对句子中的词进行标记,这类似分类问题,但是每个词不是独立的,而是与前后序列有关联的。简单说,如果输入是一个句子,则输出是对这个句子中实体的标记。常用的机器学习方法包括隐马尔可夫模型、最大熵(ME)等;近些年随着深度学习的发展，NER 的研究全面转向深度神经网络，包括使用注意力机制、图神经网络方法的深度模型。

在 NER 应用中，尽管新的方法会带来更理想的效果，但是依然存在许多问题。一方面是通用的实体判别难以应用到专用细分领域，专用细分领域资源匮乏、数据集缺失，难以快速训练；另一方面是实体的表述具有多样性和容易产生歧义，需要深度挖掘关联语义进行分析；还有一方面是实体的开放性，实体并非一成不变，在应用的过程中会演变，可能使得一些实体失效。

NER 技术可用在众多业务中，如在构建知识库和知识图谱中，NER 起到的是知识点抽取的作用；在 QA 任务的文本理解中进行词槽抽取，在舆情分析中对敏感实体进行识别。

在 NER 的实现中，一般会结合监督学习、半监督学习甚至无监督的方法，其中最重要的是语料的准备。实体的类型众多，正常的语料标注需要投入大量的人力和专业知识，在实际操作中，可通过种子语料的标注，建立初始的模型，经过模型的挖掘聚合，得到更多相似的语料，并进行进一步的筛选，扩大种子集。经过反复的迭代，最终可得到高精度的模型。

2. 关系抽取

关系抽取（Relation Extraction，RE）即获取文本中实体之间的语义联系，如人物中的子女、配偶、同事等关系，以及实体之间的从属关系，比如文章的作者，歌曲演唱者等。RE 通常发生在 NER 之后。一般 RE 使用 SPO（Subject，Predication，Object）三元组结构，比如句子"中国的首都是北京"，对应的三元组结构为（中国，首都，北京）。

根据是否有确定的关系集合，RE 可以分为限定关系抽取和开放式关系抽取。限定关系抽取中所有关系集合都是事先确定好的，此时 RE 变成一个分类问题。开放式关系抽取在抽取关系集合和语料等领域均可能是开放、不确定的。

除了关系抽取，还有实体抽取。根据实体抽取和关系抽取是否为联合实现，算法技术实现分为流程式和端到端两种。流程式是实体抽取和关系抽取两者独立实现，关系抽取会依赖于实体识别的结果，如果实体识别结果差，关系抽取的结果也不会好。端到端的实现方式是指两者同时进行，共享模型参数，这种方式容易学习到更丰富的联合信息。

3. 事件提取

事件提取（Event Extraction，EE）关注文本中发生的事件信息，并通过结构化的形式进行存储和展示，如事件的发生时间、地点、过程等。EE 在网络舆情监控、突发事件报警等领域有重要的应用。EE 根据范围一般可以分为元事件提取[一]和主题事件提取，元事件主要描述简单的动作或状态的改变，而主题事件包括一类事件的描述及其发展过程，可以由多个元事件组成。在事件提取中，一般会按照任务需求制定事件类型体系，判断事件的描述、类型、要素等。

在事件提取中，元事件提取的方法包括模式匹配和机器学习。模式匹配需要手工构建元事件模板，比较适合用于专业性更强的特定领域，基于统计的机器学习方法可将元事件中的事件检测、论元识别转换成分类问题，深度学习方法的使用带来了更高的精度。主题事件提取的方法包括基于事件框架的提取、基于本体的提取等。

[一] 参见高李政、周刚和罗军勇等撰写的《元事件抽取研究综述》，于 2019 年 8 月发表于《计算机科学》。

4.3.4 知识图谱

清华大学的唐杰教授认为,实现认知智能的可行思路是"认知图谱 = 知识图谱 + 认知推理 + 逻辑表达",其希望利用知识表示、推理和决策(包括人的认知)来解决复杂问题。

1. 知识图谱概述

认知图谱(Cognitive Graph)旨在结合认知心理学、脑科学和人类知识等,研发集知识图谱、认知推理、逻辑表达于一体的新一代认知引擎,实现 AI 从感知智能向认知智能的演进。智能发展到现在已经经历了 4 个阶段,如图 4-25 所示。本节从知识图谱及推理对认知智能的关键内容进行介绍。

图 4-25 智能发展的 4 个过程

知识被认为是从感知跨越到认知的基石。所有感知的信息只有在知识的加工下,才可以形成更高级的认识。知识图谱就是 AI 技术中关于知识构建(加工)的技术,也是从感知智能向认知智能跨越的桥梁之一。当大规模的知识被结构化地构建和连接后,认知推理、联想等更多高级别的行为才有可能得到真正推动。

知识图谱(Knowledge Graph,KG)本质上是一种语义的网络、一种图形化的知识表达形式,可将客观世界中的实体、概念、关系、事件等进行有效联结。知识图谱样例可参考图 4-26。

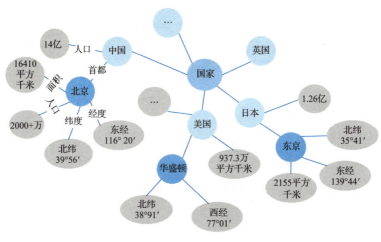

图 4-26　知识图谱样例

知识图谱的概念最早由谷歌在 2012 年提出，但在此之前已经有一些关于语义网络的研究。1956 年，Richens 提出语义网（Semantic Net）的概念，这个概念的核心思想是通过图形化的方式进行知识表达。20 世纪关于知识的研究主要集中在语义网的理论完善、概念关系的建模上。21 世纪前十年主要集中于语义 Web 的研究上。当前已有许多知识图谱类产品被构建，比如 WordNet、HowNet、Google-KG 等。在早期阶段主要依靠专家提供的专业知识和制定的规则构建知识图谱，这类产品的优势是专业性强、质量高，但是规模小。为了扩大知识图谱规模，在互联网出现后，出现了群体智能构建方式，比如通过维基百科、百度百科等半结构化数据对知识进行组织。随着互联网规模越来越大，面对内容生产规模爆炸式发展，自动化机器学习构建方法被提出，即通过自动化信息抽取的技术，实现快速自动化知识图谱构建。

2. 知识图谱技术

知识图谱技术主要指构建知识图谱所需要使用的技术，这是融合了机器学习、信息抽取和检索、知识表达等的综合性技术。整个知识图谱的构建是一个从知识获取和表达到知识的关联构建，再到知识的存储和利用的过程，因此可以从知识图谱表征、知识图谱构建、知识图谱存储三方面介绍知识图谱技术。

（1）知识图谱表征

知识图谱表征也叫知识图谱嵌入，核心是通过向量表达知识图谱中的实体和关系。在知识图谱中，实体和关系一般通过（实体，关系，实体）三元组来表示，如（中国，首都，北京），Word2Vec 技术是将单词转换成计算机可理解的向量，而知识图谱是将三元组结构数据转换成向量。整体的技术实现思路是构建实体和关系的表达、构建评价函数、学习实体和关系的向量表达。

知识图谱表征技术包括平移距离模型、语义匹配模型。平移距离模型通过两个实体的空间距离来评价实体之间关系的合理性，如平移距离模型 TransE，三元组（h，r，t）在平移距离上表示为从向量 h 到向量 t 的平移，而 r 就是这个平移向量，此时有 $h + r \approx t$，如图 4-27 所示。语义匹配模型则利用基于相似性的评价函数，根据实体在语义以及向量中的包含关系的相似性来度量两个实体的关系。

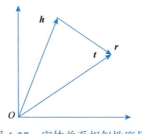

图 4-27　实体关系相似性度量

(2) 知识图谱构建

根据逻辑结构，知识图谱可以分为数据层和模式层。数据层包括由大量事实（Fact）组成的基本信息，如（实体，关系，实体）或（实体，属性，属性值）这样的三元组数据，而这些数据一般存储在图数据库中。比较知名的图数据库包括 Neo4j、FlockDB、GraphDB 等。模式层是数据的组织模式，包括数据层之上的经过提炼的知识，通常使用本体库（Ontology）来管理。

知识图谱的构建一般是利用自动化技术对结构化、半结构化、非结构化数据进行知识抽取，并将数据存储到模式层和数据层。根据先构建数据层还是模式层，知识图谱的构建有两种方式：自顶向下和自底向上。自顶向下的构建方式是先构建模式层，再构建数据层。模式层的构建可以通过从人工构建的高质量数据中抽取本体和模式信息，然后再根据已构建好的模式层，从更大规模的数据中抽取数据来构建数据层。早期的知识库和知识图谱更多是通过自顶向下的方式构建的。

自底向上的方式是先构建数据层，再构建模式层。自底向上的构建方式一般是先通过自动化或半自动化的方式在大量的数据中抽取实体、关系、属性等来构建知识图谱的数据层，再通过数据层来组织构建模式层。自底向上的方式更适合用于超大数据规模的知识图谱构建。由于有更大的数据规模、更自动化的方法加持，现在的知识图谱大多使用自底向上的方式构建，如卡内基梅隆大学的 NELL。

知识图谱的整体构建流程如图 4-28 所示。

以自底向上的知识图谱构建方式为例，系统的输入是各种类型的数据，知识图谱构建则需要经过信息抽取、知识融合和知识加工三个主要过程，系统输出的是完整的知识图谱。

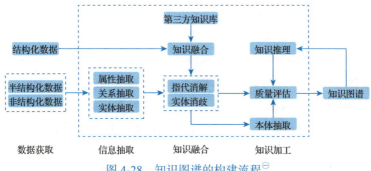

图 4-28　知识图谱的构建流程○

1）**信息抽取**：如 4.3.3 节所描述，根据不同的任务需求，对信息进行抽取的维度也不一样，比如在一些情感和舆论分析任务中，事件和情感信息的抽取是重要内容，而在知识图谱应用中，更关注的是实体、关系、属性等维度的信息。如在知识图谱中对实体的属性进行抽取，属性是实体附带的固有信息，比如人物的身高、出生年月等。无论是对实体、关系的抽取还是对属性的抽取，都可以使用监督、半监督、无监督的方法进行。信息抽取主要是针对半结构化和非结构化数据，经过信息抽取后，对知识图谱系统来说，这些数据就变成了结构化数据。

2）**知识融合**：这是对多种来源的数据进行融合提炼的过程。知识图谱构建系统的输入数据来源不一，外部数据既包括了已经符合系统要求的结构化数据，这些数据可以通过程序直接读取和理解；也包括了半结构化和非结构化数据，这些数据经过信息抽取之后也会变为结构化数据；还有来源于第三方知识库的数据。不同的数据源会有很多的知识和信息冗余，而知识融合就是对冗余信息进行整理，形成统一的知识，其中的关键技术包括实体消歧和指代消解。

○　引用自清华大学人工智能研究院等发布的《人工智能之认知图谱》。

3）**知识加工**：知识抽取之后会形成三元组数据，这些数据经过知识融合后会消除歧义，然而依然缺乏深层逻辑结构，故据此构建的知识图谱的质量还有待验证。知识加工是在知识融合的基础上进行本体构建和质量评估，从而达到完善知识图谱的逻辑结构和提升质量的目的。

- **本体构建**：是构建知识图谱模式层的技术，主要是构建本体库，通过公理、规则和约束条件规范实体、关系、属性等之间的联系。一般来说，本体的构成要素包括类或概念、关系、函数、公理、实例。类或概念包含了对象、任务、功能、行为等，包括定义和描述；关系是多个概念之间的联系，概念之间的关系是多种多样的，比如整体－部分关系通过 Part-of 表达，概念间的继承关系通过 Kind-of 表达，概念和实例之间的关系通过 Instance-of 表达等；函数是关系的一种定义，可以通过定义函数来定义两个概念之间的关系；公理是各种情况下均真实的描述；实例则是概念的一个真实应用对象。以上针对五要素的本体构造只是一个示例，实际应结合具体应用构建。

- **质量评估**：在进行知识抽取的时候，由于信息的来源可能存在错误，如果在错误的信息上进行知识抽取，会降低知识图谱的质量，因此需要对信息进行可信度的判断，保留高置信度的知识，从而保证知识图谱的质量。常用的判断方法包括对数据来源的可信度进行判断，比如根据用户贡献知识的历史和领域来评估其所贡献知识的质量，还有对某条信息在抽取过程中出现的次数进行可信度评分，同时通过可信知识库对信息进行修正。随着数据应用规模逐渐增大，数据之间的冲突也逐渐增多，质量评估在知识图谱构建中的作用也越来越大，质量评估的核心是质量评估标准的建立以及质量核验的方法选择。

（3）知识图谱存储

对于知识图谱的存储，主要关注数据模型、存储机制和查询语言等。在知识图谱的存储中，关系型数据库、图数据库、RDF 模型都可以对知识图谱进行存储，但是当数据规模较大时，关系型数据库需要管理和维护大量数据表，数据的管理代价很大。图数据库天然适合知识图谱数据的存储，即用节点表示对象、用边表示关系。图数据库在查询速度上要优于关系型数据库，多跳查询性能更好，但是更新复杂，在数据分布式存储场景中实现的代价很高。RDF（Resource Description Framework，资源描述框架）是专门为三元组形式设计的数据模型，在主语 – 谓语 – 宾语（SPO）三元组中，使用六重索引（SPO、SOP、PSO、POS、OSP、OPS）方式进行搜索。

随着数据规模的增大知识图谱的存储难度也在增加，另外还需要根据应用场景制定不同的存储方案，而不是统一使用单一的存储方案。在存储方案中，基于图数据库的 Neo4j 和基于 RDF 的 gStore 是两个比较知名的原生知识图谱存储方案。

3. 知识图谱应用

常见的语义搜索、知识问答、推荐系统的实现均需要知识图谱技术的支持，知识图谱的性能决定了这类应用的性能以及智能化程度。

语义搜索是最常见的应用，在我们使用搜索引擎进行内容搜索的时候，搜索系统会解析用户输入，提炼实体和关系等信息，利用知识图谱的结构化知识挖掘深层含义，理解用户意图，然后找到与用户意图匹配的语义内容，再通过特定形式排序并呈现。

知识问答可以理解为在特定场景下的语义搜索，这类应用在智能客服等场景中使用较多。其通过一问一答的方式解析用户语义，挖掘知识图谱中与之目的最匹配的答案，并进行回答呈现。

基于知识图谱的推荐系统也有非常广泛的应用，在电商、社交、支付等互联网消费场景中，对用户行为、关系等进行画像分析，可以获得用户的兴趣爱好、消费倾向与时机等。利用知识图谱技术，可构建用户和产品的关系，从而推断用户规律性和阶段性的需求，从而实现精准推荐。

尽管知识图谱技术已经在许多场景中落地应用，但仍存在许多长期待解决的问题：

1）无论是实体还是关系，都面临更大规模的数据量和连接量，尤其是视频、图像、音频等多模态非结构化、半结构化数据呈爆炸态势，如何在数据层面兼顾质量和数量，构建高质量的知识图谱？

2）如何找到更好的表征方式来表达知识图谱结构中的实体和关系等，以帮助计算机更好地计算，挖掘更有效的信息？

3）如何找到更合理的数据模型和更高效的查询手段，提升在大规模知识图谱下的数据应用效率？

人类对世界的认知依靠对知识的构建和理解，因此，依靠更大规模的数据构建更大规模的知识系统是人类固有的需求。知识图谱的构建离不开对知识更好地进行表征。当前信息抽取、关系的表征等已经用到深度神经网络技术，未来深度学习这类具备强大特征表征和学习能力的技术，也会在知识图谱构建中被更大规模和更好地利用。

4. 知识推理

在 AI 系统中，感知信息之后是认知信息，认知推理类似人脑推理的过程，是对数据和知识进一步加工，以解决复杂的阅读理解和少数据的知识图谱推理问题。知识推理是认知推理的实现，是从已知的事实出发，通过运用已掌握的知识，对各种事物进行分析、综合和决策，找出其中蕴含的事实，或归纳出新的事实㊀。

基于知识推理，可使用已有的知识推理出错误的知识或发现新知识。虽然知识图谱可将许多知识聚合在一起，但无论知识的规模多么庞大，依然难以包含所有知识，总有事实信息丢失的情况。利用知识推理，即使用知识图谱中已经存在的实体和关系信息，可对旧知识进行纠正、对缺失信息进行补全，或推理发现新知识。知识推理对知识图谱的信息补全、质量优化、增强对话系统能力、优化推荐系统等有一定的帮助。

知识推理可以使用基于描述逻辑的推理、基于规则的推理等方法。但是随着开放域信息抽取的需要和技术的发展，使用开放域信息（即更大规模的语料）意味着目标关系类别并非是预先定义好的，给定的语料结构是丰富多样的，这时就需要使用半监督甚至无监督技术了。随着近些年知识表示学习、深度学习的发展，通过向量方式进行信息表征，可使得实体和关系信息在向量空间中通过距离进行度量，因此基于分布式的表示推理、基于神经网络的推理陆续出现，这进一步推动了知识推理的发展。

4.3.5 机器翻译

机器翻译是 NLP 中最常见的应用，也是备受关注的研究方向，机器翻译是将源语言文本通过机器转换为目标语言的过程，谷歌翻译、百度翻译等应用都是基于机器翻译技术实现的。

㊀ 参见 Kompridis N 撰写的 "So We Need Something Else for Reason to Mean"，发表于 2000 年 8 月的 *International Journal of Philosophical Studies*。

机器翻译的应用场景众多，包括开放翻译系统中的语句翻译，如谷歌翻译、百度翻译；聊天场景中的辅助翻译，如微信；输入法翻译；还有诸如 AI 同传、语音问答翻译等。机器翻译技术的突破解锁了大部分的翻译场景。

1. 机器翻译研究方向

跟随着 AI 基础技术的发展，机器翻译的技术从最早的基于规则的翻译技术，转变为当前的基于端到端的深度学习方法。近年来，基于注意力机制和 Transformer 模型的技术大放异彩，它们在机器翻译领域获得了巨大的突破，在多个公开数据集上都获得了最优翻译性能。机器翻译技术近年来有如下一些发展方向。

1）**引入语法信息**：近年来随着深度学习技术的突破，依托模型就可以从海量数据中获得语言间的映射关系，同时与语言学方法的结合也一直在被探寻，如加入语法、语义之类的先验知识以融入模型中。

2）**无监督机器翻译**：除了富资源语言（如中文、英文、法语等），许多受众少的语言往往因缺乏海量的双语平行语料而无法进行监督学习，此时可通过反向翻译（Back Translation）的方式，将目标语翻译成源语，组成新双语语料后再进行翻译。这是典型的无监督机器翻译的落地思路。

3）**单模型多语言翻译**：机器翻译的研究从早期的双语之间的翻译，逐步发展到多语言翻译，即不局限于双语言。通过单模型实现多语言翻译，需要学习更多语言间的信息，使模型表现更强。

4）**语音直译**：在深度学习的发展过程中，很多机器翻译任务都是分离的，无论是语音识别本身，还是语音加自然语言处理，而语音直译可实现跨模态的语言映射，这也让单模型可以学到不同模态信息之间的关联。

2. 机器翻译的评价

双语评估替补（Bilingual Evaluation Understudy，BLEU）[一]是机器翻译常用的评价指标。所谓"替补"是指用机器翻译的结果代替人翻译的结果。BLEU 一般评价候选翻译（即机器翻译）的结果与参考翻译（即人的翻译）的结果的匹配值，区间是 0～1，匹配为 0 即完全不匹配，匹配为 1 则是完美翻译。尽管该指标是为机器翻译而建立，但它还可以用于评估一组自然语言处理任务生成的文本。

BLEU 的公式如下：

$$\mathrm{BLEU} = \mathrm{BP} \cdot \exp\left(\sum_{n=1}^{N} w_n \log p_n\right)$$

其中 p_n 表示文本块修正后的 n_gram 精度分数，BP（Brevity Penalty，简短惩罚）是对机器翻译语句长度过短的惩罚参数。p_n 和 BP 的公式如下，其中 c 是机器翻译语句的长度，r 是参考翻译语句的长度。

$$p_n = \frac{\sum_{C \in \{\text{Candidates}\}} \sum_{\text{n\_gram} \in C} \text{Count}_{\text{clip}}(\text{n\_gram})}{\sum_{C' \in \{\text{Candidates}\}} \sum_{\text{n\_gram}' \in C'} \text{Count}(\text{n\_gram}')} \qquad \mathrm{BP} = \begin{cases} 1, & c > r \\ \exp^{1-r/c}, & c \leqslant r \end{cases}$$

上面两式中，n_gram 是指一个语句中以 n 个单词为单位，参考语句和候选语句的匹配度。比如，1-gram 是一个语句中 1 个单词的匹配度。看下面的语句，机器翻译了 6 个词，有 5 个单词命中，因此 1-gram 是 5/6，如果是 5-gram，则为 1/2。

人工译文：Today is a lucky day

机器译文：It is a lucky day today

从召回率和精准度的角度看，p_n 体现了翻译的准确率，而

[一] 参见 Kishore Papineni、Salim Roukos、Todd Ward 等撰写的 "BLEU: a Method for Automatic Evaluation of Machine Translation"。

BP 体现了召回率，即如果翻译的语句过短，召回率必然不高，因此需要针对短句进行惩罚。

4.3.6 对话系统

对话系统广泛应用在聊天机器人、各行业的智能客服、智能音箱中，对话系统也是最接近图灵测试形态的系统。早在 1966 年就诞生了聊天机器人 ELIZA，一直以来，基于规则和统计这两种思路的技术不断突破，众多聊天机器人产品不断诞生。2011 年 IBM 的 Wastson 曾在智力竞猜的人机大战中战胜人类；2014 年前后微软开发了智能聊天机器人小冰。经过多次迭代，现在的聊天机器人在智能程度上有了非常大的提升。

在对话系统中，一般会包括自然语言理解（Natural Language Understanding，NLU）、对话状态追踪（Dialogue State Tracking，DST）、对话策略（Dialogue Policy，DP）、自然语言生成（Natural Language Generation，NLG）等模块，如果需要进行语音输入和输出，还会包括自动语音识别（Automatic Speech Recognition，ASR）、文本转语音（Text To Speech，TTS）等模块。尽管这些模块需要系统化配合工作，但早期基于深度学习技术的实现，更注重每一个环节的可行性，即先分阶段解决问题，再进行整个业务流程的串联，因此那时在技术实现上会先进行独立模块化学习再串联流水线。随着业务应用和技术的成熟，联合训练、端到端训练等方法被使用，无论是训练还是推理，都更加高效了。而分阶段的方法因为具有可对某些环节进行针对性、精细化优化的优点，所以现在依然有不少应用。

1）NLU 是将输入的语言转变为机器可理解的结构化语义表述，一般会转换为用户意图（User Intention）、槽值（Slot-Value）。用户意图很好理解，就是用户表述语言的目的，比如用户问"明天深圳天气如何?"用户意图即查天气;槽值是语句中更细的信息填充,比如"地点-深圳;时间-明天",这属于 NLP 中的信息抽取的范畴。NLU 中还包含用户情感、歧义消解等。上述所有行动都是为了更好地理解用户语言意图。

2)DST 应用在多轮对话中,是对用户需求和当前对话状态进行追踪的模块,目的在于理解与用户沟通过程中的上下文信息,以进一步推断当前状态和具体含义。特别是在一词多义的场景中,由于每个词所代表的意义千差万别,所以需要结合上下文状态信息来判断用户意图。

3)DP 用于根据当前的对话状态,判断和决定下一步执行计划。DP 通过决策生成结构化的语义表述。对于决策的方法,可使用基于强化学习的方法来学习策略网络得到。

4)NLG 是将 DP 输出的结构化语义表述转换为文本语言,NLG 其实也可以理解为一种翻译。NLG 也会有基于规则和统计两种路径,基于规则的方法中比较常见的是通过话术模板的方式进行转换,而基于统计的方法则可使用序列到序列(Seq2Seq)及监督的方法实现。

在功能逻辑上,对话系统对语音的处理过程从输入到输出会依次经历 NLU、DST、DP、NLG 多个技术模块,如果是从语音模态的输入到输出,需要经过 ASR、NLU、DST、DP、NLG、TTS,如图 4-29 所示。

图 4-29 对话系统对语音的处理过程

1. 生成式和检索式

从整体应用看,有针对金融、互联网场景的智能客服这类问答型对话系统，还有如微软小冰这类闲聊型的聊天机器人。无论是哪种对话系统，主流的实现方法都包括生成式、检索式两大类，这两类可以分别理解为问答题和选择题。

检索式对话系统是在语料库中选择最合适的回答，对于一些比较简单的场景，如问答类的FAQ，如果问题非常简单，通常一个回复就可以解决了，那么使用检索式对话系统就可以满足大部分的需求。在一些需要多轮对话、开放式的聊天场景中，要想满足需求，则对应语料库会非常庞大，此时需要在检索方法上使用一定的加速策略。

生成式对话系统可以看作解决的是序列到序列（Seq2Seq）的问题。序列到序列最早在机器翻译领域获得巨大成功，但机器翻译有比较明确的源句与目标句的对应关系，而对开放式的生成式对话系统而言，对话结果没有标准答案，面对的是一道主观题。尽管对话很主观开放，但在聊天时需要"聊到一块去"才有意义，而这又有非常多的限定背景信息，比如知道一个人的性别、年龄、职业、身份等，只有这样聊天的话题才更有方向。因此，生成式对话系统要应对的是在条件非常多的情况下生成的问题，而条件在一定程度上限定了一个问题的搜索空间。

生成式对话系统在问题评估和生成上有难度，学术界针对这两个问题有非常多的研究，但是也正是因为这两个问题导致生成式对话系统要比检索式对话系统实现难度更大，因此从成本角度考虑，在满足可用的情况下，工业界更倾向于使用检索式对话系统。

2. 对话系统的评价

对话系统的评价是评判系统在对话反馈上的效果的好坏，有定量和定性两种评价手段。定性评价是通过人工进行判别，定量是由机器对提供的参考内容进行量化评估。定量评估通过优化算法更加便捷地实现目标。

评价对话系统的方式非常多，通常包括基于词或短语匹配程度的 n-gram 方法（参考 4.3.5 节）、计算机器响应和参考响应之间匹配度的 BLEU（参考 4.3.5 节）和 ROUGE 等。另外一种方法是使用词向量进行评价，词向量是将词组、句子等文本转换为向量表示，所有句子被映射到一个向量空间，无论是机器生成的还是人工参考的。向量在空间中表征了句子的含义，通过对比句子之间的距离即可评价两个句子的相似度，从而评价生成的句子是否合理。由于在对话系统中很多对话是开放式的，有非常多的合理应答，因此相比通过词语匹配度的方式，向量的方式大大增加了对多样答案的包容性。

4.4 多模态内容理解

4.4.1 多模态方法简介

我们身处一个充满多模态信息的世界，人对世界的理解不仅可以通过视觉感官实现，还可以通过听觉接收声信号、通过嗅觉感知气味、通过味觉感知味道来实现，然而世界上有众多信息是超越人感官可感受的，比如超声波、激光、辐射信号等。而对于智能体，要获得更高的智能，与外界进行信息交互也不可仅局限于单模态，而应该充分利用多模态信息，因此多模态信息的表达、互补、融合及理解成为 AI 应用中的重要课题。

在多模态技术的研究中，主要包含五类任务：表征（Representation）、转换（Translation）、对齐（Alignment）、融合（Fusion）和协同学习（Co-learning）。

1）表征是最基础的工作，不同模态的信息之间存在互补性、冗余性，处理单模态数据（如图像）的时候，更关注单模态的特性，从而针对特定模态设计表征，得到高维特征向量。在多模态中，信息可能存在互补，也可能存在冗余，多模态表征的目的是获得多模态中的互补信息，剔除无用的冗余信息，得到更全面的特征表达，为下游功能提供更全面的信息。对表征的研究方向包括联合表征、协同表征等。联合表征是将不同模态的信息映射到相同的特征空间；协同表征则是针对不同模态采用不同的特征空间，但不同模态之间要有一定的约束。

2）转换也可以称为映射，是将一个模态的信息转换为另外一个模态的过程，类似语言之间的翻译，比如语音合成是将文本信息翻译成语音，图片描述和视频描述等是将图像和视频信息变成文字。模态之间的转换首先在于数据是异构的，而且很多时候转换是开放和主观的，比如将一张图片转换为计算机可学习的描述方式有很多种，因为这是一个开放的"看图说话"的转换。

3）对齐是指将两种模态中的信息进行对应关系匹配，如一句关于图片的描述，句中的词语应对应到图片中的区域并将对应的区域进行展示。模态的对齐在实现上仍有不小的挑战，如在数据方面，很少有大量的不同模态对齐的标注数据集，模态之间的相似性度量难以评价，不同模态之间的对应关系不一定存在。

4）融合即整合多种模态的信息，实现分类、回归等。多模态融合应用广泛，包括多源信息的融合、多传感器的融合、多任务信息的融合等。从多模态融合的过程上看，融合方法包括早期融合、晚期融合、混合融合等（见图 4-30），早期融合是在早期对数据、传统特征进行融合，晚期融合则是针对不同模态信息在不同的模型判别之后对结果进行融合。混合融合则是前两种融合方式的混合。

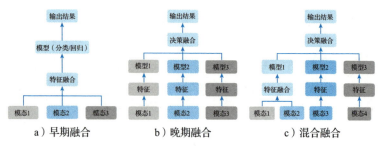

图 4-30　多模态信息融合方法

5）协同学习是通过其他模态的信息优势，协助信息资源稀缺的模态建立模型。多模态协同包括并行、非并行、混合三类学习方式。具体的方法有多种，如协同训练，即当一个模态的标注数据非常少时，利用协同训练生成更多的标注训练数据；再如迁移学习，即将一个数据充分、干净的特征表示从一种模态迁移到另外一种模态。

自深度学习被广泛应用到视觉、语音、自然语言处理等领域后，多模态技术应用也逐步变成以深度学习为核心的多模态融合应用。回顾技术发展路径，深度学习从深度模型训练突破开始落地，之后在计算机视觉、语音识别领域开始被应用，再之后在自然语言处理、知识图谱等中的应用不断深入。2018 年前后，以 Transformer 为代表的技术首先在自然语言处理领域落地，并取得显著的效果，这刷新了学术界的测试指标，甚至可达到超越人类的水平，这已触及工业落地的基准线。随后，计算机视觉领域也切换到 Transformer 技术路线上，这也形成了多模态技术统一的基础。

4.4.2　多模态融合应用

多模态融合有非常多的应用，包括视觉问答（Visual Question Answer，VQA）、视觉常识推理（Visual Commonsense Reasoning，

VCR）等，在更上层的业务应用上还包括自动驾驶、机器人、虚拟数字人等。

1）VQA：针对视觉图像使用自然语言进行问答，是视觉理解的一个研究方向，连接视觉和语言，模型需要在理解图像的基础上，根据具体的问题做出回答。简单讲就是"看图回答问题"，图 4-31 所示就是这方面的案例。VQA 的研究始于 2015 年，一般是对图像和问题分别提取特征，再联合两部分进行多模态融合。

她的眼睛是什么颜色？
胡子是由什么做的？

披萨有多少片？
这是一个素食披萨吗？

图 4-31 视觉问答样例

2）VCR：在 2018 年被华盛顿大学的研究员首次提出[⊖]，旨在结合图像和自然语言理解能力，验证多模态模型的多模态推理能力。对比 VQA，VCR 不仅要回答问题，还要给出这样回答的理由。如图 4-32 所示，在回答问题 1 之后，还需要选择给出这个答案的理由。VCR 吸引了谷歌、微软、百度等众多国内外公司和研究机构的参与，现已得到了众多高质量学术成果。

⊖ 参见 Rowan Zellers、Yonatan Bisk、Ali Farhadi 和 Yejin Choi 撰写的"From Recognition to Cognition: Visual Commonsense Reasoning"，于 2019 发表于 CVPR。

问题 2：我选择 a) 是因为：a)......b).....

图 4-32　VCR 示例

3）**自动驾驶**：在自动驾驶领域，经常会使用激光雷达、毫米波雷达、摄像机等传感设备融合方案进行路侧感知，进而做出最终的自动驾驶决策。由于自动驾驶的安全性要求极高，因此对最终的决策要求极高，对路侧各个维度信息融合感知的要求也非常高，自动驾驶是多传感器多模态数据融合的典型应用。

4）**机器人**：在机器人应用中，经常需要识别语音、视觉信息，并在理解之后生成对应的语音或者执行对应的行为。尽管在大部分机器人应用中不同模态的信息是相对独立的，但是要想得到更高阶智能的机器人，需要融合视觉和语音信息，理解场景和需求，做出更智能的行为。

5）**虚拟数字人**：虚拟数字人类似机器人，但前者更多是数字化形象，没有实体。虚拟数字人有非常丰富的行为，在理解上更依赖语音信息，其中还会涉及多模态内容生成。虚拟数字人既要输出具备丰富情感的交互语音，还要配合生成视觉动作，可视为多模态内容生成的一种应用。

展望未来，多模态技术应用前景光明：多模态应用是走向通用 AI 的必经之路，在单模态技术不断发展的情况下，融合更全面的信息、得到更高智能已经是共识；随着如 Transformer、大规模自监督预训练等技术的突破，不同模态可帮助实现技术路径的大一统；除了多模态内容理解外，多模态内容生成类应用也逐步落地。

而随着元宇宙等应用的兴起，像虚拟数字人这样的应用会是通向通用 AI 的一个重要形态。

第 5 章 CHAPTER

机器人学与运动规划

前文提到了智能体（Agent），在物理世界中，机器人是物理智能体。机器人通过结合软件和硬件来完成物理世界中的任务。物理形态的机器人大致可以分为三类：机械手、移动机器人、人形机器人。

机械手多应用在工业制造、医疗等场景中。在工业制造中它也常被称为工业机器人，一般固定在特定的位置，用于完成特定装配任务。移动机器人通过腿或轮子等装置可在环境中移动，实现搬运、飞行、特殊场景作业等，包括自动驾驶车、无人机、火星探测器、物流机器人、扫地机器人等。人形机器人是另外一类机器人，这是一种通过模仿人的形态设计出来的机器人，主要用于表演、玩乐、陪伴等场景，当然也可以用于解决各类特殊场景中的问题。尽管随着 AI 智能程度的升级，科幻小说中描述的人形机器人与人类对立和挑战的情节存在一定的成为现实的可能性，但总体来说，机器人仅是帮助人类解决物理世界问题的工具。一些主流的机器人产品如图 5-1 所示。

a）ABB 工业机器人

b）人形机器人 Sophia

c）波士顿动力 Atlas

d）百度 L5 级汽车机器人

图 5-1　主流的机器人产品

机器人是 AI 中极其重要的应用领域，在产业界有着极其广阔的应用前景。机器人学融合了多个学科，包括运动和动力学、传感技术、控制技术、行动规划、计算机科学等。由于机器人学所涉学科体系庞大且复杂，故本章对此不做深入介绍，只关注构建产品过程中所需涉的技术方向，主要针对机器人学在构建产品时涉及的硬件、感知、规划、控制、应用等做简要介绍，以提升 AI 产品经理对产品基础原理的理解。

5.1 机器人硬件

机器人硬件体系结构包含四个核心部分——传感器、执行机构、动力源和处理器。传感器是感知外部信息的装置，如视觉传感器（摄像机）、声音传感器（麦克风）、定位传感器等；执行机构是对外运动的执行器，如轮子、机械臂、传动装置等；动力源是驱动的源头，一般使用燃油机、电动机等；处理器是软件处理的核心，是机器人的大脑和控制中枢，一切软件的调度控制命令都由处理器发出。

5.1.1 传感器

传感器是机器人感知外界的窗口，通过传感器感知环境是机器人做出智能化行为的第一步。传感器一般分为被动传感器和主动传感器。被动传感器是指无须发出任何信号，仅接收环境信号源的传感器，如摄像机、拾音器等采用的都是被动传感器。主动传感器有声呐设备、激光雷达等。主动传感器需要向外界发射信号，并感知和接收反射信号。

传感器种类众多，按照应用的功能划分，包括测距传感器、方位传感器、本体感受传感器等。

1）测距传感器有很多种实现手段，包括使用声呐、激光等不同的波，通过波的反射计算发射源与物体间的距离。比如自动驾驶应用会使用激光雷达感知环境，从而精准测量和定位障碍物。

2）方位传感器也是通过测量距离来感知方位的器件，如全球定位系统 GPS 是室外定位最常用的解决方案，GPS 可测量被测物与发射信号的卫星之间的距离，通过对多个卫星信号进行三角测量，可确定被测物的位置信息。

3）本体感受传感器又称内部状态传感器，主要针对的是内部的参数值，包括电机转速、电量、负载、惯性平衡、力的大小等。本体感受传感器可确保机器人在执行任务过程中随时量化自身状态，进而确保任务顺利实现，这类传感器主要包括电位计、转速表、光学编码器、陀螺仪等。

5.1.2 执行机构

执行机构是用于移动和改变机器人物理状态的部件，涉及机电领域的知识，包括机构运动、自动控制等相关内容。对于运动，一般使用自由度（Degree of Freedom，DOF)对抽象的形状和运动进行表达。自由度用于描述刚性物体的运动位移或旋转能力，执行机构在某一平面上的平动或转动各计算为一个自由度，以一个三维自由空间中的具有 6 个自由度的刚性物体为例，物体所在原点为 (x, y, z)，物体可以围绕 x 轴、y 轴、z 轴分别平移，也可以围绕 x 轴、y 轴、z 轴分别转动，因此共有 6 个自由度。如果外力将物体固定到 $x = 1$ 的位置时，则不能沿着 x 轴平动了，只能围绕 x 轴转动，但是可以沿 y 轴和 z 轴可以自由运动（旋转或平动），那么我们就可以说改物体自由度减少了 1 个。

在移动机器人中，移动的装置包括轮子、履带等。移动机器人通过移动装置和对应的传动方式即可完成移动，而传动可以分为差动传动和同步传动。差动传动拥有两个独立的驱动轮，如果两个驱动轮用一样的速度前进，则机器人沿直线运动，如果两个轮子驱动方向相反，机器人原地转向。同步传动是两个轮子在同一平面围绕同一圆心，以不同的半径、相同的角速度转动，轮子高度协调，不会混乱。

除上述两种移动装置外，还有腿型移动装置。腿可以应付非常复杂的地形，但是在制造、运动平衡等方面会面临更多的挑战。最具代表性的腿型移动机器人是波士顿动力机器人 Atlas 以及机器狗，如图 5-2 所示。一般腿型移动机器人可以分为动态稳定和静态稳定两种。需要通过运动保持稳定的腿型移动机器人，称为动态稳定腿型移动机器人，而不做任何移动也可以保持稳定的腿型移动机器人，则是静态稳定腿型移动机器人。

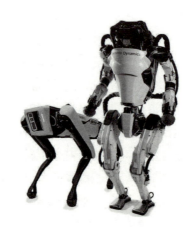

图 5-2　波士顿动力机器人和机器狗

5.1.3　动力源

仅有传感器和执行机构并不能让机器行动起来，还需要动力源，如电动机、气动装置、液动装置等。气动和液动装置更多是在传动过程中进行动力传输的，但动力还是来源于电动机。虽然类似汽车、摩托车等使用的燃油发动机也可作为动力源头，但是在机器人领域最常用的还是电动机。一般来说，可以由多个电动机共同驱动机器人，也可以由单一动力源驱动机器人，比如通过单一动力源加多级齿轮的方式。

5.1.4 处理器

处理器是软件和控制的中枢，一般来说我们会使用 ASIC、GPU、单片机等控制芯片。但是，随着智能化程度的提升，人们对机器人算力的要求也越来越高，如果机器人需要处理视频、语音等模态数据，并使用深度学习算法，则常常需要使用神经网络处理器。

随着系统复杂度的提升，类似边缘类的嵌入式控制系统一般可以采用集中式控制，此时主控芯片一般由片上系统 SOC 来完成。片上系统是将中央处理器、针对多媒体的协处理器等芯片集中设计到一个芯片模组上，以完成所有处理任务，比如英伟达的 AGX Xavier、海思的 3559A 等。根据实际应用场景的需求进行芯片选型时要考察的参数众多，除了算力、能耗等基础标准参数外，还应关注处理器硬件接口、编解码能力等，避免出现到了接口设计阶段才发现处理器选型错误的问题。

5.2 机器人感知

5.2.1 传感和信号处理

有了基本的硬件模块，机器人就可以进行系统化组合了，软件也可以基于硬件进行搭建并处理硬件采集的信号了。这个过程的第一步就是感知外界信息，以移动机器人定位移动应用为例，常用到的激光测距装置有激光测距仪、激光雷达等，声学传感器有声呐测距传感器，图像测距装置有摄像机等。每种类型的传感器都有一定的局限性，如激光测距装置的单价很高，且在需要穿透玻璃或水的场景中无法使用；超声波精度较低，但是可用于水下场景。

由传感得到的信号比较杂乱，所以需要经过进一步感知处理，才可以指导下一步行动。

一个机器人系统，在很多时候获取的信号都是极其原始的，可能掺杂了诸多噪声，或存在摄像机畸变、机器本身构造对传感器造成影响等问题，这就要求在信号分析层面对感知信号进行处理，以确保获得可信、有用的感知信号。畸变矫正、信号变换、滤波（Filter）等都是进行信号处理的方法。下面对其中较难理解的两种方法进行简单介绍。

1）信号变换是将信号从某个分析域转换到另一个分析域，如时域信号向频域信号转变，信号变换的目的是从难以得到明显信号特征的域转换到更易获得明显信号特征的域，从而使机器人更容易提取到有用的特征。

2）滤波是对信号进行过滤，所用设备有高通滤波器、低通滤波器等。过滤干扰信号可使机器人更容易得到感兴趣的信号。

5.2.2 定位与地图构建

定位是确定物体和机器人自身的位置，定位的精准程度决定了后续目标制定、路径规划等的精度。机器人必须知道自己在哪里、要到哪里去、中间有什么障碍，才能避开障碍，到达目的地。

定位可简化为一个在二维平面定位的问题。假设地图是已知的，那么机器人的定位可以使用笛卡儿坐标值 x_t、y_t 和方向角 θ_t 来表示，如图5-3所示。

图 5-3　简化的机器人位置表达

在运动的过程中，机器人由两种瞬时速度组成，一个是平移的速度 V_t，一个是旋转的速度 ω_t，那么对于一个瞬时速度 Δt，机器人的确定性运动模型如下。公式中 X_{t+1} 是一个预测状态。

$$X_{t+1} = X_t + \begin{pmatrix} v_t \Delta t \cos\theta_t \\ v_t \Delta t \sin\theta_t \\ \omega_t \Delta t \end{pmatrix}$$

运动模型是指导机器人完成行动的模型，是其自身的一部分。而针对外界的感知，需要经过传感器与外部环境建立相对关系。传感器的模型有两种实现：第一种是地标模型，即对环境中稳定可识别的地标特征进行检测，并针对每个地标感知其位置关系，在没有噪声的情况下，可以利用简单的集合关系计算出与地标的距离和地标所在方向；第二种是距离扫描模型，在这种模型中不需要识别地标，只需要扫描与地标距离，当遇到任何可标识的地标时可以通过距离直接给出定位。

在很多时候，机器人在地图上判断自身位置时，并不能直接测量出结果，而是通过传感器估算其最佳状态，再通过信任状态猜测出位置状态。卡尔曼滤波器、蒙特卡罗定位（或粒子滤波）都是用于表示机器人位置状态的方法。卡尔曼滤波器可将信任状态表示成单一多变量高斯分布，蒙特卡罗定位可将信任状态表示成与对应的一系列粒子。

在机器人定位和地图绘制中，很多时候并没有所在环境的地图，故常用到同时定位与地图构建（Simultaneous Localization And Mapping，SLAM）技术以解决未知环境的定位和地图构建问题。一般来说,对于定位任务,应该是先有地图,再有定位,但是在地图和定位未知的情况下,要实现同时定位和地图构建就相当于解决"先有鸡还是先有蛋"的问题。SLAM 就面临这样的问题:完美定位需要用到一个无偏差地图,构建这样的地图又需要精确的位置来提供辅助。

在 SLAM 技术中,通常会包含几个过程,一般通过机器人运动模型得到机器人位置估计后,使用测距单元得到周围信息以更正机器人的位置。以地标模型方式为例,机器人首先识别地标特征并观测地标相对于机器人的距离和角度,如图 5-4a 所示;然后机器人开始运动,到达一个新的位置,并根据运动模型预测现在所处的新位置,如图 5-4b 所示;在新位置上,机器人通过测距单元重新测量距离和角度,测量结果可能与运动模型预测结果不一致,此时机器人会认为传感器测量的信息比运动模型测量的结果更准确,从而通过传感数据更新位置。由于测距单元的精度也可能存在误差,所以测量结果可能与实际位置也会有细小偏差,但是这个偏差比测量结果与运动估计的偏差要小,如图 5-4c 所示。机器人通过反复的运动和感知更新,最终会得到高精度的位置并完成地图构建。

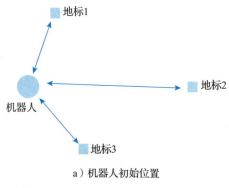

a)机器人初始位置

图 5-4 机器人 SLAM 更新过程(简化)

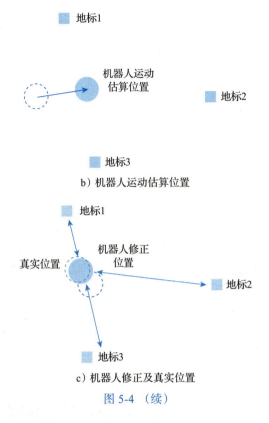

b）机器人运动估算位置

c）机器人修正及真实位置

图 5-4 （续）

5.3 运动规划与控制

5.3.1 运动规划

运动规划是机器人移动中的一个重要环节，在机器人完成定位和地图构建之后，从起始点向终点运动的路径设计就是运动规划。运动规划是一个很大的概念，无论是机械臂、飞行器还是地面的移动机器人，都涉及运动规划。本节以地面移动机器人为对象探讨运动规划。

运动规划一般包括路径规划和轨迹规划两部分，路径规划研究机器人从起点到终点的路径策略。轨迹规划是根据路径、机器人运动学模型、约束信息等规划一组控制策略，关注机器人执行任务时的速度、加速度等。

在进行运动规划之前，需要先了解工作空间（Workspace）和构型空间（Configuration Space，C-Space）。机器人移动的二维或三维的欧几里得环境就被称为工作空间，例如对机械臂来说，工作空间是手部或者末端可到达空间的集合。构型空间是指与机器人构型有关的空间，是用一组向量来完全描述机器人的空间状态，这组向量因机器人构型而异，比如：

- 平面机器人，它的构型空间就是平面点和转角(x, y, θ)的集合；
- 无人机，它的构型空间就是$(x, y, z, \text{roll}, \text{pitch}, \text{yaw})$的集合；
- 六轴机械臂，它的构型空间就是六维向量空间R^6。

构型空间被证明更适合用于运动规划，但是因为一个机器人的任务通常会被表达为工作空间坐标而不是构型空间坐标。比如制定一个将物体从地上拿到桌子上的任务，就是先表达为工作空间，之后再映射到构型空间。另外一个问题是机器人在工作空间中可能存在障碍物，障碍物具有简单的集合形式，如图5-5a所示的三角形障碍物。那么障碍物在构型空间中怎么表达？图5-5b表达了构型空间中的自由空间（Free Space）和占用空间（Occupied Space），在黑线包裹的近似三角形外的区域是机器人的自由空间，内部则是占用空间。

有了构型空间，就可以在其中进行路径规划了。路径规划方法众多，其中最常见的就是单元分解法（或称网格），也就是将空间分解成个数有限的相邻区域，这些区域被称为单元。划分之后每个单元之间都可以用类似处理直线运动的方式进行简单的处理,因此路径规划就变成了一个简单的、离散的图搜索问题。如图 5-6 所示,构型空间中的自由空间用网格描述,机器人可以在这些网格中找到最短路径。网格的粒度越细,机器人在边界处可以移动的分辨率就越高。单元分解法的优点是简单,在二维空间中也比较实用,但是如果空间维度增加,网格数量将呈指数增长,这会带来巨大的计算量。

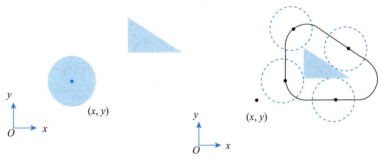

a)工作空间障碍物表达　　　　b)构型空间障碍物表达

图 5-5　工作空间障碍向构型空间映射

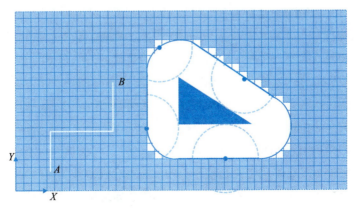

图 5-6　单元分解法及路径搜索

除了单元分解法，还有势场法、概率路径图、神经网络方法等路径规划方法，这些方法适用于不同的构型空间和应用场景。随着深度学习方法的深入应用，还有许多基于深度学习的规划算法（如基于深度强化学习的方法，主要用于多足机器人的运动规划），本节不再一一介绍，有兴趣的读者可自行研究。总体来说，针对机器人进行路径规划是将工作空间向构型空间转换，再通过构型空间寻找最优路径。

上述研究的问题都是基于相对确定的环境和目标，当环境中存在大量不确定因素的时候，就需要考虑不确定性运动规划问题了。不确定性一般来说是由环境的部分可观察性和机器人行动的随机效应造成的，少数是由近似算法引起的。在实际操作中，我们使用的是从定位算法产生的状态中得到的最可能的那个状态，但通过构型空间规划路径时这种方法要面临一个很有挑战性的问题：如果不考虑状态的全概率分布，不确定性就会大大增加。如果不确定性造成误差累计，则可能导致与障碍物发生碰撞等问题。

机器人学可包容不确定性，比如机器人只在状态转移的过程中面对不确定性，因其状态可观察，故可以使用如马尔可夫决策过程（MDP）来建立模型。MDP 表示决策过程中下一时刻的状态仅与当前状态有关。MDP 的解是一种最优策略，该解可指导机器人在每一个状态应该做什么。当机器人的状态是部分可观察时，这样产生的机器人控制问题是部分可观察的马尔可夫决策过程（POMDP），这种情况下机器人的状态是信念状态，那么输入的是一个概率分布，这使得机器人的决策仍建立在未知事物之上。精确求解 POMDP 对机器人学不太实用。我们唯一可做的是努力保证姿态不确定性是最小化的，如要求机器人在接近已知地标时减小姿态不确定性，从而减小对附近新地标地图绘制的不确定性，使机器人可以在更大范围内进行探测。处理不确定性问题还有如鲁棒性控制（Robust Control）等方法，在此不再展开。

5.3.2 运动控制

上一节介绍了如何规划运动，但是并没有介绍如何运动。在理想计算机模拟下，机器人可按照规划的方式精准到达指定的未知位置。但在真实世界中，机器人运动时是具有惯性的，是通过力的控制进行行动的，因此，运动控制关注的是在特定的规划下，机器人如何在物理世界实现运动。

运动是一个不断调整的过程，而控制器是调整过程中提供决策的部件。控制器可利用从环境中得到的反馈实时控制机器人。控制器的工作过程是一个"目标 – 控制 – 观察 – 控制"的过程，属于控制论的研究范畴。

控制策略可分为开环控制、闭环控制。开环控制是指无反馈信息的系统控制方式，如图 5-7a 所示，其中输入控制器的是状态，控制器输出的是控制指令，控制指令又是执行器的输入，执行器的输出是执行结果，整个过程不对结果进行观察反馈。而在闭环控制中，输出的结果会作为输入作用到下一个控制信号中，如图 5-7b 所示。

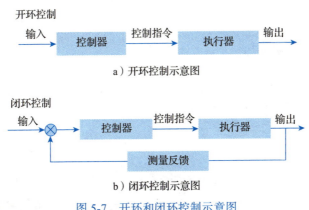

图 5-7　开环和闭环控制示意图

运动控制算法中最经典的是比例积分微分（Proportional Integral Derivative，PID）控制，PID 是最早发展的闭环控制策略之一，因其简单、鲁棒、可靠，被广泛应用于工业领域的各类控制场景中。PID 是比例、积分、微分三个环节都存在的控制方法，各种控制环节也可以单独存在，如 P 控制器、I 控制器等。PID 控制器本质上是根据系统误差，利用比例、积分、微分计算控制量实现对机器人的控制的。

除了 PID 控制，还有势场控制策略，即机器人从构型 A 向构型 B 移动，需要先定义一个机器人拉向构型 B 的吸引力和推离障碍物的排斥势场，每一点的取值为到目标构型的距离及与障碍物接近程度的总和，势场的全局最小点为目标构型 B。该方法看似可以不用路径规划而直接生成机器人运动，但是该方法容易落入局部最优解的困境，仅在局部环境的运动控制中效果较好，在复杂环境中依然需要做全局规划。

除了上述方法，还有反应式控制、强化学习方法等，这些方法在不同形态的机器人应用在不同场景下时都有一定的适用性，比如反应式控制策略在多足机器人中有较好应用、强化学习在无人机中有较好应用等，有兴趣的读者可以自行研究。

5.4 应用领域

机器人技术在众多领域都有广泛的应用，如工业、物流、交通、特种应用、个人服务等。

1. 工业

在工业生产中有众多繁重且危险程度高的工作，这些工作会造成诸多生产制造的事故。机器人不会疲劳且具有可完成重复、高强度的工作,以及不停工等诸多好处,使得其在机械自动化阶段就被广泛应用。随着信息化、智能化阶段的到来,工业机器人的智能化程度不断提高,以往更多用于解决加工、焊接、装配等工作,现在逐步向解决高难度的质检任务发展。随着深度学习技术向制造业领域普及,机器人可解决的质检任务更加丰富了。

2. 物流

随着互联网电商、移动互联网电商的全面普及,互联网购物已变得极为方便,物流体系也变得四通八达。强大的物流体系需要众多自动化设备、物流机器人等的支撑,如在物流分拣领域,有潜伏机器人、码垛机器人等,如图5-8所示。

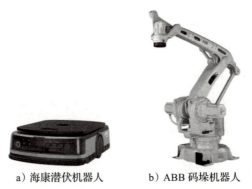

a) 海康潜伏机器人　　　b) ABB 码垛机器人

图 5-8　物流机器人

3. 交通

自动驾驶是交通领域最具前景的应用,自动驾驶汽车在诸多场景中有着大量的需求,如城市清洁、园区观光、Robotaxi等,随着新能源、网联化、智能化的推动,L3、L4自动驾驶汽车(见图5-9)进入了投资和研发的高潮。L5的汽车机器人概念车也已经推出，虽然距离 L5 的完全自动驾驶还有很长的路要走，但是自动驾驶的确是大势所趋。

图 5-9　百度阿伯龙 L4 自动驾驶小巴（来源：百度官网）

4. 特种应用

古文云："君子生非异也，善假于物也。"人类因善于使用工具而强大，在许多危险的或者人不可及的场景中，特种机器人是最合适使用的工具。这类机器人包括地下矿井作业机器人、矿用消防机器人、灾区侦测机器人、水下探测机器人等（见图 5-10）。而对于如火星探测、月球探测这些人类难以完成的工作，机器人都充当了先锋。

a）矿用消防机器人　　b）水下探测机器人

图 5-10　中信重工特种机器人

5. 个人服务

个人服务也是一个前景巨大的机器人应用场景。如在家庭场景中,扫地机器人、擦窗机器人都有很大的市场,如图 5-11a 所示;在餐饮服务业中,送菜机器人会自动将菜送到餐桌,如图 5-11b 所示;酒店服务机器人会自动将客户下单购买的外卖、水等送到房间;商超的服务机器人会提供导航指引。

a)科沃斯扫地机器人　　b)普渡送餐机器人

图 5-11　服务机器人

第 6 章 CHAPTER

AI 云原生工程应用

互联网的大规模应用使得数据大规模爆发,进而带来了与网络传输、存储、计算等相关的一系列应用的规模化落地,这也给面对 B 端或 C 端的应用等带来了很多问题,比如资源的竞争和高效利用、分布式应用的复杂性提升、运维难度加大、要进行扩缩容、安全问题等。

任何应用都具备功能和非功能两种特性:功能特性是指应用可以直接为业务带来价值,如 AI 应用中的人脸检测、比对、属性识别、库管理等;非功能特性是指没有为业务直接带来价值,但可间接保障系统可用,如容灾、安全、运维等。云技术的出现,特别是云原生技术的出现,使得开发者不再需要过度关注底层的非功能特性,可更加专注功能特性的开发。

基于深度学习的 AI 应用天然对数据、算力和大算法有较强的依赖,尽管近些年,随着算力的大增,AI模型的生产周期在缩短,但是AI技术特别是算法,依然追求超大参数模型,依然无法脱离对大规模数据的依赖,比如NLP中的GPT-3。AI应用,无论是用于训练还是用于推理,在许多场景下都与云原生架构十分适配,因此我们看到亚马逊、微软、百度、腾讯、阿里等互联网企业,在云与AI的结合上都投入很多。随着技术的成熟,越来越多的AI公司将基于云原生架构开发AI应用。

AI应用的云原生化会给产品的设计、开发、测试、部署带来不少变化,为了更好地适应AI云原生应用的发展,AI产品经理应该对云原生技术的思想和框架有一定的理解。

6.1 云原生

云原生是原生为"云"设计的新的云技术,也是一套思想、技术体系和方法论,云原生技术和方法仍在不断发展和丰富中。

6.1.1 云原生概述

企业的IT建设经历了从服务器到云化再到云原生化三个阶段,如图6-1所示。服务器阶段的核心特点是以硬件设备为中心,业务的定制化应用依赖于硬件,设备安装、部署和运维的自动化程度低,人力成本高,缺乏统一管理能力。云化阶段的核心是实现硬件资源的池化,使用软件虚拟化技术,为上层业务软件提供统一的资源管理接口,应用部署以资源为中心。在云原生化阶段,企业服务的关注点为"应用",包括持续集成交付、弹性扩展业务应用。

图 6-1 企业 IT 建设发展路径

注：参见阿里云发布的《云原生架构白皮书》。

在软件应用中，通常会涉及业务代码、非业务功能特性、第三方软件。业务代码通常是直接为业务提供价值的代码；非业务功能特性是指为系统提供高可用、稳定性、安全的非业务性能力的代码；第三方软件是指所依赖的第三方库。云原生架构是基于云原生技术的架构原则和设计模式的集合，通过最大化剥离非业务代码，让云承接非业务功能特性，使云应用更加可靠、轻量、敏捷、自动化。

云原生架构在整体上遵循一些原则，包括服务化、弹性、可观测、韧性、自动化、零信任、持续演进等。

1）服务化：业务架构可拆分为微服务架构、小服务架构等，从而使不同业务模块解耦剥离，在做业务迭代时，这可减少因单一业务问题而影响应用整体的稳定性。不过在拆解架构的时候并非什么场景都有必要进行服务化，对于一些单机小应用、代码规模小的场景，在小团队可以支撑的情况下没必要这样做。业务中分布式环境下的流控、熔断隔仓等都是基于服务化实现的，即这些都是服务级别的功能。

2）弹性：系统部署服务的规模应根据业务量的大小而变化，目的是快速响应业务。传统的客户购买私有化服务器进行服务部署的方式，是通过预估使用量按需一次性购买相关硬件。但在实际使用中存在使用量波动问题，这会导致因用量不足出现资源浪费或因用量过大出现硬件无法支撑的情况。当使用云为业务服务时，因为云具有的弹性伸缩特性，客户无须过多关心底层硬件及扩缩容问题。

3）**可观测**：在很多业务中，软件规模不断增长，单体系统拆分为微服务、分布式架构之后，服务之间通信、信息关联难度随之增大，系统出现故障的影响范围、定位的难度也会变大。可观测是指在云这样的分布式系统中，对整个过程通过日志、链路跟踪等手段获取多个维度的数据指标，从而实现系统健康监测。

4）**韧性**：用于评估在系统软硬件出现各种异常时，比如在部分硬件故障、大业务流量冲击、出现缺陷、受到攻击等情况下，软件依然可以正常处理业务的能力大小。韧性以提升软件的平均无故障时间（Mean Time Between Failure，MTBF）为目标，在手段上，包括服务异步化能力、限流、熔断、服务拉起重试、容灾等。

5）**自动化**：大规模、分布式的非功能特性和第三方组件的应用，整体增加了软件技术的复杂度。同样，多种多样的技术栈使得很难有全面的人才能独自高效处理，这增加了软件交付的复杂度。面对这个问题，一方面需要不断标准化及优化企业内部的流程，另一方面需要应用自动化工具来实现交付和运维的自动化。

6）**零信任**：零信任的核心思想是在默认情况下信任是基于认证和授权访问控制的，本质上是以身份为中心进行访问权限控制。

7）**持续演进**：当今技术发展速度非常快，知识传递的速度也非常快，数年时间就可以实现众多技术的更新迭代。随着业务的发展，云原生架构未来也会随之进一步演进。

云原生并非只为公有云服务，无论是公有云、私有云还是混合云，只要使用了云原生的框架、技术或理念，我们就认为其使用了云原生技术。在云原生技术的蓬勃发展下，技术的范围、细分方向、第三方组件也在不断增加，但关键技术基本没变，主要是容器技术、微服务、Serverless、Service Mesh、DevOps 等。

6.1.2 容器技术

容器是云原生的标准化软件单元，容器将应用和依赖环境打包，使应用脱离环境限制，可帮助快速实现软件部署和运行。软件的部署经历了从传统"硬件 – 操作系统 – 应用"的架构，到虚拟化部署，再到容器化部署的过程，如图 6-2 所示。

图 6-2 软件部署发展过程

注：参见阿里云发布的《云原生架构白皮书》。

在容器技术发展的过程中，两个最重要的技术是 Docker 和 Kubernetes。

Docker 通过操作系统虚拟化技术共享操作系统内核，具有轻量、无资源损耗、启动快等特性，极大地提升了系统的应用部署密度和弹性。Docker 已成为容器镜像应用分发的工业标准。

在容器编排领域，Kubernetes（简称 K8s）成为事实标准，可提供资源调度、应用部署与管理、自动修复、服务发现和负载均衡、弹性伸缩等与分布式应用管理相关的能力。
- 资源调度可以根据业务请求量选择集群中最合适的节点运行相关任务。
- 应用部署和管理支持进行应用相关的配置与自动发布等。
- 自动修复是指K8s对集群中的宿主机进行监控，当出现故障时，通过健康检查进行应用的迁移等。
- 服务发现支持服务之间的通信和发现。
- 负载均衡实现系统中各服务间的运行平衡。
- 弹性伸缩是指K8s可以监测业务上所承担的负载，根据业务的大小支持弹性扩缩容。

6.1.3 微服务

微服务是云原生中的关键技术之一。过去开发业务应用时，通常会采用单一的后端服务来集成所有的应用，由后端服务器统一为前端提供服务，这时得到的是单体应用。当业务应用和人员规模都变得庞大时，单体应用的开发、迭代、测试等流程就变得低效了，而微服务可以很好地解决这个问题。

微服务是将统一的后端服务拆解为多个松耦合的子应用，每个子应用独立负责系统的一部分功能。系统内的多个子应用形成微服务级的分布式体系。每个子应用都相对独立，这使得开发、迭代、测试、部署的效率大大提升，且微服务级分布式体系的扩展性和稳定性是单体应用难以比拟的。在微服务架构中由于许多模块之间是松耦合的，在实际应用中可能需要进行大量的分布式通信和数据交换，因此会带来高效通信、调用、负载均衡等方面的挑战。

自2011年提出微服务架构理念后，微服务在去耦合、减少寻址和通信量、减少开发语言限制等方面不断发展，持续演进出服务网格（Service Mesh）、无服务（Serverless）等技术。

6.1.4 Service Mesh

Service Mesh 即服务网格，是在分布式的微服务架构上发展起来的基础技术，其核心目标是将微服务中的连接、通信、安全、流控等非业务特性能力沉淀为平台基础设施，进一步减少开发者在开发微服务时对服务治理问题的关注，使之聚焦于业务逻辑开发。Service Mesh 的典型应用架构如图 6-3 所示。

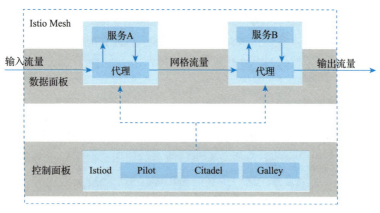

图 6-3　Istio 架构

注：参见阿里云发布的《云原生架构白皮书》。

在 Service Mesh 的典型应用架构中，当服务 A 调用服务 B 时，中间的服务发现、熔断、限流等都被代理接管，而中间的控制策略则通过控制面板进行配置。在 Service Mesh 应用中，2017 年发起的开源项目 Istio 构建在 K8s 之上，天然可运行于提供了 K8s 容器服务的云厂商环境中。Istio 有望成为 Service Mesh 的事实标准。

6.1.5 Serverless

Serverless 可直接翻译为无服务，Serverless 既是一种架构模式，也是一种产品形态。按照云原生计算基金会（CNCF）的定义：Serverless 架构是采用 FaaS（函数即服务）和 BaaS（后端即服务）来解决问题的一种设计。简单来说，Serverless 旨在让用户专注于业务逻辑，无须考虑服务器、存储类型、网络带宽、自动扩缩容等问题。Serverless 通过云函数等方式，降低了用户的运维时间、运营成本，大大缩短了应用上线周期。

Serverless 的典型应用是云函数或函数计算，即 FaaS。它将业务应用逻辑拆分为多个函数，每个函数均通过事件驱动的方式执行，如上传图片或视频时，会触发云函数来对图片或视频进行处理，并且处理的方式是高可用和弹性的。如果遇到大数据量，集成消息中间件和函数计算，可以实现实时大规模消息处理。

Serverless 适用于小程序、Web 应用、移动应用等，同样也适用于大规模批处理任务、基于事件的在线应用、离线数据处理任务以及自动化运维。比如 AI 推理应用，通过集成对象存储和 AI 推理的函数计算，应用可具备 AI 推理的能力。尽管函数计算非常便捷，但因很多 AI 应用的冷启动时间长，导致响应延时偏大，故在实际业务应用中，仍需要根据应用场景设计 AI 应用。

Serverless 工作原理如图 6-4 所示。

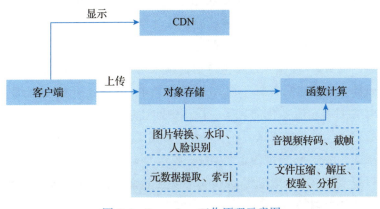

图 6-4　Serverless 工作原理示意图

6.1.6 DevOps 与 ModelOps

DevOps 是 Development 和 Operations 的组合，是为提高软件开发效率、快速响应需求变化而形成的一套持续集成、持续交付的开发模式和实践。DevOps 提倡打破开发、测试、部署之间的壁垒，利用自动化、智能化等手段，提高软件质量，提升开发、测试、部署的效率，缩短软件开发周期。如图 6-5 所示，对比瀑布式开发和敏捷开发，DevOps 在业务拆解上会更细，迭代和交付的效率会更高。

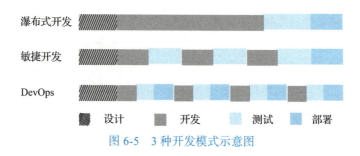

图 6-5 3 种开发模式示意图

DevOps 天然适配云原生技术和产品开发，在容器化、微服务技术支持下，需求可以模块化、松耦合化，产品可以模块化上线部署。DevOps 作为一种新的软件开发模式，结合敏捷开发，可以更快地推动云原生产品落地。

随着 AI 应用和云原生应用的深入结合，众多 AI 应用使用云原生技术进行部署。在 AI 模型生产中，需要经历模型训练、SDK 封装、服务化部署等阶段，中间还包含针对精度、性能、稳定性等进行的测试，环节众多，协同的人员众多，效率低下。因此，结合 AI 模型的生产实际，参考 DevOps 以及敏捷的思想，以模型为核心的敏捷化 DevOps 开始被定义、尝试和实践，这种模式称为 ModelOps。

2018年12月IBM的AI研究员首次提出ModelOps，它被定义为"面向可复用，独立于平台的AI工作流的编程模型"，其用强大的治理能力来解决模型开发和部署之间的问题。ModelOps是一种围绕AI模型生产的自动化开发运维实践，是一种新的协作方式，既包含了协作所需的自动化工具，又包含了人员协同规则和模式。

ModelOps需要有强大的技术支撑，需要基于全流程自动化进行模型训练、封装、服务部署等，会用到AutoML等技术，可实现模型从需求、设计、开发、评估、测试到部署的全流程的自动化。在模型迭代要求越来越高、模型数量和需求越来越多的情况下，ModelOps的推行对提升企业AI模型的生产效率有巨大的帮助。随着自动化机器学习平台产品的开发推行，ModelOps实践会越来越普及。

6.2　AI云原生应用发展趋势

随着AI技术成本的降低，AI应用不断普惠化。AI从早期以面向G端应用为主，逐渐往众多B端甚至C端应用发展，除了效率提升型的应用，与图像、语音等相关的AI应用逐步出现在日常生活中，语音识别、翻译、人脸识别等技术让人觉得触手可及。现在众多的AI应用越来越多地落地于云上，特别是互联网云厂商，在原有的云计算能力和生态应用的基础上加入AI能力，云原生的AI应用就越来越普遍。无论打开阿里云、百度云还是腾讯云，都能看到众多AI的云应用。互联网厂商还提供了云化的AI生产能力，如百度的BML、阿里的PAI等。AI算法超市类的产品也不断推出。

对越来越多利用公有云AI改善业务的用户来说，AI函数计算是更高效、更好用的途径；对于规模化的专有云或者混合云类 AI 应用来说，使用云原生技术来搭建，会让系统更加健壮。尽管随着算力的提升，AI 在端、边的应用越来越丰富，但是 AI 往通用智能发展的步伐不会停下，对数据和算力的追求也很难停下，在网联化、智能化的需求模式下，云和 AI 的结合会越来越紧密，基于云原生的 AI 应用将成为 AI 应用的趋势。

第三篇
AI 产品应用

本篇将从应用的角度介绍 AI 产品。首先，从市场、技术这两个视角切入，告诉 AI 产品经理如何发现 AI 产品机会，这是做 AI 产品的第一步；接着，介绍在确定产品机会后，如何定义和搭建一款 AI 产品，其中会重点分析如何从 AI 产品全生命周期管理角度去思考 AI 产品落地问题；最后，介绍算法应用类 AI 产品、平台中台类 AI 产品及纵深到业务赛道的 AI 产品的落地要点和方法，这三类产品几乎涵盖了当前所有的 AI 产品。

第 7 章 | CHAPTER

从两个视角深挖 AI 产品机会

AI 作为一种手段,在帮助推动传统产业向智能化转型的同时,其本身也在产业化,在这个过程中,AI 技术是原始驱动力,市场则是催化剂,产品是技术原料和市场催化下的结合物。本章将从市场与技术两个视角,介绍不同视角下打造和推动 AI 产品落地的基础方法论。

7.1 市场视角:寻找商机

市场视角的核心目标是发现商业机会,并将其转换成产品机会。AI 技术在持续进步、市场认知提升、资本关注等因素的影响下,不断推动 AI 产品市场发展,并逐步走向成熟。

7.1.1　关注市场的宏观力量

影响 AI 产品市场的宏观力量涉及技术变革、政策与文化、资本这 3 个方面。

1. 技术变革

技术变革带来的是生产力的大幅提升，甚至带来生产关系的改变。在商业活动中，能拥抱技术并提升劳动生产率的企业，会优先享受高劳动生产率带来的成本降低和盈利溢价。结合 AI 技术来改造流程、改造产品，就会衍生出新商机。这是推动技术市场化的原动力。技术变革早期可能发生在高校实验室和论文中，但规模化的认知升级需要通过重要事件来推动。比如 AI 技术之所以获得关注，主要是因为 2016 年 AlphaGo 在围棋上战胜李世石，这个事件掀起了全球对人工智能的关注。之后的包括 OpenAI 的人工智能在 Dota2 游戏上战胜人类在内的一系列事件让社会对 AI 技术的突破形成新认知，从而推动了资本和人才的入局。

2. 政策与文化

政策是指针对某个产业、行业或者领域的倡议、规划、法律、标准等，政策是解决共性问题的指导意见，对经济、产业、行业或者细分领域的影响重大。了解政策可以明确未来发展的战略方向和机遇。政策中会有两种方向：一方面引导产业正向发展，另一方面抑制消极有害影响。

引导产业正向发展的政策包括建设性的规定、建议，这类政策会推动投资规模变大，引入先进生产力，推动社会进步。例如我国在 2017 年提出了《新一代人工智能发展规划》，近些年还积极推动以新基建为基础的智慧城市建设,这些对 AI 在交通领域、公共安全领域的落地影响巨大;又如政府在城市建设中推动 4K 超高清视频监控的建设,这导致大量资金投入到城市交通、公共安全等领域的设备和平台建设上,自然也会产生许多新的产品和项目机会;再如我国支持加强芯片关键技术研发,支持芯片国产化,这会带来以国产芯片为载体的产品机会。

相对于正向发展政策,另一类是禁令,即对市场中的负面行为或者落后生产方式进行约束,强制关停违反禁令的市场活动。举个例子:近些年,人工智能领域出现了 Deepfake 技术,该技术通过换脸来制造娱乐效果,比如为普通人换上知名人士的脸,制造仿造影片。由于技术效果先进,甚至到了人眼难以分清真假的程度,这样的技术一方面可能造成侵权,另一方面,可能有人会利用知名人士的脸随意制造和传播虚假信息,从而造成负面影响,因此政策对换脸进行禁用。

除了政策,区域文化特征等对市场也有很大影响。区域文化特征市场是指,由于语言、国界、风俗习惯等形成的具有独特特征的区域性商业市场。同样的产品,在某些区域可以应用推广,在另一区域却无法适用,就是因为区域文化特征的存在。以自然语言处理为例,在某些区域可能有极重的口音,而且可能有些当地专用的词汇,那么基于普通话的自然语言处理类应用在这样的区域就很难落地。因此在探索产品机会或进行市场考察的时候,需要关注产品功能在实际区域中是否可行。在寻找产品市场机会的过程中,需要从产品核心功能出发,预演在特定区域文化特征影响下应用落地的可行性,如果因某些特征而落地困难,则需要将产品根据区域文化特征进行定制化开发或者预先设置不同文化特征配置。

3. 资本

资本是产业发展的催化剂，可以加速物料、设备、人才等资源快速集中。资本关注回报，也关注政策，当政策方向明朗、商业模式和回报可期时，资本就会快速涌入，从而大大加速产业发展。在 2016 年 AlphaGo 事件之后，我们迎来了资本对整个 AI 产业的深入研究和密集投入，这推动了第一批商业化的 AI 公司落地。近些年，随着 AI 在商业、城市、交通、制造业等诸多领域打开了局面，资本加速入局，形成了更密集的产业资本，这进一步推动了产业发展。

7.1.2　寻找 AI 细分好赛道

AI 赛道有非常多的划分方法，如技术导向和业务导向。技术导向是根据 AI 技术进行市场细分赛道划分，如根据计算机视觉、语音识别、自然语言处理、机器学习进行划分。业务导向是根据 AI 落地应用的业务方向进行赛道划分，如 AI+ 安防、AI+ 交通、AI+ 制造等。

笔者认为 AI 产业的发展会形成两个方向：一个方向是以基础能力为核心的横向发展，如 AI 技术的产品化、标准化、通用化；一个方向是为传统行业赋能的纵向发展。笔者定义横向发展为 AI 行业化，纵向发展为 AI 赋能百业。AI 的行业化是寻找稳定的、标准的能力或者载体，如 AI 芯片、多模态 AI 平台、虚拟数字人等，这些区别于传统业务和产品的"新物种"，让 AI 本身成为一个行业。而 AI 赋能百业，更多的是在原有业务基础上使用 AI 工具进行优化。当我们寻找赛道的时候，会关注横向新物种的发展，也会关注纵向业务应用，其中最关键的是要看准市场需求、市场规模、市场阶段和时机、市场竞争。

1. 市场需求

从更加抽象统一的角度看，市场需求源于两大类，一类是源于对生产率的提升，另一类则是交互体验的升级。其中生产率的提升是对比现有生产流程来说的，比如在城市治理中，随着数据和业务的数量和复杂度的增加，需要更加高效的工具来辅助人工完成工作；在制造业中，低效的质检过程难以支撑膨胀的产能要求，此时需要机器来辅助提升效率。因此，在诸多赛道中，都有效率型提升的应用。交互体验升级的需求更多应用在个人服务上，如元宇宙是更好的互联网体验，在进入元宇宙的方式中，虚拟数字人需要 AI 技术的加持。

抽象统一的需求在不同的具象行业应用中千差万别，比如若以传统行业为赛道划分方式，我们就要从更加统一、相似的生产协作方式的角度看待一个业务赛道，例如在药品制造业场景，AI可以帮助进行生产和质检；而在城市治理下的交通场景中，AI产品更关注人的驾驶行为是否合规。不同业务赛道在需求强度、规模、商机等方面千差万别，因此寻找好的细分赛道，要先看需求强度、市场规模、可落地性。

2. 市场规模

市场规模也叫市场容量，一般是指特定行业或者产品在一个自然年内，在特定市场下的整体销售额。市场规模是风险投资人、企业领导、市场部门、销售人员及产品经理等都非常关注的指标，是企业投入某个行业或产品的重要参考指标。市场规模的大小决定了企业发展的天花板。关于市场规模，有以下概念需要了解。

1）总潜在市场（Total Addressable Market，TAM）：指特定产品或服务在市场中的潜在用户的总数，即所有可能使用产品的用户群体数量,它是建立在市场中没有竞争对手、所有市场都可触达的理想条件下的。

2)**可服务市场**(Serviceable Available Market,SAM):SAM 是 TAM 的子集,指企业的产品或服务可占据、渠道可触达的市场,或者说有可能购买企业的产品或服务的用户总数。相对于 TAM 来说 SAM 是一个更有用的数字。

3)**可获得市场**(Serviceable Obtainable Market,SOM),指的是企业的产品或服务当前所获取或未来将要获取的用户群体,即对产品或服务感兴趣并愿意付费的用户群体。如果 SAM 中部分市场已经被竞争对手获取了,那么企业获取用户将更加艰难。除非公司拥有 100% 的市场份额,否则 SOM 始终低于 SAM。

4)**市场集中度:**根据集中度,市场可以分为头部市场、尾部市场(分散市场)。头部市场集中度高,很容易出现赢者通吃的局面,比如一家独大或者两三家企业分割大部分市场,比如互联网支付、互联网短视频领域,在这些领域,头部企业是最赚钱的,而尾部企业生存都困难。尾部市场集中度比较低,消费分散,难以形成垄断或者一家占据大部分市场份额的情况,比如餐饮行业、装修市场等。

市场规模指标的获取有多种方式,可以直接获取现成的数据,数据来源包括咨询公司的行业分析调研报告,证券公司、投融资类公司的研究报告,行业联盟等的研究报告,国家统计局统计分析报告,上市公司披露的财报等;也可以通过个人分析计算得到。对于相对成熟的行业和市场,有较多的机构会发布市场分析报告,对于新兴的产业或细分赛道,很多时候需要自己估算。

如何比较准确地估算市场规模?这是一个具有较大挑战性的问题,对不同行业、赛道和产品进行评估,难度相差也比较大。对于信息相对透明的领域,比较容易估算;对于信息闭塞的行业,则难度会较大。市场规模可以根据逻辑推理、市场调研、统计计算等方式构建的简化模型来评估。评估一个市场机会的规模,可以对多维数据进行统计分析。常用的推算方式有两种:自上而下和自下而上。

1)**自上而下**强调从整个行业宏观大市场开始推演,一层层细分,找到自己产品所服务的微观市场。这种计算方式很多时候过于在意宏观的数字,太偏理论化,会影响我们对实际客户情况的把握。此时我们可以采用一些变通的方法,比如某个市场是一个头部市场,则可以通过估算头部的几个企业在该领域的销售收入,分析头部企业整体占有的市场份额,进而计算出大致的整体市场规模。比如在语音识别领域,国内市场头部企业包括科大讯飞、思必驰、腾讯等,假设估算出这几家企业的市场占有率为80%,然后合并这几家企业在语音识别方面的销售收入,就可以计算出语音识别在国内市场的整体规模。而企业销售收入是比较难获取的数据,对于头部企业来说,可以通过产业联盟、上市公司年报、招股说明书、行业人员访谈等方式获取企业公开的收入情况。

2)**自下而上**则是强调先找到实际符合要求的用户,然后计算市场大小。比如开发一套高校人工智能课程产品,要评估这套产品的总潜在市场规模,可以先从潜在用户开始,这套产品的实际用户就是开设人工智能课程的高校,那么通过估算全国高校的数量,再乘以这套课程产品的合理单价,就是整个高校人工智能课程产品的总潜在市场规模了。当然中间还要充分考虑一部分学校的特殊情况,这里就不展开了。通过多种手段评估目标行业或者产品在特定市场下的总潜在市场、可服务市场和可获得市场,可综合得到全面的市场信息,进而帮助产品经理对市场的价值有一个初步的判断,为后续产品的投入打好基础。

3. 市场阶段和时机

市场阶段主要考察的是市场的生命周期成熟度，如果当前的市场阶段处于较早阶段，则代表产品使用门槛对用户来说较高，此时产品上市容易成为"先驱"；但若产品介入时间过晚，则可能面临市场已被瓜分完毕，可用机会很少的困境。充分考虑市场阶段，对产品介入策略有更全面的指导性。一般来说，市场生命周期可以分为兴起、成长、成熟和衰退四个阶段。

1）兴起：市场处在早期阶段，商机刚刚出现，市场尚未有成熟的产品和服务，竞争对手较少，市场的开拓较容易，但因存在不规范、政策不确定、商业模式不确定等因素，使之存在较多不确定性风险。

2）成长：市场中产品、服务、政策及商业模式等经过验证并逐渐清晰，竞争者蜂拥而至，会带来大量的创新，市场规模也在快速增长，市场竞争格局未定，仍有大量机会。

3）成熟：市场中竞争格局已形成，如呈现少数玩家瓜分大部分市场份额或一家垄断的格局，市场规模虽仍有增长但增速降低。

4）衰退：市场竞争激烈，且市场需求正在逐步萎缩，因不能找到新的增长极，导致整体规模逐渐减小。

市场阶段和时机是宏观信息，无法非常精准地测量，更多是提供战略性参考，为我们带来是否要进入或退出市场、是否具备"先发优势"或"后发优势"的指导。在当前这个 AI 技术和产品进入不同细分市场的早期，用户对新技术、新产品的学习和认知提升需要一个过程，客户对技术和产品价值产生认同也需要一个过程，这两个过程比较漫长，且不确定性大，试错成本高，这是先发的劣势；但是若在早期就实现产品落地，却可以带来标杆效果，对后续整个行业智能化都有战略意义，好的产品和品牌在早期落地之后会深入人心，这是先发优势。当市场认知打开，市场规模也快速增长后，市场会进入供不应求的阶段，在这个阶段用户经过多方磨合教育，认知更加成熟，产品试错成本降低，这是后发优势。对市场阶段的先发或后发优势的选择，需要结合自身团队的优势和基因进行。

4. 市场竞争

竞争是社会的常态，良性竞争可以促进彼此进一步发展。在打磨产品、分析市场规模和市场份额的同时，需要对市场中的参与者以及产品进行分析，制定更全面的产品策略和市场策略。竞争分析主要从竞争对手、产品或服务、策略几个角度来切入。

首先是明确自身的市场定位，明确定位才可以找到竞争对手，根据不同的定位在市场中找到的竞争对手差别巨大。许多企业寻求差异化市场以及细分市场，从而避开了与行业头部企业正面竞争，最终占领了整个细分市场。以人证核验产品为例，市场上可实现人证核验功能的产品众多，然而仍有不小的存活空间，这实际上是在定位上做了差异化。如果是定位于出入口通行的人证核验，落地机场、火车站等场景，则竞争对手是核验一体机产品厂商；如果定位于手机 App 业务人证核验，则竞争对手是 AI 云厂商。

找到竞争对手之后再对标竞争产品或者服务。AI 产品的竞品分析可以从产品形态、商业模式、功能、性能、精度、价格、用户、场景等多个方面入手。深入了解竞品可为产品打造提供重要参考，一方面是可通过竞品验证自己的想法和市场情况，另一方面则是可通过竞品评估自身产品的竞争力。关注竞品最终的目的是打造自己的产品。笔者认为对于竞品有 3 种应对策略。

1）**模仿**：当市场处于未饱和状态时，复制和模仿成功的产品是快速打造产品的方法之一。模仿可以大大减少试错成本，但前提是需要避免知识产权纠纷。在 AI 市场中，早期的人证比对产品都存在模仿行为，但很多模仿者凭借自身良好的成本控制和渠道，专注于特定场景和下沉市场，甚至比被模仿者更成功。模仿更多用在市场成长期，用于填补产品供应空白，但模仿式的竞争很容易导致产生大量同质化产品。

2）改良：改良后的产品其实和原产品没本质上的区别，故依然存在同质化竞争问题，但通过改良技术或者设计方法，往往会提高产品可用性或使用效率、降低了成本，进而形成一定竞争力。在 AI 产品中，改良算法精度、解锁应用场景、提升硬件算力、降低成本都是改良的路子。如果通过改良的方式在成本或者性能指标上有大的改进，则可以形成一定的产品竞争优势。

3）差异化：差异化本质是开拓新细分场景，是另外一种应对竞争的方式，即通过发现市场中存在且未解决的新领域和新问题，用新技术或创新商业模式来解决。还以人脸通关产品为例，疫情期间测温造成了许多场所出入口拥堵，快速有效测温并同时记录身份是人脸通关产品的新需求，在这样的应用需求下，提供测温+人脸身份识别的产品，就可以打造差异化的人脸识别产品；又比如在自动驾驶领域，大部分头部玩家（如百度等）都在抢占自动驾驶出租车，但是在城市自动驾驶清洁车、自动驾驶运输车等领域出现了各类小玩家，这些玩家填补了头部自动驾驶玩家的空当，形成了差异化竞争。

7.2 技术视角：技术创新和可行性

7.2.1 依托技术创新的产品创新

产品的创新一般包括商业模式创新和技术创新，商业模式创新的门槛低，容易模仿，而技术创新需要大量的技术研发积累，中国迈向高质量发展的过程是科技创新占据企业和产品更重要地位的过程。互联网时代的产品商业模式创新改变了旧商品经济时代的商业模式，商业模式解决的更多是资源配置效率问题。技术创新解决的却是资源生产问题，特别是在硬核科技领域，会对产品提出更多的技术创新要求。AI作为技术导向更鲜明的硬核科技领域，需要大量的技术创新来推动产品创新。

技术的创新存在着长周期的传导效应。AI科技一方面包含如数学、信息学、神经科学等基础学科，另一方面包含各种工程应用技术，如人脸识别、语音识别等。从科学理论突破到产品落地有着非常长的周期。以深度学习算法理论到图像识别应用为例，1998年LeCun发明了较完备的卷积神经网络LeNet-5，Hiton在2006年发明了深度神经网络快速训练的方法，解决了训练深度模型难的问题，而深度卷积神经网络真正的应用爆发源于2009—2012年期间的语音识别突破和ILSVRC2012图像识别挑战赛上验证的突破，但商业落地和产品化实际是在2014—2016年才开始。由此可见，从理论创新到产品创新和商业落地，需要较长周期。技术创新是产品创新的一个重要来源，因此对于强科技导向的产品需要密切关注技术创新。

从创新的变量大小角度看，技术创新可以分为突破式创新和渐进式创新。突破式创新是大创新，是降维打击；渐进式创新是相同技术框架内渐变的微创新。当然，从不同角度看，突破式和渐进式并没有特别明显的界线。从基础理论角度看，上层的技术创新都是在现有的基础理论框架中进行的微创新，但是从应用角度看，可能一个小小的技术创新就会带来商业应用的巨变，这又成为突破式创新了。一般而言，我们更多会从商业价值的角度来评价技术的创新变量。

1. 突破式创新

突破式创新是指可极大提升原来的生产效率、大规模解决某类问题或者对现有的技术方案实现降维替代打击的创新。在 AI 技术中，深度学习让整个机器学习业态改变了基础技术路线，所以说深度学习是突破式创新；而在深度学习中，近年来以自监督学习和 Transformer 为核心的技术代替了旧的语音语义深度学习方法，这也是突破式的技术创新。

突破式创新是打造颠覆式创新产品的源泉。若某突破式创新技术无法找到商业价值，也就是说没有找到该技术的产品化的价值，那这项创新就失去了意义。这时就需要 AI 产品经理出马了。AI 产品经理要做的是理解技术可解决的问题，了解技术可满足的场景需求，发现技术在场景中的应用价值，并最终将其产品化。技术的产品化有两种情况，一种是替代式应用，另一种是全新应用。

下面以 AI 芯片为例介绍替代式应用。早期 AI 算法突破之后，产业界对算力的需求呈指数级增长，通用 GPU 尽管非常适合用于并行计算，但也没有充分释放特定 AI 算法的算力。寒武纪创始人陈天石在 2014 年提出了深度学习处理器架构——DianNao，DianNao 产品化后得到的寒武纪系列芯片是当时通用 GPU 计算速度的数十倍，同时大大降低了功耗，故整体能效提升了数百倍，实现了降维打击。所以寒武纪系列芯片成为通用 GPU 在 AI 应用领域的替代产品——AI 芯片。

顾名思义，全新应用就是该应用是全新的，之前市场上没有同类产品，其实本质上全新应用也是替代，只是其更多是替代人工而非应用。以人脸识别为例，深度学习理论基础突破后，在应用领域最火热的当属图像识别中的人脸识别，这是一种新型应用。2014 年，香港中文大学多媒体实验室把人脸识别精度做到了超越人眼的高度，这意味着理论上人脸识别技术在某些场景可代替人工来辨别人脸并验证身份。

突破式的技术创新往往带来的是数十倍甚至数百倍的速度提升或大比例的精度提升，从而解锁功能、升级交互体验，继而带来巨大应用价值。无论是在传统领域还是在新技术领域，都存在大量突破式创新的机会。突破式创新的领导者往往具有极大的技术优势，也容易获得巨大的商业溢价，这也是在硬科技领域越来越多的资本喜欢投实验室的原因。

2. 渐进式创新

渐进式创新是在已有技术大框架下进行的微创新。微创新更多出现在产品落地过程中，因为应用的落地场景错综复杂，这就会催生更多解决实际场景问题的创新。

例如在人脸识别应用落地到不同场景中时，会遇到不同年龄、不同肤色、逆光、戴口罩、活体攻击等诸多复杂问题。针对这些问题，会催生众多技术处理方法，这些方法填补了场景化问题的解决方案空白。这些微小的技术创新恰恰是产品落地的关键，像毛细血管一样可渗透到场景中去解决诸多复杂问题。

许多特定场景驱动的微技术创新，经过长期累积后会变成特定场景下的突破式创新，特别是在碎片化场景中，微技术创新可以催生众多实用且极具特色的产品。例如在制造业的质检机器视觉应用中，由于质检对象、缺陷类型多变，应用场景细碎长尾，问题各异，面对小场景的定制技术优化时，却可能催生细分领域中实用且差异化的产品。

7.2.2　技术可行性和技术成本

在产品化和商业化过程中，需要重点关注新技术的可行性

（或称成熟度）问题。技术可行性是高新技术产品化和商业化的前提条件。AI 技术和应用的每一次高潮都是因为技术方法的突破，而以往的低谷也都是因为技术成熟度在期望的应用场景中碰到了瓶颈。基于深度学习的 AI 技术带来了众多领域的技术可行性解锁，然而这个解锁是分层渐进式的，会从基础层传递到应用层、会从头部应用市场传递到尾部应用市场，这个传递过程需要一个很长的周期。我们需要警惕学术上的突破带来的应用上的过分乐观。

技术是否可行要结合场景和条件综合考虑。某种技术在场景 1 和条件 1 下是可行的，在场景 2 和条件 2 下就可能是不可行的。以自动驾驶技术应用为例，在低速、室内、无人巡逻的场景下，技术出错代价小，对技术的容错性更强，此时可能某种方案可通过验证。但是转到真实的道路交通场景下，因条件更复杂，技术错误成本也极高，则相同方案可能就不再可行。所以在考虑技术可行性时，需要密切结合场景。**AI 产品经理需要搭建技术和场景条件的桥梁，即充分理解场景需求并提供充分的场景条件限制，以寻求场景和技术的可行结合方案**。

技术可行性还涉及技术成本。从产品商业化角度看技术可行是包含实施成本的，一项技术如果实验可行，但成本极其高昂，则该技术并非可行。尽管在商业化早期，资本可以为了推行标杆项目而大力投入高实施成本的项目，但本质是在赌后期技术施行成本的大幅下降。在自动驾驶单车智能方案中，存在纯视觉、激光雷达两种大路线，早期单套机械式激光雷达设备的价格达到 70 万元，比车辆还贵，哪怕使用激光雷达技术可行，但在成本上也难以在短期达到商业化可行的程度。随着应用的规模化和激光雷达技术的进步，激光雷达应用成本降低到千元级别，技术和成本可行性同时成立，这套方案才开始真正产品化。技术施行成本可行性问题在许多 AI 产品打造过程中非常常见，特别是在新产品拓荒阶段，因为早期的技术成本通常比较昂贵。能否接受早期的高实施成本，首先要看该技术是否有形成规模效应的潜质，其次要看技术自身的生命周期，这决定了它能否等到规模化。

AI 产品的打造和落地离不开对技术可行性的验证，一方面 AI 技术在持续突破创新；另一方面在技术落地过程中面临大量新问题。产品的技术可行性验证一般是通过评估、项目概念验证（Proof of Concept，POC）等方式完成的。AI 产品经理需要与技术团队共同完成技术可行性验证。AI 产品经理的技术知识储备可以帮助他从技术、场景和成本多个角度看待问题。注意，技术是不断更新的，所以 AI 产品经理的技术认知也要不断跟进。

| 第 8 章 | CHAPTER

AI 产品从定义到落地

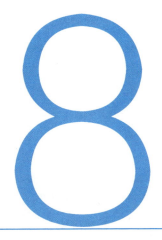

从一个想法到做出一款产品是一个从 0 到 1 创造的过程，对于 AI 产品尤为如此。在这个创造的过程中，AI 产品经理应该从哪里开始？要如何定义产品？如何分解产品搭建步骤？如何拆解遇到的问题？如何应对 AI 产品中必然会涉及的数据、算力、算法等技术相关问题？这些都是本章要解决的问题。

8.1 如何真正做到从用户需求出发

1943 年马斯洛提出"人们需要动力实现某些需求，需求是有优先性的"，进而提出马斯洛需求层次理论模型。该理论模型早期是 5 级，后来扩展到 8 级，如图 8-1 所示。马斯洛需求层次理论更多是从心理学的角度来阐述一个社会学人的需要的。

图 8-1 马斯洛需求层次

在商业应用中,基于心理学反映出来的需求形态众多,可能是一个问题、一个缺陷、一个吐槽、一个解决办法、一个命令等。常听到的关于需求的词包括用户反馈、用户需求、市场需求、产品需求等,这些都是经过加工反馈的需求。下面用一个段子作为例子:在工业包装中存在空包装盒的情况,用户希望对包装盒是否为空盒进行检测。用户自觉非常专业,所以他希望通过视觉来测量包装盒是否发生形变,并以此来判断盒中是否存在物料。但在产品落地过程中,产品经理发现只要有一台强力风扇就可解决空盒检测问题。所以,"用户反馈"是通过测量包装盒是否发生形变来判断其中是否有物料;"用户需求"是剔除空包装盒;"产品需求"是强力风扇。虽然这只是一个段子,但是很好地反映了在实际应用中用户反馈的不一定是用户需求,用户需求不一定是产品需求。除了上述 3 种需求,还有市场需求,下面就对这几种需求进行介绍。

1）用户反馈是最直接的需求，有些用户只反馈问题，而有些则提出了自己的解决办法进而掩盖了背后的问题。用户反馈的需求可能是伪需求，也可能带有偏见。

2）用户需求是用户反馈背后隐藏的真实需求。产品经理需要洞察用户反馈背后的真实需求，也需要发现用户没有提到却真实存在的需求。

3）市场是带有商业特征的概念，笔者认为市场需求是规模化、抽象化的用户需求，是在特定共性行为特征下形成的具有经济效应的需求。以出行市场为例，每个用户都有出行的需求，因此形成了巨大的出行市场需求，而这些出行市场需求又会细分为城市内部的出行市场需求、跨城市的出行市场需求。相同的出行市场需求，比如市内出行市场需求，可以用不同的产品来满足，如自动驾驶汽车、公交车等。

4）产品需求是产品经理经过采集市场用户反馈，为产品开发人员提供的与功能、性能、安全等相关的可执行需求。

无论是用户反馈、用户需求还是市场需求，都与产品经理息息相关，产品经理的核心工作之一就是收集用户反馈、理解用户需求、把握市场需求并将其转换为产品需求。

对于产品和用户需求，以下几点需要特别注意。

1）**做产品应该从用户需求出发**。在做产品时，经常见到两类闭门造车问题。第一类问题是很多技术导向型的产品经理很容易陷入的问题，即从技术出发做产品，这是典型的拿着锤子找钉子问题。在AI技术产品化早期，很多企业拿着实验室技术做成的产品DEMO，期望找到应用场景，在多次尝试后才发现"锤子"并不好用，往往需要再打磨很长时间才会适应市场需求。第二类问题是一些产品经理根据自己的想象提出了许多产品需求，但最终发现想象的需求与真实用户需求差别巨大。产品需求应该从用户、场景、市场中来，只有这类需求才能更加真实反映市场的需要。

2）**产品设计应从用户需求出发，而不是转发用户需求**。在工作中经常会看到"转发型产品经理"，他们对用户提出的需求照单全收，甚至不加过滤就转发给开发人员。这样很有可能把产品打造成纯定制型产品，做出的产品只适用于提供需求的用户，换一个用户就不适用了。产品经理不仅要洞察用户背后真实需求，还要根据自己的产品主线合理拒绝不合理的需求。

3）**产品经理是连接需求和产品的桥梁**。AI 属于新兴技术，在 AI 产品化拓荒的过程中，经常会出现不知道 AI 可以做什么、自己想要什么的情况。作为桥梁，AI 产品经理需要将 AI 的能力边界、应用案例通俗化以让用户理解，更需要深入理解用户业务流程中的问题和痛点，然后提供用户认可的解决方案。这可能是一个长期的过程，需要用户不断提升对 AI 的认知，也需要 AI 产品经理深入理解业务。

8.2　正确定义一款产品的 8 个要素

定义一款产品，核心是讲清楚产品是什么。这需要从产品目标、定义、形态等多种要素出发全面考虑，本节从 8 个要素对此进行阐述，如表 8-1 所示。

表 8-1　定义产品的 8 个要素

序号	要素	释义
1	产品定义	产品是什么
2	产品目标	产品要实现什么短期和长远目标
3	产品形态	产品是什么样子，如形状、大小、状态等
4	目标客群/用户群	产品卖给谁，给谁使用

(续)

序号	要素	释义
5	应用场景	产品在什么样的情形下使用
6	产品价值	产品会给企业和用户带来什么好处
7	商业模式	产品通过什么方式盈利
8	产品路线	产品的整体规划路径是什么

上述要素旨在从多个维度关注产品是什么，确保在构思一个产品的时候思考得更加周全，减少因早期缺少方向性的战略思考，而导致中后期花更多的时间对产品进行修改。产品定义就是在早期进行的战略思考。这 8 个要素的详细内容如下。

1）**产品定义**：用清晰简洁的语句、最鲜明的功能特征、形态、应用场景等描述一个产品。比如，人脸识别通关面板可以定义为"一款用于××通关验证场景中闸机设备上的人脸识别认证面板机"。这样可以让开发者、使用者等快速理解产品。当然，产品定义也可以抽象化传达产品理念，比如智能汽车虽然也是车，但是为了突出亮点，可以抽象定义为更加懂用户的智能空间。产品定义的目的是明确"产品是什么及其核心功能和边界"，从而让决策者、投资者、开发者、客户、用户快速理解和触达产品本质。

2）**产品目标**：产品是企业组织盈利的重要载体，但并不是所有产品都是为了盈利。产品的成功也不能以盈利情况作为标准，而是以满足战略目标的程度作为标准。产品战略是企业、部门、产品线为其所经营和生产的产品制定的全局规划。同样是做一款产品，要打什么样的市场、该产品是临时性角色还是核心拳头产品、是打品牌还是打造高附加值场景、是下沉中低端市场还是针对高端市场、是独立产品还是组合产品、是战略投入还是试验性投入，这些都应该事先深入考虑。没有考虑清楚战略问题，就会在战术执行的时候面临取舍上的混乱。产品负责人只有对市场和业务甚至技术有足够深入的理解，对市场发展有较强的预见性，才能明确产品目标和战略。

3）**产品形态**：产品形态由产品外观表现形式和内在传递理念组成。某一形态的产品是对外传递价值的最小独立交付单元。在不同的应用领域，产品的形态丰富多样，如直观可触达的手机、汽车、机器人，虚拟化的软件、教育视频课程等。在互联网产品中，最常看到的产品形态是 App、网页门户、小程序、软件 SDK 等。而在 AI 产品中，产品的形态则更加多元和富有创新性，共包含两种主要的类型：第一种是对原有产品提供 AI 能力加持后得到的产品形态，如 AI 能力加持下的软件定义摄像机；第二种是因 AI 而存在的创新产品形态，比如虚拟数字人、自动送餐机器人等。

4）**目标客户群/用户群**：客户和用户是两个不同的概念，客户是买单的人，而用户是使用的人，一些产品的客户也是用户，比如手机等 C 端产品。但在不少情况下客户并非用户，例如 G 端和 B 端业务中常常购买者和使用者并非同一群人。客户关注的是买卖是否值得，用户关注的是产品是否好用。打造产品应该关注客户群和用户群画像，关注客户购买力及其对产品的核心诉求，关注用户对外观、品质、功能、性能等的要求，在产品设计时要对客户和用户的需求做权衡。

5）**应用场景**：产品最终要落地到应用场景中，而应用场景是时间、地点、人物、事件、行为的融合，产品关注的是什么人在什么时间和地点、在什么情况下会做出什么行为，目的是嵌入到应用场景中。深入应用场景可帮助产品经理理解用户需求，完成产品应用闭环。针对不同的应用场景，我们还可以抽象化提炼它们的共同点。如对于算法，其召回率和精确率是一对跷跷板的两端：有些场景要求更高的召回率，即从数据中找到更多有效数据，找出的数据错误率可以高，但是不能有漏掉的情况；有些场景要求更高的精确率，即可以漏掉部分数，但是找出的数据必须是对的。不同的场景对算法实现有不同的要求，明确场景可帮助算法更契合场景需求。

6）**产品价值**：作为商业的载体，好的产品，无论对团队还是对用户和客户，都会有巨大的价值。评价和衡量产品的价值对做产品有很好的指导作用。站在企业或者产品经理的角度，产品价值评价一般会从内外两个维度进行，即产品的用户价值和商业价值。

- 产品的用户价值是指产品为用户带来的价值，比如帮助用户提升了工作效率、获得了更好的体验、解决了以往的某些问题、给用户带来了经济价值等。用户价值是用户购买和使用产品的直接动力，产品的用户价值越高，用户愿意掏钱购买和使用产品的欲望也就越强烈。用户价值除了从产品整体看，还可以从模块和功能层面看，即看哪些模块和功能可更直接、更高频地解决用户问题，哪些仅起辅助作用，确定了上述问题，在打造产品的过程中，衡量产品功能的优先级和重要性也就有据可依了。对用户价值的考量会迫使产品经理站在用户的角度来看待问题，体会用户的感受，更真实地引导产品需求和产品用户价值实现统一。
- 一款产品可给企业带来的商业上的价值即为产品的商业价值。产品是企业盈利的载体。如果一款产品只有用户价值，即对用户非常有用，但是难以为企业带来盈利，那么该产品发展会难以持续，因此产品的商业价值也是打造产品时要重点考量的。产品的商业价值和用户价值密切联系，足够高的用户价值会带动资本和技术的聚集，从而降低实施成本，推动商业化。以自动驾驶为例，自动驾驶技术可大大降低事故发生率、减少拥堵，故有非常高的用户和社会价值。但早期激光雷达过于昂贵，配备激光雷达的自动驾驶汽车投入过大，难以商业化。而随着交通行业发展，交通事故、拥堵等问题越来越严重，自动驾驶汽车的用户价值越来越高，这促使更多的资本进入，资本进一步促使技术发展，最终使整车的L4自动驾驶成本大幅降低，使自动驾驶技术实现商业化变得可行。

7）**商业模式**：商业模式关注产品如何赚钱，这是整合各要素让产品实现盈利的方案。商业模式一般包括价值主张、目标群体、分销渠道、客户关系、收入来源、核心资源、关键业务、重要伙伴、成本结构等多个维度的内容。商业模式更多是从企业层面考虑的，但是当一个产品形成相对独立的业务时，则可以从不同的角度定义产品的商业模式。

8）**产品路线**：产品路线是产品实现的多阶段目标图。一个产品往往难以一次就做到完善和完美，需要不断迭代。做产品一般会提到最小可行产品（Minimum Viable Product，MVP）概念，即早期为了快速落地，可以提炼最核心的特性加以实现得到MVP，目的是快速打入市场。但是产品不能都采用MVP策略，要有宏伟的目标，所以产品路线要兼顾当下的需求和未来的蓝图。

8.3 AI产品设计框架详解

8.3.1 软件设计要点详解

软件产品的设计应关注功能设计、结构与流程设计、交互与用户体验三个维度，产品经理可将一系列散乱的功能组合成一个产品，这可以从点、线、面三个维度进行，其中功能设计关注单点功能，结构与流程设计关注线与面层面的功能，交互与用户体验关注点线面整体融合，即最终呈现的产品。

1. 功能设计

在产品完成立项、确定核心方向之后，做好功能设计是产品经理的关键工作之一。在产品功能设计中，一般会使用模块化、用户故事的方法进行需求的拆解，使用原型、思维导图、图形化的流程和架构表达工具进行功能表达。

（1）模块化

当产品经理面对客户的某些问题，并希望通过定义一款产品加以解决时，需要先对产品功能进行设计。在产品设计中，常常会先对产品的整体功能进行拆解，对高度相关的功能进行聚合，对相关性弱的功能进行解耦，形成模块化的功能板块。功能的模块化对实现开发的模块化有非常重要的意义，不仅会使设计更加清晰，而且在云原生微服务框架下，有利于进行敏捷开发，实现持续集成交付，甚至在部分功能模块实现上可以进行用户测试，加速产品落地。在敏捷 Scrum 项目管理中，在模块化的层级结构上一般会使用史诗（Epic）、特征（Feature）、用户故事（Story）、任务（Task）等多个层级进行需求模块化管理，并根据不同的产品需求规划使用哪些层级。

（2）用户故事

用户故事即模拟用户使用产品时要完成的每一个操作或要解决的每一个问题。用户故事在软件开发中是一种常用的描述需求的方式，特别是在敏捷开发中。完整的用户故事一般包含角色、活动和价值三个元素。角色是指用户是谁；活动是指用户需要完成什么过程或活动；价值是指这个功能带来什么价值，为什么需要这个功能。

要完成用户故事可遵从 3C 原则或 INVEST 原则。其中，3C 原则是指卡片（Card）、交谈（Conversation）、确认（Confirmation）。卡片是指通过一个小卡片描述用户故事，通常使用"作为一个……（角色），我想通过……（活动），便于……（价值）"这样的形式进行需求的描述；交谈是指用户故事背后的细节来源于与客户或者产品负责人的交流沟通；确认是指通过验收测试确保用户故事被正确完成。INVEST 原则具体如下：

- ❑ 独立性（Independent），即一个用户故事独立于其他用户故事，目的是使多个用户故事之间减少依赖性；
- ❑ 可协商性（Negotiable），即用户故事是可协商沟通的，是一个不包括太多细节的简短描述；
- ❑ 有价值性（Valuable），即无论是对用户、客户还是对整个公司内部，产品都必须是有价值的；
- ❑ 可评估的（Estimatable），即用户故事的工作量是可评估的，不能因故事过大或者不可行，导致工作量无法评估；
- ❑ 尽量小（Small），即一个用户故事的工作量要尽量小，在敏捷开发中尽量在一个迭代（Sprint）中可以完成；
- ❑ 可测试的（Testable），即用户故事是可测试的，只有可测试的，才是可靠的。

（3）任务

有些时候，对开发人员来说，用户故事依然是一个比较大的产品需求，此时就需要将其拆解为任务，比如"作为管理人员，我想输入用户名和密码登录系统，便于进入系统并管理标注人员"，但是用户名和密码的规则是什么样？是否需要验证码？这些均需要继续细化，进而拆解为多个任务进行管理。

2. 结构与流程设计

结构与流程设计是对业务的流程、产品内部逻辑关系和逻辑顺序、产品使用路径等进行整体规划，从宏观视角讲就是让开发人员对工作项所处的环节、所具有的价值和所能起的作用有更深刻的理解。对结构与流程来说最好的表现形式是画图。谈及画图，就不得不提统一建模语言（Unified Modeling Language，UML）。UML 是一种用来对软件系统的开发进行可视化、规范定义、构造和文档化的面向对象的标准建模语言。它其实是一套图形化的建模规范，约定了图形元素、角色、语法等，目的是帮助用户快速构建可视化、图形化、规范化的需求及系统分析材料。UML 诞生于早期互联网阶段，是很多开发人员常用的需求分析和产品设计方法，UML 包括结构图和行为图等数十种图，结构图包括类图、组件图、部署图、包图等，行为图包括用例图、活动图、状态机图等。UML 是一个不错的工具，但是其中的部分功能并非都适合产品经理使用，其中的类图、活动图、用例图、序列图、状态机图等比较适合产品经理使用。

除了 UML 图，还有思维导图、流程图、线框图、架构图等众多形态的工具可供产品经理使用。注意，产品经理使用这些工具的核心是讲清楚产品的需求。

无论何种工具，都是从静态图和动态图两种角度，对结构和流程两大类的内容进行表达。静态图表达产品的定义、属性、结构性，比如是什么、由什么组成等，这类图包括产品功能结构图、信息结构图、系统架构图、用例图等；动态图表达产品的行为特性，比如业务是如何流转的、数据是如何流转的，这类图包括业务流程图、数据流程图、状态图等。

（1）静态图

1）**功能结构图**。功能结构图是对功能进行模块化拆解之后呈现的层级功能结构，以功能模块为核心。功能结构图可以更加直观地呈现产品的功能结构，最常见的功能结构图是思维导图形式的，如图 8-2 所示。

图 8-2　功能结构图样例

2）**信息结构图**。信息结构图主要用于对产品的信息进行抽象和重新归类，抽象和归类是基于属性及其字段完成的。比如若将证件库看作属性，那么它包含的身份证、银行卡、社保卡等就是对应的字段，而将身份证看作属性后，又可细分出姓名、出生年月、身份证号、所在地、有效期、照片等字段，如此逐级展开就形成了完整的信息结构。图 8-3 所示为信息结构图样例。

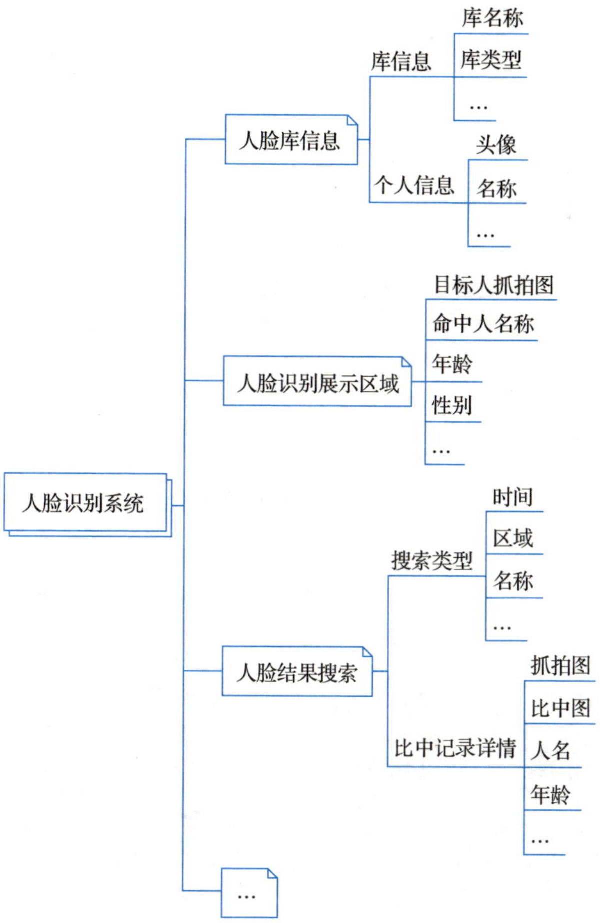

```
人脸识别系统
├── 人脸库信息
│   ├── 库信息
│   │   ├── 库名称
│   │   ├── 库类型
│   │   └── …
│   └── 个人信息
│       ├── 头像
│       ├── 名称
│       └── …
├── 人脸识别展示区域
│   ├── 目标人抓拍图
│   ├── 命中人名称
│   ├── 年龄
│   ├── 性别
│   └── …
├── 人脸结果搜索
│   ├── 搜索类型
│   │   ├── 时间
│   │   ├── 区域
│   │   ├── 名称
│   │   └── …
│   └── 比中记录详情
│       ├── 抓拍图
│       ├── 比中图
│       ├── 人名
│       ├── 年龄
│       └── …
└── …
```

图 8-3　信息结构图样例

3）**系统架构图**。系统架构图是对整个系统基于某种视角进行构建，形成的模块化、层次化、一体化的结构图。构建时包含逻辑实体和层次化关系。这里所说的视角包括物理视角、功能逻辑视角、技术组件视角等。产品经理一般需要对外提供物理视角和功能逻辑视角的系统架构图，如图8-4和图8-5所示。

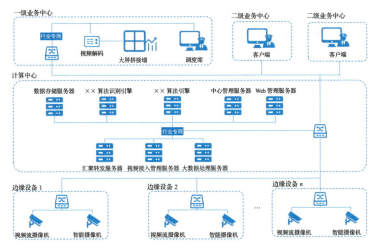

图8-4 物理视角的系统架构图

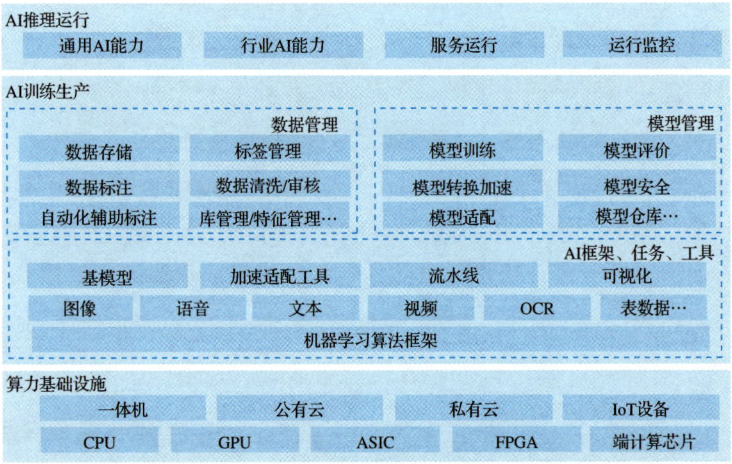

图8-5 功能逻辑视角的系统架构图

（2）动态图——业务流程图

动态图包括业务流程图、数据流程图等。流程图是表达一系列行为动作完成的先后顺序及依赖的图形。无论是业务流程还是产品操作流程，都可以帮助产品经理在表达设计思路时更加清晰，同时这也是提升与开发人员沟通效率的重要手段。

业务流程图是完成一个业务完整流转过程的图形化表达。这里说的业务完整流转过程是指用户完成一件事情所需要的规章、程序或者是先后顺序。绘制业务流程图是产品经理工作中最常见的工作项之一，但是画好一个流程图并不简单，需要产品经理对业务足够了解、对业务逻辑梳理得足够清晰。

绘制业务流程图需要关注**业务内容、用户、信息起止、异常处理、规范**五个方面。业务内容是指要完成什么样的业务；用户是指由谁来完成这项操作；信息起止是指从哪里开始，输入是什么，从哪里结束，输出是什么；异常处理是指中间需要充分考虑或处理什么特殊情况；规范是指绘制业务流程图时要注意规范化，以增强业务流程图的可读性。

在绘制业务流程图时，如果流程复杂，且流程中涉及多方用户或角色，可以使用**泳道图**。泳道图的纵向是指业务的流程；横向是泳道，一个泳道代表一个角色。流程中涉及该角色的所有信息都绘制到对应泳道中。因为泳道图中包含多个角色信息，所以需要梳理清楚各角色负责的内容的边界。泳道图示例如图8-6所示。

3. 交互与用户体验

在产品设计的交互与用户体验维度上，可以从五个要素自顶向下进行用户体验设计的规划，这五个要素分别是战略层、范围层、结构层、框架层、表现层（见图8-7）。

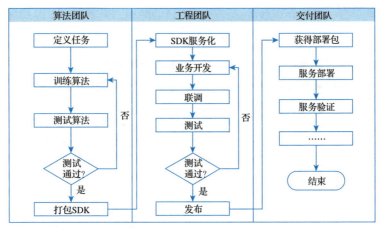

图 8-6 极简化的泳道图（仅作参考样式）

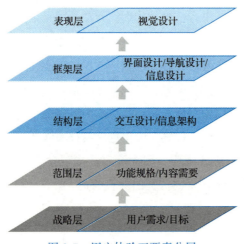

图 8-7 用户体验五要素分层

1）**战略层**：解决产品目标和用户需求的问题。针对不同的产品目标和使用对象，无论是在结构设计上还是在风格设计上都会有巨大的差距。战略层需要明确产品要实现的目标，即是在什么样的场景由什么样的使用对象使用，用户的核心诉求是什么。

不同的场景、使用对象和要解决的问题对设计的要求也不同。

2）**范围层**：解决需求、功能的边界范围问题。尽管长期看产品可能要解决很多问题，其中会包含很多功能，但是出于商业化考虑，需为产品规定当前的边界范围。在限定了版本和边界范围时，为了让产品形成完整闭环，在设计上就要有所取舍，因此确定需求边界和范围是做产品时第二个需要解决的问题。

3）**结构层**：结构层关注的是交互设计和信息架构。交互设计关注的是可能的用户行为以及用户完成相关行为之后的交互响应。而信息架构关注的是呈现给用户的信息是否合理，以及信息应该如何组织。好的结构层设计可以缩短用户触达信息的路径，减少用户学习成本。

4）**框架层**：框架层是比结构层更加细粒度的具体化的设计，主要包括界面设计、导航设计、信息设计三部分。界面设计的核心是让用户快速看到想要看到的元素，淡化对用户来说不重要的元素，还要明确哪个部分表达什么；导航设计是在产品功能丰富、无法通过少量页面展示的时候，帮用户通过页面跳转合理触达延伸页面；信息设计关注哪些信息是用户更想看到和触达的。一般在产品设计的初始阶段，我们会使用线框图来快速表达页面的整体框架设计。线框图（见图8-8）是静态的产品原型，可以快速展示整个界面框架和信息分布。

做原型是产品经理的一项重要工作，产品经理在收集到需求后，需要将用户需求转换为产品需求和可视化的原型。产品经理应将原型做到什么程度，也是值得思考的。在大企业，如果配备了比较充足的人员，比如配有专门的交互设计师、视觉设计师，那么产品经理只关注业务需求、产品的业务流程和功能逻辑，使用朴素的线框图对此进行表达即可，交互和视觉类工作可交给交互设计师和视觉设计师。在中型企业中，因产品团队人员配置没那么全，所以原型相关工作可能全要由产品经理来完成。当然这类原型要比大企业产出的原型粗犷一些。而在小企业、小团队中，产品经理做产品往往没有严格的套路，他们可能直接通过手绘、口述等方式传递需求，甚至不会产出直接的原型文件。这样的协作模式尽管看起来非常高效，但对后期的记录、追溯、同步非常不利。

在原型的表达上，笔者认为产品经理应专注于客户需求沟通、竞争分析，以及对行业业务和功能逻辑进行梳理。对内的需求表达，应从框架、功能模块和核心意图角度展开，比如在人手不足时可仅使用线框图朴素地表达产品原型，这类原型可把产品解决问题的能力和用户价值作为重点，不过度在弱用户价值的交互和展示细节上投入。对于人手充足的团队可将原型详细化、美观化，从而提高后期的工作效率。

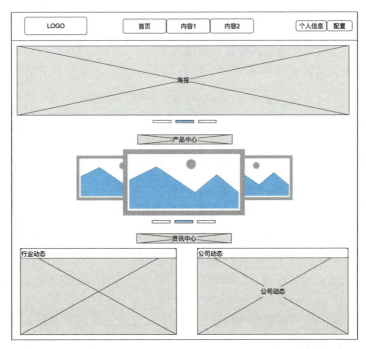

图 8-8　线框图

5）表现层：表现层是对功能、内容、交互、视觉等进行汇总后得到的最终设计，是对上述四层所涉信息的集中体现。这一层更加注重最终的交互和视觉呈现。

8.3.2 硬件设计要点详解

在 AI 产品中，打造智能硬件产品要比打造纯软件复杂得多。首先，智能硬件产品包含了软件和硬件两部分，所以相关人员的技术栈需要扩展。其次，硬件形态多样，可以是芯片、计算加速卡、边缘计算终端、智能相机、无人机、服务器、智能穿戴设备、自动驾驶汽车、辅助驾驶设备等。再次，在生产上，会面临更长的周期和更大的困难。尽管不同硬件产品的实现方式千差万别，所需要的技能也差别巨大，但是仍有一些共通的内容，本小节对此进行简要介绍。

除了软件部分，智能硬件一般需要经过工业设计、结构设计、开模、芯片选型、PCB 方案设计、整机验证、包装设计与生产、验证和测试认证、产品内测、备料、小批量试产、大批量生产等过程。

1. 工业设计

工业设计（Industrial Design）即融合工学、美学、经济学各个领域知识进行工业产品设计。工业设计追求的是产品在可行性、外观、经济性、安全性等各个维度上达到平衡。

1）**可行性**：工业产品设计之后需要开模、在内部装配电路板等，因此在可行性上需要重点关注设计的产品是否可以被开模，所设计的形态和内部空间是否足以容纳芯片模组和电路板，是否能满足散热要求等问题。

2）**外观**：当前，用户对美的追求都很高，没有人希望购买一个丑陋或者设计反人性的产品，因此对于外观的设计需要满足大部分人对审美的要求。除此之外，一些硬件产品还会配有硬件交互部件，比如按钮，这也需要符合人类的操作习惯。

3）**经济性**：经济性主要体现在用料成本、制造难度等问题上。过高的开销不利于提高产品竞争力。在用户角度说，除产品直接价格外，还会涉及心理层面的经济性，比如产品体积过大，用户就可能认为该产品不够经济。以伴读机器人为例，若它占用了孩子的半个桌子，那么用户就会认为无论在用料上还是使用中都是不经济的。

4）**安全性**：硬件产品有可能存在安全隐患，在设计上要充分考虑安全因素，避免安全问题导致产品失败。

工业设计一般需要由工业设计师来完成。如果不是专业的硬件企业或者大型企业，往往会通过设计外包的方式实现产品的工业设计。工业设计师在工业产品用料、设计规范上是专业的，但是涉及设计的需求、硬件应具备的功能时，就需要硬件产品经理来把关了。因此，产品经理在工业设计阶段需要关注功能属性、可行性、外观、经济性、安全性等问题。

2.结构设计

结构设计是对产品内部结构，比如芯片、PCBA、散热装置等内部模块进行整体设计，并兼顾外部工业设计与内部模块配置问题。结构设计需要充分考虑产品的坚韧程度、组装和脱模具难度，如果产品存在运动部件，还要充分考虑运动部件的灵活性、稳定性、安全性等。

结构设计完成之后需要进行打样验证，如最基础的内部模块拼装、运行。例如针对一些高强计算产品，在散热上需要验证是否达标，如因结构设计导致散热不达标，产品的过热保护会使得产品无法达到目标性能。

3. PCBA 设计和选型

PCBA 是印制电路板（PCB）和元器件组装而成的成品，是智能硬件产品的大脑，PCBA 包含 PCB 和产品中所有的元器件，PCB 一般需要经过 PCB 工程师设计，元器件也需要由 PCB 工程师进行选型。一般来说，如果不是企业的战略投入，PCBA 的设计制造会选用成熟方案或仅由外部代工设计除核心模组之外的接口板。因此很多时候，PCBA 的设计和生产可能都由外部支持。对产品经理来说，选型是 PCBA 设计中非常关键的工作，产品经理需要充分考虑目标场景、成本预算、算力、网络、存储、解码、输入输出接口、功耗、散热等元素，这些直接决定了产品的整体功能、性能。

对于 AI 产品来说，PCBA 中的 AI 计算芯片是核心模块，做 AI 计算的芯片方案很多，无论是中心计算还是边缘计算，如具有神经网络加速能力的 SOC、CPU+GPU/NPU/FPGA 的异构方案等，算力、功耗、工具链和开发成本是产品经理在这方面需要重点考虑的问题。

PCBA 的接口直接决定了产品的输入输出，如 USB、HDMI、GPIO、PCI-E 等，产品经理需要根据应用场景进行取舍，特别是对一些小型产品，尽管受核心芯片模组支持，但接口板是否应该进行扩展设计也是需要权衡的问题。

4. OEM 与 ODM

很多互联网公司、创业公司做硬件时都会将自己的软件能力硬件化，因为这样会提高产品集成度，也会提升产品整体价值。但做软硬件集成的成本和代价比单纯做软件要大得多，哪怕是具有一定规模的团队，在考虑了市场先机、成本和周期等因素，也不会轻易选择从零自主设计硬件，而会选择 OEM 或者 ODM 模式来加快整体速度。

若需求厂商（A）有硬件设备需求，且可提供产品设计，它授权受托厂商（B）按照特定的条件进行生产，即完全依照A的设计来制造加工产品，或直白地说，A有需求，A做产品设计，A交给B生产，最后产品交给A销售，那么B就是我们说的OEM厂商，B提供"代工"服务，这种协作模式就称为OEM（Original Equipment Manufacture，原始设备制造）。

ODM（Original Design Manufacture，原始设计制造）是需求厂商（A）委托设计制造商（B）进行产品设计、研发、生产、维护等一系列服务的一种生产模式。即A只管需求，B提供产品的设计、研发、生产，再将产品贴上A的品牌，由A进行售卖。

OEM模式下仅将生产外包，ODM模式下将设计、研发、生产都外包，无论是哪种方式，对刚开始做硬件产品的创业团队或企业来说，都可以加快产品迭代速度，让其少走弯路。而无论采用哪种方式，企业的硬件产品经理在需求、产品验证测试等方面的工作都少不了，且需要与外包团队紧密沟通合作，力求需求与最终产品保持一致。

5. 包装与配件

包装与配件是完成硬件产品的"最后一公里"，同样非常重要。包装需要关注的内容包括：

- 美观度；
- 运输过程、存放环境中符合产品的保护要求；
- 产品说明；
- 成本。

这里要重点强调包装的保护作用，特别对于精密产品，设计好内部的防撞、缓冲配置，可在很大程度上保护产品在运输、存放等环节免受损坏。

配件是产品中不可或缺的一部分。在多数情况下，为了产品使用的便捷性，让产品能开箱即用，免去用户单独购买安装工具、各类辅助工件的烦恼，很多硬件产品会提供包括小工具在内的各种配件。对于配件也需要考虑制造和配备的成本。

8.3.3 整体性能设计要点详解

性能参数是描述功能强弱程度的指标。功能解决的是有无问题，而性能用于衡量功能是否足够好，比如产品支持打开文件的功能，而打开文件的速度可以作为一个产品性能的衡量指标。又比如产品支持检测图片中人脸的功能，而人脸的检测速度、检测精度是衡量这个功能好坏的指标。支持某个功能并不能完全说明产品的可用性，还需要配合性能参数来完整描述产品能力。用于描述产品的性能常见参数包括各类速度、精度、功耗、稳定性等。

1. 速度

速度是最常见的产品性能参数，在不同的产品中会关注不同的速度，比如网络传输速度、文件读写速度、算法处理速度、特征提取速度、搜索速度等。速度很多时候决定了产品的应用成本，往往处理速度越快，应用成本越低。在AI产品中，最常见的速度如视频图像应用中的解码速度、延时、系统算法吞吐速度、特征搜索速度等。在速度评价准则中，还有很多前提条件，这需要根据业务场景中的真实需求提出。比如在人脸识别应用中，在实时性要求高的特定人数规模场景下，关注的是在限定人脸库规模条件下处理人脸识别的延时，延时和节拍的大小决定了识别效率，从而决定了产品能否满足较大人流量通行场景。因此，速度性能的设置需要紧扣实际应用场景。

2. 精度

在用到算法的产品中，精度是常用的评价指标。很多时候决定产品可行性的就是产品的算法精度。比如在图像识别产品中常用的召回率、精准率，语音识别产品中的唤醒率、词句错误率等，地图产品中的定位精度、出行路线规划用时的偏差程度等都是精度。精度代表一个行为多次重复后准确的程度或比例，对精度的评价一般采用统计学和定量的方法，即统计多次样本测试中成功达成目标的样本比例。精度测试既要充分考虑应用场景的需要，也要全面考察产品的算法能力。比如在图像识别产品中，召回率代表的是算法能够检出全部的目标图像的能力，而精准率代表的是检出的目标图像有多少是正确的问题，两个指标组合起来才能完整评价该图像识别产品的性能，但在不同应用场景中，关注的或者要求的指标也会有所不同。

3. 功耗

功耗是系统完成目标行为的功率损耗。功耗代表系统的绿色环保程度，以及用户后续持续使用的投入，在一些充电型产品中功耗还决定了产品的使用时长和频率，甚至决定了在某些场景中产品是否可用，功耗大还会带来过热等问题，这也是用户会考虑的。对于芯片级产品，还需要从更细的粒度来拆解功耗指标，比如动态功耗和静态功耗。动态功耗是设备运行时或者信号改变时所需的功耗，静态功耗是设备上电但是信号没有改变时所需的功耗。对于手机，我们常关注待机时长和使用时长，其实这是由核心芯片等部件的功耗决定的。

4. 稳定性

稳定性通常是指产品可以持续正常稳定工作的能力。稳定性是产品使用的基础,如果稳定性极差,那么就算产品功能再强大,用户也无法忍受。稳定性一般是产品按照标准压力或峰值流量80%以上的压力运行来测算得到的。对于对稳定性有不同要求的系统,测试对应时间段内的稳定性时,应先观测整体的指标,保证系统不出现内存泄漏等严重问题,再有针对性测算系统的稳定性。系统稳定性可按天、周、月或者年等级别进行测算,不同的测算级别对应的产品测试标准也有不同。

8.3.4 安全性与 AI 伦理

系统的安全性也是产品需要考虑但常常忽略的内容,安全性包含外力下的安全性、软件攻击方面的安全性等。外力下的安全性是指在雨水、雷击、跌落、高低温、潮湿等外部环境作用下的产品的可靠性,这些一般会在硬件产品层面被关注。

在软件层面,由于大部分产品在使用时都需要联网,所以会有通过网络、软件漏洞被攻击的风险。通常在软件层面需要关注代码组件的漏洞问题、隐私问题和数据安全问题。

1. 数据安全

产品中如果包含隐私和敏感数据,那么需要充分考虑数据的安全性,以确保产品合法合规。2021 年 6 月,《中华人民共和国数据安全法》正式颁布,并在 2021 年 9 月 1 日正式实施,该法针对当前互联网产品中的数据安全问题做出了许多规定,对中华人民共和国境内开展的数据处理活动进行了监管。从产品经理的角度看,在产品设计的初期就应充分考虑产品数据处理过程的合法合规性,避免因不合规问题导致产品失败。

2. 代码漏洞

软件产品使用的代码和组件有不少来自开源组织,这大大加快了产品开发进度，但是开源代码同样存在许多漏洞，容易受到攻击。许多开源组织在持续不断修复漏洞，如果产品未能及时更新和修复漏洞，就会存在安全隐患。

从产品设计角度看，很多时候产品经理只关注产品的功能性，而较少关注代码的安全性，等到产品交付时经过漏洞扫描，才发现众多代码漏洞，有些漏洞风险较大，会直接导致产品无法满足交付件，只能进行整改。

代码的安全问题需要产品经理和开发经理共同重视。产品经理需要预先对产品应用场景的安全等级提出预判和需求，以降低交付风险；开发经理需要在技术评审阶段就充分考虑组件的安全性。在开发的时间线上，在产品设计阶段应通过需求和技术评审提前预防出现代码漏洞，在产品代码完成阶段应进行代码安全扫描。

3. 加密与授权

加密是指在产品内部或整体使用加密算法对产品进行保护。加密通常有两个部分：一个部分是在软件内部进行信息传递时对通信、数据处理过程加密；另一个部分是从整体的角度对产品进行加密，目的是确保产品不被盗版侵权。

既然是市场流通的销售类产品，既然针对产品整体进行了加密保护，也就需要对产品进行授权，授权即授予加密产品的使用权或版权。授权管理有两层意义，一层是对产品代码和知识产权进行保护，另一层是从产品商业模式的角度对产品进行管理，比如对产品分模块、分属性授权后，可让产品在销售时更灵活。

从理论上看，当前的任何加密算法和手段在付出一定代价后都是可以被破解的，而从产品版权保护的角度看，当破解产品的代价比直接购买产品的代价大得多时，那么加密保护就是成功的。从产品保护的角度看，**产品经理需要在早期设计的时候就充**

分考虑产品的加密和授权方式。

加密和授权在产品设计阶段可关注三部分：加密算法、加密形式和授权激活方式。主流加密算法如对称加密 ASE、非对称加密 RSA，在加密等级上，密码位数越多，产品安全等级越高。有些企业对使用的加密算法安全性做出了评级，安全性不够的加密算法则不予采用。加密形式主要有硬件和软件两种。硬件的加密形式常见的有硬件加密狗、加密锁，软件的加密形式常见的有绑定硬件指纹但无须外部硬件的"软狗"。硬件加密更加安全，但是在云环境中特别是在虚拟化的云主机中，硬件加密难以实现。授权激活方式是指使用什么样的方式对产品进行激活，如离线激活、在线激活、私网中心化激活等。具体的加密和授权解决方案，应该根据产品的应用场景量身定制。

4. 知识产权

在 AI 时代，企业对知识产权保护的意识越来越强，比如通过专利等知识产权保护方式对产品中应用的技术、外观、系统等进行保护。知识产权保护对产品的创新和发展有很大的帮助。

常见的知识产权有软件著作权、发明专利、实用新型专利、外观专利、权威机构认证等，这些方式提升了产品的市场竞争力，特别是在资质要求高的项目中。

5. AI 算法攻击

在 AI 产品中，针对算法的攻击也有很多，包括利用特定的贴纸让人脸算法失效、活体算法攻击，还有通过 GAN 算法生成和伪造内容等。产品经理需要从场景上评估算法被攻击的可能性和难度。虽然很多时候还是需要提升算法，但是在防范算法攻击上，也可以在需求调研阶段就充分考虑，甚至将防范算法攻击作为产品需求来提交，以减少产品失效的风险。

6. AI 伦理

2021 年 9 月，中华人民共和国科学技术部发布了《新一代人工智能伦理规范》，旨在将伦理道德融入人工智能全生命周期，为从事人工智能相关活动的自然人、法人和其他相关机构等提供伦理指引。《新一代人工智能伦理规范》提出了增进人类福祉、促进公平公正、保护隐私安全、确保可控可信、强化责任担当、提升伦理素养等 6 项基本伦理要求，以及针对人工智能管理、研发、供应、使用等特定活动的 18 项具体伦理要求。一些人工智能企业已经开始设立 AI 伦理审查部门，以帮助产品团队进行专业的伦理审查。尽管有专门的部门和机构帮忙审核，AI 产品经理也应该关注伦理规范要求，提前排除产品中潜在的伦理风险。

8.4 产品需求流转

需求管理是产品经理最重要的工作内容之一。需求从提出到被消费，需要专业且到位的跟踪、管理。对需求的管理会涉及人、流程、管理方法和准则，一般包括需求收集、管理、评审、排期、验收等过程。

8.4.1 需求收集

需求收集渠道众多，包括客户反馈、销售和售前人员反馈、竞品调研、自发优化与创新等。对于产品经理来说，最真实的需求还是来源于市场和用户，而不是靠自己闭门造车。因此，充分收集来自市场的需求，是打造更能迎合市场需要的产品的第一步。

需求收集最直接的渠道是客户，通过广泛和深入的客户调研，理解客户在对应场景中的痛点，得到最真实有效的一线需求。在 B 端和 G 端，项目是很好的与客户深度合作并理解业务的渠道，通过项目收集需求并打磨产品，再落地到更大范围的项目中，是 B 端和 G 端产品打造的好方式。

除了直接来自客户，需求还可以来自竞品。当竞品足够优秀，并且经过市场打磨后，模仿竞品其实是一条让人少走弯路的过程。结合竞品解决问题的方式和满足的需求，可以多一个维度来考虑需求问题。另外在 G 端和 B 端产品中，有时在招投标中，指标落后竞品过多也会让产品难以推广，因此充分调研竞品，跟上竞品的产品指标，是提升产品竞争力的一种方式。

当产品竞争力强，已进入领先状态或进入一个无人可模仿的应用场景时，充分了解业务场景并自发提出创新方案也是产品需求的来源之一。创新性使用新技术、新商业模式来解决客户场景存在的问题，也是打造成功产品的重要手段。AI 技术和产品商业化历史较短，在落地过程中常常会走进无人之境，这就要求产品经理要足够深入行业和场景，发现真实的问题，并提出好的解决方案。

8.4.2 需求管理

需求管理需要关注紧急性、可行性、重要性和优先级四个维度。

1）**紧急性是要求响应需求的紧急程度**。不同来源的需求一般紧急程度也不同，比如项目需求一般更加紧急，而来自竞品的需求、自发的需求一般节奏可控。

2）**可行性用于衡量需求的实现是否可行**。可行性包括经济可行性、技术可行性、法律伦理安全可行性等，需要对这些进行综合评估。

3）**重要性代表需求的意义**，如需求是否符合战略方向、需求对项目是否有决定性影响、需求被满足后是否会带来巨大的经济收益等。

4）**优先级是综合考虑紧急性、可行性、重要性后做出决策，是最后执行顺序的依据**。对于十分重要且紧急的项目需求，应调整紧急性以快速响应；对于普通需求，应根据需求的共性和战略意义，按优先级排序来逐一消化；对于完全不可行的需求，则应该在早期就过滤掉。

一般来说，当产品面向销售市场时，产品需求会源源不断地汇总给产品经理，面对大量的用户需求，产品经理需要进行长期维护管理，此时需求池是一个不错的工具。需求池就是对用户需求进行统一汇总的池子，一般会按照定义、详细内容、时间、重要性、来源、类型、状态等对需求进行统一管理。在后续的产品规划和开发中，产品经理都会从需求池中筛选需求，对产品进行版本迭代。无论是需求的轻重缓急还是可行与否，对需求进行统一管理，并对有效需求进行后续输入和跟踪是需求管理中的重要内容。需求池通常会记录多种来源的需求，可以反映出需求反馈的频率和强烈程度，比如某个相同的需求来源于多个客户，那么我们就有必要更加重视。对产品而言，并非所有用户的需求都要响应，就算响应，也并非一定在同一个版本的产品中响应，因此，作为产品需求的重要来源，需求池有非常大的意义。

将需求池中的需求输出要经过需求评审，之后将其转换为产品开发需求。需求评审是需求转换的关键环节。

8.4.3　产品需求评审

需求评审是需求干系人对产品需求进行评估审阅，无论是何种产品开发模式（不管是瀑布开发还是敏捷开发），都需要对需求进行评审，只不过评审形式各有不同而已。需求评审的意义在于需求干系人（无论是需求的提出者还是需求的消费者）对需求达成共识，确保认知和目标一致，避免后续发生误解。

1. 需求评审需要关注的 5 个方面

需求评审的目标是让需求的开发者对需求有充分的了解，并从各个专业角度对需求的可行性做最终确认。好的产品经理需要对需求的背景、价值、实现进行阐述，这也就要求产品经理不能只是需求的转发人。为了让需求评审更加高效，产品经理需要明白需求评审应该针对什么样的人群、使用什么样的方式、达成什么样的目的。一般来说，在组织需求评审会时需要关注如下 5 个方面。

（1）组织形式

评审的组织形式包括通过邮件实现的非即时评审、双人结对评审、多人会议即时评审等方式。通过邮件实现的非即时评审成本低、时间灵活，但是需求干系人关于内容缺乏交流，双方响应也慢，故效果较差；双人结对评审是一对一的评审方式，一般在无法举行由多个角色同时参与的评审会时，才会与各个需求干系人单独进行需求评审；多人会议即时评审则是组织各个需求干系人共同进行需求评审，这种形式的优点是多个角色可针对需求充分评审，但往往会造成评审时间长、多次评审等情况，甚至在多次评审之后仍无法达成最终共识，导致会议失败。因此需求干系人在评审前要进行预审，并提前抛出问题，产品经理预先进行准备与说明，这样可提高多人会议的效率。

（2）评审内容

一般在从 0～1 打造产品的过程中，需要对产品立项计划、产品规划、产品需求、技术架构、测试用例等做评审。在产品的规划、设计和需求阶段，评审内容包括产品规划、具体需求、排期计划。针对产品规划，评审的内容则是商业需求文档、产品规划书,目标是对齐市场需求和产品目标;针对具体需求,评审的内容是需求文档,目标是对齐需求特性;针对排期计划,则评审的是排期计划表,目标是对齐具体里程碑和具体时间。在不同的协作模式下,评审的形式也有差异。

(3)评审时机

在合适的时机进行评审,可以最大化节省时间,提高效率。一般来说需求准备是否充分是进行评审的前提。在不同的紧急程度要求下,评审应视情况分阶段、分模块进行。如果可以充分解耦,评审的时间和方式也可以更改。

(4)评审人员

评审人员一般是需求干系人。根据决策层是否需要介入,评审可分为同级跨职能评审和跨级评审。同级跨职能评审主要是在不同的技术栈和业务栈维度进行需求评审;跨级评审是由多级人员共同参与,从战略及技术栈等多个角度进行的评审。当然,有时候评审是跨职能和跨级同时进行的。

(5)评审目标

评审目标是需求评审中最重要的要素,明确评审目标会让评审过程变得更加高效。在一些评审会议中,若没有明确的评审目标经常会出现因讨论某个需求点而导致整个评审会议无法按预期完成的情况。如果设立了评审目标,则在评审过程中可根据评审内容的复杂性对需求进行切分,快速解决无异议的需求,留下须展开讨论的需求点,各个击破。

2. 瀑布和敏捷两种开发模式下的需求评审

需求评审的形式会因为开发模式的不同而不同,下面将对瀑布开发和敏捷开发两种模式下的需求评审方式进行比较。

(1)瀑布开发模式下的需求评审

在瀑布开发模式中,一般采用集中式的版本产品需求分析和产品设计,即产品设计完成再进行技术架构设计,而后进行技术开发,技术开发完成了再进行测试。如果前序环节被阻塞,则后续环节难以开始。在瀑布开发模式下,需求评审一般在需求阶段的末期进行,评审的方式包括需求的里程碑评审、同级跨职能需求评审(见表 8-2)。

表 8-2 瀑布开发模式下的需求评审内容

序 号	形 式	内 容
1	需求的里程碑评审	面向管理层、执行层针对技术、价值、方向性进行评审
2	同级跨职能需求评审	针对需求的细节,组织同级别开发人员进行评审,主要针对需求在技术可行性、价值方面进行评审,可分为整体评审和模块评审。当需求内容量大时,采用模块评审的方式更加合适

在瀑布开发模式下,很多时候需求评审会变成两种情况:走过场、没完没了。走过场即召集了很多包括部门的领导在内的多方代表参会,希望在 2 小时的会议中对数十页的需求文档进行评审并得出通过的结论,各方为了达成得到结论的目标,所有评审都草草了事,会议变成过场。没完没了是指由于需求量多,企业内部职能角色也多,每个职能角色分管的领域还有不小的话语权,各个职能角色对需求的评审变成开放讨论,从而导致历经 2 小时的评审会议只讨论了几个问题,还有数十个问题、数十页需求文档未讨论,不得不另选时间再次召开会议继续评审,使得会议规模过大,成本过高,效率过低,变成项目的负担。

(2)敏捷开发模式下的需求评审

在敏捷开发(以 Scrum 为例[一])中,产品需求一般通过待办列表(Backlog)的形式进行管理,产品负责人是管理产品待办列

[一] 引用自 Scrum 中文网:《什么是敏捷》。

表的责任人,是需求的收集者,也是需求评审人,拥有对产品需求响应的决定权。在 Scrum 敏捷开发中,弱化了整体的需求评审,一般将需求评审拆分成多个以双周或月为单位的迭代 Sprint,通过 Sprint 计划会、每日站会、Sprint 评审会的形式,将集中式需求评审分解到整个开发过程中。Sprint 计划会用于为一个迭代冲刺制订计划,可以理解为是对一个小的开发周期内需求的评审;每日站会是对需求完成情况的跟踪;Sprint 评审会是对已完成功能进行演示和确认。从产品待办列表到开发完成,敏捷开发打破了原有需求的评审标准和机制,提出了更高效的需求跟踪评审方式。

表 8-3 敏捷开发模式下的需求评审内容

序号	形式	内容
1	Sprint 计划会	每 2~4 周召开一次,针对已拆解的产品待办列表,基于价值、团队人力情况、产品延续迭代等因素综合考虑优先级,从而排出 Sprint 的待办列表
2	每日站会	关注每个成员的需求完成情况、待办事项、存在的问题
3	Sprint 评审会	在 Sprint 迭代完成时演示新功能或增量内容
4	Sprint 回顾会	复盘总结上一次迭代的经验教训

Scrum 敏捷开发弱化了集中式、权威化的需求评审环节,将需求拆解贯穿到整个开发过程中,大大提高了效率,但由于产品负责人拥有对需求最大的决定权,故需要产品负责人无论是对产品的需求还是对技术的实现都有深入的理解。

8.4.4 产品需求排期

在产品开发过程中,需要对产品的里程碑、版本开发周期和版本发布时间制订计划。在产品规划中,一般会按照年度、半年度、季度等制定产品路线图、设立里程碑、定义版本,而这些版本目标又需要通过细致的开发排期来实现。

在排期执行过程中，常常出现因为早期对工作量评估不准确，导致频繁调整时间计划，使时间承诺无效的情况。最常见的情况是，未预留额外的时间来应对其他预期外的需求、任务，导致当前产品计划延期。另外在评估工作量和排期时，不应过高估计个人能力，不然就会导致计划延期，当然也不应预留过多时间，因为这会导致执行松散。

一般需求排期需要由产品经理先提出里程碑和版本节点，项目经理与开发经理再进行具体制定工作，然后交由所有干系方共同论讨决定。在这个过程中，产品经理主要考虑可以通过组合哪些需求以在最短的时间内输出最小可行、可独立可售卖的产品版本，以满足客户及项目的需要；开发经理考虑的是人力分配、技术实现在时间维度上的可行性；项目经理考虑的是人力、计算资源、数据资源等的协调。在有些企业中，上述角色可以合并，如在小企业中产品经理往往会同时担任项目经理。

需求排期要综合考虑目标、时间量、资源，对于 AI 产品来说，资源中还包括计算资源、数据资源、标注资源等。产品经理应充分考虑各种因素依赖带来的排期失效问题，从而确保资源充足且可被高效利用，确保即使出现外部干扰，也能如期完成既定产品版本目标。

8.4.5 产品需求验收

需求验收是需求生命周期管理中的最后一个环节，在规模化协同的软件开发中，由于人员多、职能划分细致，需求在传递时存在损失的可能。一旦出现需求信息丢失，就很容易出现需求的最终实现与需求人员的初始设想大相径庭。对需求实现进行确认验收，可确保需求被一致无误地实现。

需求的验收包括对功能、性能、安全性、稳定性、运行环境等进行验收。验收环节可分为三个层级。

1）**测试人员进行质量把关**：测试人员的把关是通过将需求转换为测试用例，从系统的功能、性能、稳定性等多个维度进行质量把关。

2）**产品经理作为用户对产品进行使用把关**：产品经理作为对接需求人，清楚需求的价值和对应的问题，所以由他们从解决用户问题的角度出发进行使用层级的把关最为合适。

3）**交付客户侧的验收**：这是最终的验收，如果产品经理和测试人员对产品的把关是负责且完备的，那么客户侧的验收应该是顺利的。

需求验收一般有多种形式，比如由技术开发人员进行演示，由需求人员进行确认；需求人员通过直接使用系统进行验收。在不同的软件开发模式下，需求验收的形式也会有差异。

1）在瀑布开发模式中，需求的验收通常在产品开发的各个模块均已完成并联调完成的阶段进行，这种模式下很容易出现工程实现和原始需求偏差大的问题。

2）在敏捷开发中会进行过程化的需求验收，比如在 Scrum 的需求评审会上，演示已完成的迭代工作实际上就是进行的一次阶段性的验收。如果验收通过，则继续其他需求的开发；如果验收没有通过，则需要继续作为下个迭代冲刺的待办项。这种模式可避免需求实现与原始需求产生太大偏离。从质量上考虑，尽管非正式的需求验收会增加工作量，但不失为一种更值得提倡的协作方式。

8.5 AI产品三层级——算法、平台与业务

随着软件产品应用的规模化和社会化大分工的加深，打造一

个闭环产品链条变得越来越复杂，自动化、智能化、联网化的产品往往需要大规模的生产协作。例如传统汽车的制造已经需要大规模的上下游产业链协作，生产一辆自动驾驶汽车则额外增加了智能化、联网化、电动化，涉及从计算芯片、软件、联网、路侧设施到充电设施的协作链条。

　　AI 技术原生就需要在海量数据中挖掘更加有价值的信息，故需要包括与算力、数据、网络、设备在内的诸多载体协作。在产业化协作中，按照应用的上下游关系，AI 产品也形成了层级关系。

　　AI 技术的产品化和商业化经历了从算法到平台再到业务的过程。早期仅有算法技术，出现了以售卖算法 SDK 为主的 AI 公司，此时的 AI 产品更多是小作坊形式。随着场景推广和规模化应用，AI 算法应用进入大生产时代，平台型产品应运而生。随着场景应用的深入，AI 产品与场景业务的边界逐渐模糊，形成系统化且深度结合行业业务的 AI 产品。因此，我们可以从算法、平台和业务三个层级形成的上下游产业链看待 AI 产品及其对应的企业。后续章节会从这三个层级详细介绍不同类型的 AI 产品。

第 9 章 | CHAPTER

算法类 AI 产品落地详解

在 AI 产业发展早期，算法是 AI 公司的核心能力，也是 AI 公司最小可售卖的产品，可被行业应用系统集成。尽管从商业模式上看，这并非一个好的、轻松的业务，却是 AI 商业化的第一步。随着 AI 产业的发展，尽管产品的形态更加丰富了，但是对于算法驱动的产品而言，哪怕算法仅成为一个零件，却是起决定作用的零件，我们依然要精心打磨这个零件。事实上，尽管 AI 产品的形态越来越丰富，但只要是离不开 AI 算法的产品，无论算法是否独立于产品售卖，都会作为一个最重要的分支"零件"来打造。对比传统的软件和硬件产品，AI 产品中的算法部分显得尤为重要，在基于深度学习的技术大框架下，是否能打造好 AI 算法产品决定了下游产品链的成败。因此有必要专门针对算法从需求、任务、生产、评估等各环节进行把控。本章即从算法产品的角度，关注如何打磨出好的算法产品。

在基于深度学习的技术框架下，一个深度学习算法模型的生产一般需要经过以下几个基础环节：任务定义、数据工程、模型训练、模型加速和适配、模型评价，如图 9-1 所示。

图 9-1　AI 算法模型开发基本流程

9.1　任务定义——AI 算法产品的真实需求与目标

任务定义是模型开发流程中的第一步，任务定义直接影响后续模型精度。任务定义应该由 AI 产品经理和算法人员共同完成。

9.1.1　明确算法需求

AI 产品经理在任务定义中起着重要的作用。在任务定义中，业务规则可能直接影响到算法实现，而且业务规则是客观存在的，AI 产品经理需要架起业务定义和算法任务定义之间的桥梁。列举一个在交通中通过 AI 技术识别车辆是否违反禁止标线的例子。有些城市的交规非常严格，车辆压实线就会进行处罚；而在另一些城市中，车辆实线变道才会进行处罚。业务上要求的差异造成算法内部实现逻辑出现差异，这就需要 AI 产品经理在业务需求侧针对任务给予定义。

AI 产品经理需要从算法的角度，对客户的需求进行拆解。除了一些交互的需求外，AI 产品经理还需要对算法需求刨根问底，以获得更细致的信息，从而使得需求更容易被算法研究人员理解。其中最关键的就是根据客户需求定义任务和类别。在算法中，很多任务会变成分类任务、回归任务。

若是分类任务就需要非常明确在什么情况下归属什么类别。很多时候，依靠客户简单的语言描述很难完整定义任务和类别，需要层层深入。以一个抽烟识别任务为例子，客户说识别到抽烟就报警，表面看任务很简单，这就是一个判断抽烟和不抽烟的二分类任务，但是 AI 产品经理要知道，实际场景中抽烟的细分情况非常多，需要追问客户：①抽电子烟算不算抽烟呢？②如果电子烟挂在身上被识别到了，是不是也要报警？③如果背对摄像机吞云吐雾，看不到烟头呢？④大冬天呼吸都是吞云吐雾，这会导致很多误报，对于这个问题客户的预期如何？⑤如果拿着烟没点着，算不算抽烟呢？由此可见，看似简单的任务，中间有非常多难以界定的细节。

产品经理还要关注任务中的争议边界。任务可被定义为简单任务和困难任务，简单任务的边界清晰，比如猫和狗的分类，非常容易划分。但是有些任务的边界非常模糊，比如识别车辆的颜色。假如将车辆颜色划分为灰色和白色，那么什么样是灰色，什么样是白色？这就会存在争议。比如，在不同的光线下或者白色车辆因沾满灰尘而显得更像灰色时，应该怎么判断颜色？一旦划分不清晰，就会直接影响算法识别的结果。因此，在 AI 模型开发过程中定义好任务和分类标准是保障后续模型有足够高精度的关键一步。

9.1.2 用样例描述算法需求

从客户处获取需求仅是任务定义的一个方面，很多时候，客户并不知道场景的复杂性。对此 AI 产品经理除了应与客户进行深入沟通外，还应查看数据样本。AI 产品经理要想理解算法功能边界、任务定义和类别定义，就需要看大量的数据，并与算法研究员进行深入沟通，明确各种类别数据的分布情况，并整理完备的任务定义、类别定义样本示例图。AI 产品经理通过与客户沟通算法分类定义和样本示例图，可在算法开发的早期就明确算法的边界，从而避免由于算法定义错误或方向模糊，导致最终开发出的功能无法满足客户需求。

在算法维度，产品经理需要将常用的产品需求文档转变成算法需求描述，在此过程中可通过严谨的语言描述任务的定义、任务分类的定义、应用的场景、算法识别的功能边界、正样例图片、负样例图片、混淆样本的划分规则等，和标注说明文档有些类似。在早期做算法时，这些环节往往由算法工程师完成，这就会导致算法做出来之后，在实际场景中应用时需要反复优化和修改。

以狮子和老虎的分类任务为例。狮子分非洲狮、美洲狮等多个品种，各个品种之间还会有细微差异。如果一个识别任务需要定义得非常细致，那么就需要划分出更多细分类别，同时还要考虑到有像虎狮兽、狮虎兽这样的样本存在，对此也需要进行详尽描述（见表 9-1）。在语音和自然语言样本中也存在同样的问题，需要提供对应的样本。样本在需求阶段应尽早确认。

表9-1 狮子和老虎分类任务的定义

一级分类	二级分类	定义描述	样　例
狮子	非洲狮	...	
	美洲狮	...	
	...	...	
老虎	东北虎	...	
	...	...	...
其他	狮虎兽	...	...
	虎狮兽	...	...

9.2　数据工程——用数据定义功能边界

在当前的 AI 算法框架中,离不开的三个核心要素依然是数据、算法、算力。数据作为三大要素之一,在 AI 算法框架中起到燃料的作用。尽管当下有很多可以减少过度数据依赖的算法和训练方法,如小样本学习、迁移学习等,而半监督和无监督学习研究也不断有新突破,但是要想实现更高精度、更强的泛化性能,深度学习算法依然是首选。然而深度学习算法固有的大规模参数特性决定必须进行大规模数据训练。在这样的背景下,进行大规模数据标注仍然是 AI 模型开发中一个非常重要的环节。而数据标注是数据工程中的一个环节。

数据工程一般包含数据采集、数据生成、数据预处理、数据标注、数据清洗/质检等几个环节，下面对其中几个重要环节进行简单介绍。

9.2.1 数据采集

数据采集是数据工程的第一步，原始数据的好坏直接影响训练模型的效果。如果采集的数据质量差，如存在模糊、噪声多等问题，那么哪怕标注得很准确，最终模型的精度也不会很高。巧妇难为无米之炊，数据获取在很多时候是产品成功的关键，但在数据获取中，AI 产品经理还需要关注成本、渠道和安全等问题。

1）**获取数据的成本**：根据模型训练的经验，获取清晰有效的数据的成本，要比花大量时间进行数据预处理的成本低得多。低质量的数据相当于引入了更多的研究课题，在后续提升模型精度的过程中需要更多的投入。如获取一批模糊的数据，在标注准确的情况下，为了提升效果，算法研究员还需要投入大量时间研究如何提升分辨率、验证提升分辨率后是否对模型效果有提升等，这类成本是难以估量的。所以最理想的还是直接获取高质量的数据。

2）**获取数据的渠道**：数据的来源会因任务的不同而有巨大差异。常见的数据获取渠道有以下几种。

- 当模型开发任务是识别图像或动物等时，可通过互联网爬取大量相关的数据，这种数据获取非常容易。
- 当开发任务所用数据为一些涉密数据时，数据的来源会受到很大的限制，需要通过客户侧获取，这样模型的迭代优化周期会更长。

❑ 当所涉模型任务已有公开的学术研究时，可通过寻找公开的学术数据集来完成初始数据积累。

❑ 购买数据也是一种重要的数据获取渠道，此时可以通过众包的形式完成。

3）**隐私数据安全**：在 AI 开发和应用过程中，数据的流通非常频繁，确保隐私数据安全是数据采集及流通中面临的最大挑战，这也是相关工作人员需要高度重视的问题。

9.2.2　数据标注

按照不同模态，数据的标注包括对图像、语音、文本的标注。图像的标注包括拉框、标签分类、关键点标注、语义分割、3D 点云等，语音的标注包括对说话内容、说话人等的标注，文本的标注则包括对文本分类、情感等任务的标注。

1）拉框是找出图像中感兴趣物体（ROI）的位置，并通过框选的方式将物体标定出来。在拉框的同时，通过不同的标签来标注框的类型，比如图 9-2 所示的人脸、帽子等。

图 9-2　拉框标注

2）标签分类是对图片进行标签划分。根据划分类别的多少，任务一般可分为二分类任务和多分类任务，二分类任务主要针对图像中是否存在目标对象进行标注，如判别图片中是否有猫。多分类任务则可对图片中的猫、狗、猪等多种类别进行划分。根据单张图片中标注的标签类别的数量，任务可以分为单标签任务和多标签任务。以区分猫和狗为例，单标签任务是只将图片中的猫或狗标注出来，即只有一个标签；多标签任务则是在一张图片中既标注猫，又标注狗。根据单张图片标注任务的数量，任务可以分为单任务和多任务。比如针对同一批图片，既标注动物，又标注场景，那么这个任务就属于多任务。

3）语义分割是对图像进行像素级的划分，并对分割的闭合区域进行分类。语义分割的样例可参考 4.1.6 节。

4）关键点标注一般是针对标注对象进行画点操作，其中最典型的就是人脸关键点标注，即主要标注人脸中包括眉毛、眼睛、鼻子、嘴巴，以及人脸轮廓等（见图 9-3）。人脸关键点标注有丰富的应用，如人脸识别中人脸的矫正、人脸姿势的辨别、表情辨别、疲劳检测等。

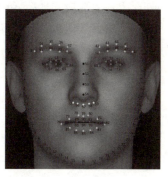

图 9-3　人脸关键点标注⊖

⊖　参见 Wayne Wu、Chen Qian、Shuo Yang 等撰写的"Look at Boundary: A Boundary-Aware Face Alignment Algorithm"，发表于 2018 年的 CVPR。

5）3D 数据是通过激光雷达或深度相机采集的带有深度信息的数据，在自动驾驶、机器人技术、工业质检等领域都有相关应用。基于深度学习的 3D 点云应用包括 3D 形状分类、3D 对象检测和跟踪、3D 点云分割等。在自动驾驶中，对 3D 对象的检测和跟踪是常见的应用之一。以 3D 点云对象检测任务为例，需要使用对应的标注工具，将对象的长、宽、高等进行标注，还需要标注方向等信息（见图 9-4）。

图 9-4　3D 点云标注

6）在语音识别标注中，一般需要标注说话人、说话内容等，由于在一段语音中可能存在多个人说话，还需要对语音进行分段。语音标注还可能对语种进行标注。

7）在 NLP 领域，主要针对文本进行标注，标注的任务类型众多，包括翻译、词语词性、文本内容类型、文本情感等，对于实体命名任务，则需要标注人名、地名等。

9.2.3　数据生成

当数据成为算法学习的瓶颈时，除了通过数据采集和数据标注的方式获得训练数据之外，还可以使用数据生成的方式来解决数据匮乏的问题。

数据的生成方式大致可分为两种：第一种是简单的数据生成，可以是对已有的标注数据进行简单的数据变换，如对图像增加噪声、转换图像风格等。通过转换图像风格获取数据，可提升训练数据的扰动性，降低模型过拟合的可能性。简单的数据生成有很多是在训练模型的过程中直接实现的。第二种是较为复杂的数据生成，如通过深度生成对抗网络的方式生成数据，这类数据可以用于模型训练，然后通过真实数据迁移到实际应用场景。在一些长尾的场景和任务中，数据获取难度很大，为了获取充足的训练数据，会使用第二种方式，比如通过游戏画面模拟极端路况来获取自动驾驶场景数据等。

近年来基于自监督学习训练大规模预训练模型获得了很好的效果，而用于自监督学习的数据很多就是通过生成方式得到的，如通过时序语义关系、自动寻找数据中的关联关系等方法。比如，基于"完形填空"任务生成数据，即将一个句子中的部分词语或短句去除，让机器学习自动填充；再比如，遮挡部分图像并让机器学习自动进行恢复，从而自动构建具备一定监督信息的数据。尽管这些数据与下游业务或任务没有直接的关系，但是大量的自监督数据对学习基础模型有很大的帮助。具体的实现方式可以参考 3.3.4 节。

在第二种方法的基础上，加之虚拟现实技术、元宇宙概念的兴起，渲染等技术开始加速发展，虚拟环境也越来越逼真。所以通过虚拟环境生成数据，并将其作为现实应用中的素材，也被许多技术团队采用，如在自动驾驶中基于模拟的数据进行路测，可帮助 AI 发现自身风险盲区。

9.3 算法生产——获得最小可行的 AI 产品

9.3.1 训练模型

当前模型开发一般使用深度学习方法来实现。要了解模型设计的过程，更好地与算法研究人员沟通，需要先了解一些相关的基础概念。

1）**算法框架**：对于算法框架，相信所有涉足 AI 的人多少都有所耳闻，常见的算法框架有 Caffe、TensorFlow、PyTorch、PaddlePaddle 等。算法框架涵盖很多基础算子、算法训练的工具以及可视化的工具链等，为算法开发提供了底层支持。

2）**算子/操作**：在深度神经网络中，算子指的是一个操作（Operator/OP），比如图像算法中的卷积（Covolution）就是一个算子，其通过一个核矩阵实现对像素空间数值的计算，如图 9-5 所示。构建网络结构需要的算子/操作常见的有激活算子（Relu、Sigmoid、PRelu 等）、归一化算子（BatchNorm）、池化（Pooling）算子、分类（Softmax）算子等。这么多的算子/操作组成了整个框架基础，在这些基础 OP 库上，可以构建深度学习网络。

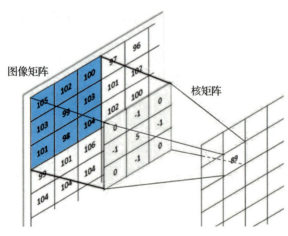

图 9-5　卷积算子示意图

3）**网络结构**：AI 产品中，最常见的网络结构是神经网络。神经网络是对神经元进行连接，构造从输入、中间多层处理到最后输出的结构。不同神经网络结构对信息特征学习的能力要求是有差异的，构建具有更强表征学习能力的网络结构是实现更高精度识别结果的基础，也是许多算法研究努力的方向。关于神经网络的更多内容可参见 3.2 节。

4）**主干网络（Backbone）**：随着深度学习技术的不断突破，过去几年已经出现许多经典的基础网络结构，被称为主干网络。这些主干网络已被反复验证有效，也在工程落地中被反复使用，比如 Googlenet、ResNet、ResNeXt、MobileNet 等。许多算法研究在不断尝试新的主干网络。

5）**参数**：上述网络结构和主干网络本质上都是数学公式，比如 $ax + bx^2 + cx^3 = y$。在训练过程中，x 是我们在实际业务中"喂"给公式（网络）的数据，y 是我们的标注结果，而 a、b、c 是我们要学习的网络参数。训练本质上就是求解拟合业务数据的最优解的过程。

6）**超参数**：训练模型时所使的训练，可以理解为我们学习时使用的学习方法，比如"学习 1 小时休息 10 分钟"。另外在训练陷入局部最优的时候，给一些跳出局部最优的办法。无论是训练方法还是跳出局部最优，都是通过配置超参数实现的。比如配置以什么方式给模型提供初始化参数，使用什么方法控制网络参数的更新（如使用随机梯度下降的优化方法）等。

7）**模型**：训练完成后，我们会得到一个带参数和网络结构的输出，我们常称之为模型，比如 Caffe 中的 caffemodel 文件、PyTorch 中的 pth 文件。模型本质上是带常量的数学公式，比如上述的 $ax + bx^2 + cx^3 = y$，在训练完成之后，参数有了值，就成为模型了，比如变成了 $2x + 3x^2 + x^3 = y$。那么对于训练好的模型，只要有变量输入，如 $x = 1$（类比给定一张图片），就会得出 $y = 6$（类比判断是一只猫）。

8）**流水线**（Pipeline）：在实现一个业务任务的时候，往往无法只用一个模型，比如识别车辆是否在路口闯红灯，在这个业务任务中，不仅要识别车辆，还要识别信号灯和路上的标线。每一个子任务都由单独的模型完成，识别效果会更好。那么，如何将多个模型串成流水线是算法开发的一项重要工作，可以理解为业务算法架构。其中除了考虑算法精度外，还需要考虑算法性能以及后续更多业务的扩展性。以路口车辆违章识别为例子，针对相同的图片，可能还会扩展识别实线变道。在不同的任务中，相同的模块（如车辆、标线）是可公用的，而信号灯是在闯红灯业务中专用的，这就要求根据需求组合成不同的业务流水线，示例如图 9-6 所示。

图 9-6　业务流水线（简化）示意图

模型训练怎么完成一个闭环？如果用在厨房做菜来比喻，那么训练框架就是厨房，算子就是厨房中的各种工具、调料等，网络结构就是各种可以组合的食谱，而主干网络就是食谱里面被公认健康、好吃的标准食谱，参数就是原材料，超参数就是烹饪的方法和火候，数据就是燃料，模型就是最后出锅的菜，而流水线是将多种单独的食材分别经过烹饪之后再组合成一道大菜的流程。

9.3.2　加速模型

在实际模型开发中，由开源训练框架训练出来的模型可能精度是最高的，但是速度性能可能还有很大的提升空间，为了提升速度可以对模型加速。众多业务应用场景对系统有明确的速度要求，而拆分到算法侧，就是对算法的速度有要求。在精度足够高的前提下，获得更高速度的模型可以提高产品的竞争力。

模型的本质是一些二进制的结构和参数，但在不同的开源训练框架上训练出来的模型有不同的格式。在推理计算上，有些结构会带来很大的计算损耗，对此可以进行优化。不同的推理产品硬件厂商针对自己的硬件提供了丰富的推理优化工具链，比如 NVIDIA（英伟达）的 TensorRT、Intel 的 OpenVINO 等，这些本质上都是通过解析模型来做结构优化，从而提升速度、统一格式，使业务集成应用更便利。以 NVIDIA 为例，TensorRT 就是其面向推理提供的加速引擎，经过 TensorRT 优化的常规模型，速度会有不小提升。TensorRT 的工作流程一般分为三个步骤——模型解析、优化和执行。模型解析是将开源框架训练的模型（比如 PyTorch、MXNet 等）转换成 TensorRT 支持的模型（如 Caffe、ONNX 等）并进行解析；优化会对模型中非必要的结构进行去除操作、对可以合并的部分进行合并，并将处理后的模型输出为引擎。执行是对序列化的结果进行反序列化和推理。

图 9-7　模型转换与加速（以 TensorRT 为例）

要解决深度神经网络模型参数量大、计算量大、速度慢等问题，一方面要提升算力，另一方面要量化模型。量化是指将信号的连续取值近似为有限多个离散值的过程，可理解成一种信息压缩的方法。而模型量化，主要是对模型中的参数进行量化。

在深度神经网络模型中，参数的数量巨大，一般使用FP32，也就是32位编码的数据类型进行量化，量化方法有二值化、线性量化等，目的是将参数从FP32直接转换为FP16或INT8。在计算库效率足够高的情况下，量化后的模型会有较好的速度提升。量化模型一般有以下几种方法：

1）直接将浮点数转换成量化数，这一般会带来很大的精度损失。

2）基于数据校准的方法，提供真实的数据用于精度的校准。

3）基于重新训练微调（Finetune）的方法，这种方法在精度上更有保证。

方法1和2属于离线方式，方法3需要训练，属于在线方式。一般来说，如果通过离线方式可以同时满足精度和速度的要求，则优先使用离线方式；如果量化之后，精度下降过大，应使用在线方式以保证精度。

9.3.3 跨硬件平台适配

模型转换和量化需要依赖完备的工具链，很多时候这些操作是在成熟的计算平台上进行的，如NVIDIA系列的GPU。随着AI计算产业的发展，越来越多的AI芯片产品进入市场，如华为的Atlas系列、寒武纪的MLU系列。这些芯片产品的诞生丰富了市场，为下游应用产品提供了更大的选择空间，而新玩家的新产品在一些参数上也有较强的竞争力。模型应用到新的芯片平台上，需要进行平台适配。特别是对于边缘计算产品，市场需求更多样，硬件产品也更加丰富，在打造智能硬件的时候，适配的工作也就更多样了。

硬件平台的适配是将模型以及算法SDK适配和移植到特定

平台，使其在该平台上顺利运行起来。很多时候，在边缘计算场景，我们无须在边缘算力上进行训练，更多的是进行推理识别，这就需要将在 NVIDIA 等上训练的模型迁移到某个边缘 AI 芯片上。迁移适配一般是针对硬件所支持的模型格式进行转换，使用平台的工具链对模型进行加速。对于代码，还需要在硬件平台上进行编译，目的是得到可以跑起来且跑得快的程序和模型。

在深度学习大技术框架下，依然有新的方法和技术被不断提出和使用，硬件平台也需要不断对此提供支持，但会有一定的滞后性，这给新的芯片平台应用带来巨大的挑战。打造智能硬件产品需要对处理芯片进行选型，不仅应考虑 AI 芯片的算力、功耗、价格等，同时还应考虑平台适配的代价，新的芯片平台在工具链、新算子的支持上依然需要大量的投入才可以赶上成熟的硬件平台。

9.4 算法评估——获得算法能力边界

对于 AI 产品来说，算法的指标是产品指标的重要组成，评价一个 AI 产品的好坏，很多时候是评价核心算法的好坏。合理全面评估算法、输出产品的能力边界及参数指标、服务产品的商业化能力是 AI 产品经理的重要工作。

9.4.1 两种评估方法

一般来说，评估算法或者 AI 产品，都要从功能、速度、精度等维度开始，功能、精度、速度在一定程度上可以反映产品的性价比。功能针对的是有无问题，速度和精度的高低则决定了产品的可行性和性价比。我们通常会使用定量评估和定性评估两种方式进行速度和精度评估。

1. 定量评估

定量评估是指通过客观指标进行计算来评估算法或者系统的精度或者性能，比如通过对标注数据和推理结果的比较，计算出精确率、召回率等指标。定量评估的最大优点是客观，只要建立足够科学的度量测试集，就可以通过指标对比得出不同算法的表现。但是算法的定量测试是一项不小的工程，早期这是算法研究员的工作，对普通的测试工程师来说这是一项具有较大挑战性的工作。

定量评估的第一步是建立一个好的度量测试集，测试集建立和数据选取的合理性直接决定了评估的成败。建立度量测试集应从多个方面考虑，如表 9-2 所示。

表 9-2　测试样本选取的考量

考量项	说　明
样本数量	测试样本数量须达到一定量级，不然没有统计意义
样本比例	样本比例是指各类别样本数量的比例，比例需要达到均衡并并在一定程度上贴合真实分布，即样本比例分布与真实世界采集数据的分布接近
样本真实性	只有测试样本代表真实应用，测试指标才更适合用于评价真实应用
样本丰富度	测试样本应具有多样性，只有这样测试集的泛化代表意义才会更大
样本与训练集的差异	样本与训练集的差异过大或过小都难以有效评估模型

2. 定性评估

定性评估是通过直观的方式评估算法的表现，比如通过人眼判定图片识别结果是否正确。定性评估的缺点是判定效率低，对于大批量的数据测试，难以统计和评判召回率和精度，但定性评估可以更加直观地看到识别效果的好坏，如果识别效果不好，也很容易分析问题的原因。

在实际工作中,往往是结合定性和定量两种方式共同对算法进行评估的,用定量评估从宏观维度提供精度结果,用定性评估从分析问题的角度研究算法的具体弱点。

9.4.2 视图识别的精度指标

精度一般指算法或系统检测、识别的准确率的大小。本小节为算法模型的精度测试定义了三类概念,第一类是基础概念,第二类是基础指标,第三类是二级指标。基础概念是指最基础的常识、方法和变量,包括度量基准、测试集以及混淆矩阵等;基础指标是在运用基础概念及变量进行计算后得出的指标,包括准确率、精确率、召回率等;二级指标是在基础指标上再进行计算得出的更直观的精度评估指标,如 ROC 曲线、AUC 等。

1. 基础概念

基础概念包括度量基准、测试集、真实值、预测值、置信度、阈值、正样本、负样本、真正类、真负类、假正类、假负类和混淆矩阵。

1)**度量基准(Benchmark)**:在算法评估中,最重要的衡量工具就是度量基准。度量基准是评价算法好坏的规则和标准,这些规则和标准可以包括测试的方法、测试集、样本比例等。其中最重要的是测试集。

2)**测试集**:测试集是用于测试模型精度和性能的数据集,一般由原始数据和标注结果两部分组成。如在动物图像分类任务中,测试集包含了图片,以及标记图片中动物类型的结构化信息(如针对检测任务,这些结构化信息可包含动物在图片中的坐标以及坐标框中动物的类别)。看下面的例子。

Cat1.jpg 30,30,90,90 0

Dog1.jpg 80,82,131,121 1

3）**真实值（Ground Truth）**：上述的标注结果统称为对应图片的真实值，它标定了这批图片的人工判定结果，是图像识别结果的对比依据。

4）**预测值**：经过模型推理之后得到的判定结果称为模型的预测值。

5）**置信度**：如果说预测值是判定结论，那么置信度就是判定结论的中间结果。比如当前我们所使用的深度学习方法，它其实是一种概率方法，它应用在二分类的算法模型中时，如输入一张图片，输出对应两个分类的结果其实就是表示概率的数字，如类别1的概率是0.8139，类别2的概率是0.1861，则取概率更高的数值作为唯一输出值，这个值就是我们常说的置信度。

6）**阈值**：当模型输出置信度时，我们通常需要对置信度进行判断，看是否符合判定标准，而这个作为判定依据的标准值就是阈值。举个例子，当我们需要将一张紫红色图片归类到红色还是紫色分类时，会判断它是更偏向紫色还是更偏向红色。而对于由51%红色和49%紫色组成的图片，无论判别为哪一类都比较牵强，但如果将阈值调高，如置信度必须高于90%才可输出，那么输出的结论会更加准确。在人脸识别中，通常会通过两个特征之间的距离计算出一个置信度，当置信度值高于一个阈值时，我们才认为这两个图片特征指向同一个人。

7）**正样本（Positive）和负样本（Negative）**：在二分类任务中，常将感兴趣或者关注的类别设置为正样本，将背景类别设置为负样本。如在人脸检测任务中，我们感兴趣的是人脸，那么有人脸的图片为正样本，没有人脸的图片为负样本。

在算法模型测试中，需要统计样本预测值和标注真实值之间的差异，因此设置了 4 类统计指标，分别是 True Positive（TP）、True Negative（TN）、False Positive（FP）、False Negative（FN），具体含义如下。

- 真正类（TP）：当某张正样本图片经过模型预测，得到的预测值与真实值一致时，我们称之为真正类。
- 真负类（TN）：当某张负样本图片经过模型预测，得到的预测值与真实值一致时，我们称之为真负类。
- 假正类（FP）：当某张负样本图片经过模型预测，得到的预测结果为正样本时，则该图片称为假正类。
- 假负类（FN）：当某张正样本图片经过模型预测，得到的预测结果为负样本时，则该图片称为假负类。

8）混淆矩阵：混淆矩阵又称误差矩阵，是表示精度评估的一种标准格式，用 n 行 n 列的矩阵形式来表示。混淆矩阵的列代表预测类别，列的总数表示预测为该类别的数据实例的数目；行代表数据的真实归属类别，行的总数表示该类别的数据实例的数目。如果是二分类的混淆矩阵，可以表示为如表 9-3 所示形式。

表 9-3 二分类混淆矩阵

混淆矩阵（二分类）		预测值	
		Positive（正类）	Negative（负类）
真实值	Positive（正类）	TP	FN
	Negative（负类）	FP	TN

注：上述的 Positive 和 Negative 均为有条件的，如关注对象发生转变，则正类可以变成负类，负类会变成正类。

2. 基础指标

精度的基础指标由基础概念计算得出，包括准确率、错误率、精确率、召回率、误报率。

1）**准确率（Accuracy）**：准确率用于评估模型在整个测试集上的准确度，也就是预测正确的样本数量占总样本数量的比例。所以准确率的表达式如下所示。

$$\text{Accuracy} = \frac{TP + TN}{TP + FP + TN + FN}$$

2）**错误率（Error Rate）**：错误率是错误识别的样本数量占总样本数量的比例，所以错误率的表达式如下所示。

$$\text{Error Rate} = \frac{FP + FN}{TP + FP + TN + FN}$$

3）**精确率（Precision）**：精确率又称PPV（Positive Predictive Value），是指预测为真正类的样本数量占所有预测为正类样本数量的比例，其表达式如下所示。

$$\text{Precision} = \frac{TP}{TP + FP}$$

4）**召回率（Recall）**：召回率又称敏感度（Sensitivity）或TPR（True Positive Rate），是指找到真正类样本的数量占所有真正类样本数量的比例，其表达式如下。

$$\text{Recall} = \frac{TP}{TP + FN}$$

5）**误报率（FAR）**：误报率又称FPR（False Positive Rate），是指假正类样本数量占总的真负类样本数量的比例，其表达式如下。

$$\text{FAR} = \frac{FP}{TN + FP}$$

3. 二级指标

二级指标由基础指标计算得出，包括F值（或F1值）、ROC曲线等。

在实际应用中，评价一个算法模型的好坏不会仅以精确率或者召回率作为单一的度量标准，而是对两者进行综合评价，于是需要构造兼顾两者的指标，F 值、ROC、AUC 等评价指标就是这种综合指标。

（1）F 值

F 值（F-measure，又称 F-Score）是精确率 P 和召回率 R 的均衡指标。F 值的表达式为：

$$F_\beta = \frac{(\beta^2+1)PR}{\beta^2 P + R}$$

当系数 $\beta=1$ 时，公式会变成如下形式（此时的 F 值为 F_1）。

$$F_1 = \frac{2PR}{P+R}$$

F_1 是精确率和召回率的等权调和平均，此时 F_1 的核心理念在于，在提高精确率和召回率的同时，减少两者的差异。当精确率和准确率均为 100% 的时候，F_1 达到最大值 1。F_1 越高，即越接近 1，说明这个算法模型的精确率和召回率的表现均越好。

（2）ROC 曲线

在分类任务中，我们结合置信度和阈值来输出判定结果。以人脸识别为例，任何两个特征比对后都会有一个相似程度，或者称为置信度，置信度越高则被识别的两个人脸属于同一个人的可能性越高。因此可以通过设置一个标准（即前面介绍的阈值），如当置信度超过 80 分的时候，我们就认为这两个脸属于同一个人。

当我们选定一个阈值时，算法模型在一个度量基准上的表现也就固定下来了，但是通过调整阈值会发现一个有意思的现象：如果我们设置的阈值过低，发现精确率也会比较低，但是召回率却会比较高；提高阈值时又会发现，识别精确率提高了，但是召回率下降了。也就是在算法模型固定的情况下,通过调整阈值可以调整算法模型的表现,当产品需要应用在精度更高但对漏报忍受度较高的场景中时,我们可以提高阈值;当产品需要应用在召回要求更高但对误报忍受度较高的场景中时,可以降低阈值。

ROC(Receiver Operating Characteristic)曲线是受试者工作特征曲线的简称,ROC 曲线是以召回率(TPR)为纵坐标、误报率(FPR)为横坐标绘制的曲线,如图 9-8 所示。当调整阈值时,TPR 和 FPR 会随着变化,从而绘制出变化的曲线。当基于同一个测试集对算法模型进行评估时,不同的算法模型的 ROC 曲线呈现的形状会有一定的差异,通过 ROC 曲线可以客观地评价算法模型的优劣。

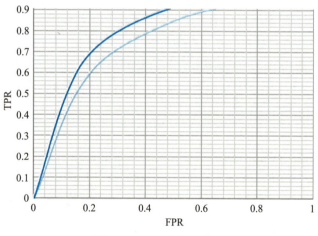

图 9-8 ROC 曲线示意图

ROC 曲线越陡峭,表示算法模型分辨的效果越好,因为算法模型在获得更高 TPR 的时候有着更低的 FPR,也就是在识别更多正确正样本的同时,会抑制误报率。在完全理想的情况下,ROC 曲线是一条覆盖纵坐标和最顶端横线的折线。

9.4.3 语音识别及文本精度评价

为了使识别出来的词序列和标准词序列之间保持一致，需要替换、删除或者插入某些词，用这些插入、替换或删除的词的总数除以标准词序列中词的总数的百分比即为 WER（字错误率）。WER 的公式为：

$$\text{WER} = \frac{S+D+I}{N} \times 100\%$$

$$\text{Accuracy} = 100\% - \text{WER}$$

其中 S 是 Substitution（替换），D 是 Deletion（删除），I 是 Insertion（插入），N 是 Number（单词数目）。

句子中如果有一个词识别错误，那么就认为这个句子被识别错误。设错误的句子数量为 N_e，总的句子数量为 N_t，则 SER（句错误率）等于识别错误的句子数量除以总的句子数量。SER 计算公式如下所示：

$$\text{SER} = \frac{N_e}{N_t} \times 100\%$$

在如信息检索、信息提取等应用中，召回率和精确率也是经常被使用的评价指标，可以参考视图识别精度指标中的召回率和精确率。

9.4.4 确定合理的速度指标

如果说精度指标的好坏决定的是概念或者方案是否可行，那么速度指标的好坏决定的是系统或者产品的成本，更高的性能意味着更低的成本。

速度一般是对算法或者系统的推理速度进行考察，针对不同的技术应用，有不同的评价指标。如针对图像识别类产品进行评价，通常采用 QPS，而针对视频、语音、文本识别类产品进行评价又有不同指标。

总体来说，衡量速度的指标一般包括如下几个。

- QPS（吞吐量）：针对图像识别算法，通常使用 QPS 来衡量系统的速度。测量 QPS 时通常是将单张图像重复或者将批量图像一次性送进系统进行处理，通过计算单位时间内系统处理图像的数量来计算系统的速度。
- 支持的路数：路数指的是接入实时视频的数量，通常有一个实时视频接入就算一路。该速度指标在智慧城市、智慧安防、智能相机等需要应用实时视频算法的系统中使用较多。
- 倍速：对于处理离线视频的系统，可使用倍速进行评价。由于离线视频有别于实时视频，对其可采用加速处理的方式，因此，经常以在配备某些算法的情况下以支持处理离线视频的倍速来衡量相应系统。在视频正常播放的情况下处理完成，表示倍速为 1。在智慧城市、安防等产品或系统中，经常会用到倍速指标。
- 时延：时延是评价系统实时性的指标，时延用于表示从用户提出反馈到系统给出反馈所用时间，只有当时延小于特定的时间值时才算具有实时性。一般来说，时延＝系统输出时间点－系统输入时间点。

系统对实时性响应的要求一般存在三种级别：第一种是人不可感知的实时性响应，一般是毫秒级甚至纳秒级响应；第二种是人可感知的短实时性响应；第三种是人大延迟响应。如航空航天、高精尖设备加工、自动驾驶等，对 AI 设备或系统的实时性响应要求会非常高，需要达到第一种级别，也就是超越人可感知范围的时间响应。而对于第二种，虽然实时性也较高，但是人可感知。人可感知的最短时间是一般都为 0.5 毫秒到 1 秒，故对于这类系统，常将时延控制在秒级。第三种其实是人无须感知的时延，通常这类系统的用户可承受的时延在数十秒到数小时不等，如做历史档案回溯、历史数据融合分析等的系统。

在进行系统性能评价时，除了要对算法进行评价外，还需要关注硬件的算力。相同的算法在不同硬件上的性能相差极大，故需要结合算力或者结合硬件型号对算法进行评判才会更客观。算力的评价一般以 TFLOPS（每秒可计算的浮点数的数量）或者 TOPS（每秒可计算的整数的数量）为单位。

第 10 章 CHAPTER

AI 中台落地详解

　　中台的概念最早在 2015 年由阿里巴巴提出，而最早对中台进行实践的却是一家游戏公司 SuperCell。SuperCell 公司设置了强大的技术中台，用以支撑众多小团队进行游戏开发，并因此获得了巨大成功，开创了"中台"的玩法。最早的中台概念包括数据中台、业务中台、技术中台等，随着云原生应用和 AI 技术的发展，逐渐出现了 AI 中台的概念。本章将首先介绍 AI 中台的概念、必要性和体系结构，再展开介绍 AI 中台的核心模块，最后介绍相关实践应用。

10.1　AI 中台的需求及整体方案

　　在图像识别、语音识别、自然语言处理等技术逼近甚至超越人类水平之后，AI 进入了技术变现的红利期。一方面，随着大规模预训练模型、多模态、知识图谱等基础技术的创新突破，应用成本在不断降低；另一方面，随着产业化应用的深入，AI 在各行业细分场景中的落地案例越来越多，但面临的应用挑战也越来越多。AI 应用尽管在不少场景下获得了标杆性成果，但无论是研发周期还是成本都比较高，面对爆发式增长的应用需求，算法的长尾效应使得投产比过高、技术底座薄弱问题显现，同时AI 技术和行业的融合应用依然存在鸿沟，上述这些都需要有一个平台型底座来支撑业务的快速迭代开发。

10.1.1　算法的长尾现象

"长尾"实际上是统计学中幂律分布的口语化表达，如图 10-1 所示，头部少量的个体，拥有极高的值，而拥有较低值的个体的数量却非常庞大。

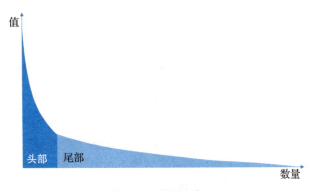

图 10-1　长尾现象

在算法应用落地中，也存在头部算法和长尾算法的现象。头部算法有非常多的应用场景，有大的市场规模，打磨好一个算法就可以带来丰厚的收入，如人脸识别算法、光学字符识别算法、语音转文本算法等。但是还有一个数量极其庞大的需求，需要用种类繁多的算法来解决，如在城市治理应用中，除了人脸识别，还有大量如电单车识别、烟火识别、乱停放单车识别等需求，每个需求都需要一套算法来满足，而且其中许多算法的实现难度都不小。

算法的长尾体现在两方面，第一是对 AI 业务来说，许多业务无法仅使用一个算法就完成业务闭环和满足交付条件。比如面向城市治理的解决方案，常常需要交付可对人脸、人、车、非机动车、物品等众多内容进行识别的产品。针对其中每一个识别主体，如人，还需要对年龄、性别等一系列属性进行识别，业务种类繁多。但这样的系统在很多时候最关键的业务价值还是人脸识别。第二是在单个业务任务中，数据样本的长尾使得做好一个任务的难度增大。例如判别一张图片中是否有"狮子"，虽然大部分图片中的狮子都是黄色皮肤、头部有大量毛发的非洲公狮，如图 10-2a，但是狮子的品种其实非常多，外形差别也很大，这就产生了很多长尾的不为我们熟知的样本，如白狮、黑狮，甚至还包括很多卡通狮子以及狮虎兽、虎狮兽这样的物种。这就使得一个原本认为定义清晰、简单的"狮子"样本变成存在大量长尾的样本，且在一些长尾样本中存在定义模糊的情况，如图 10-2b 所示。

当我们试图增加大量长尾样本以提升算法泛化能力的时候，一方面，样本收集的工作量巨大；另一方面，对长尾样本的学习会为算法引入更多误报，如将虎狮兽加入训练，则可能会因狮虎兽、虎狮兽与狮子相似，从而增加误报的风险。因此一个算法任务起初可能仅是为了识别非洲狮，但是当应用过程中出现大量长尾样本的时候，就需要加入长尾样本以提升算法的召回率，而提升召回率可能带来更多误报，这又需要不断加入负样本来降低误报率。如果每个算法都这样维护，那么落地的成本之大可想而知。

a)我们熟知的狮子

　　白狮　　　　白色幼狮　　　黑狮　　　　卡通狮　　　虎狮兽

b)各种长尾样本

图 10-2　数据样本的长尾

面对算法长尾,我们期望算法可以进行小样本学习,使其拥有更强的泛化能力。另外,在 AI 人才紧缺、业务膨胀的情况下,市场期望响应业务的算法和模型的迭代速度可以更快,所以 AI 领域需要一个泛化能力强、门槛低、效率高的算法开发和应用平台,AI 中台应运而生。

10.1.2　AI 中台及体系架构

AI 中台是"智能"的基础设施,是实现 AI 技术和应用快速研发、共享复用和高效管理的智能基础设施。AI 中台是企业中台的重要组成部分,结合数据中台、知识中台为用户的业务提供智能化支持。

在政务和企业类应用中,因要面对海量的数据、事件,所以需要更加高效的处理手段,AI 在应用中充当了重要角色。然而单一不变的算法难以应对不断变化的信息,故算法也需要随着任务和内容不断强化,在算法强化过程中,AI 中台充当了底座,为上层应用提供快速便捷、低成本的生产和运行方案。

AI中台提供了从构建算法到运行算法的能力。从算法生产流程看，AI中台包含了训练和运行两大部分：训练通过构建算法任务，得到一个可运行的算法；运行（或推理）是将算法部署上线，并自动化完成对应的任务。从过程上看，训练是生产，运行是使用。AI中台基本模块如图10-3所示。

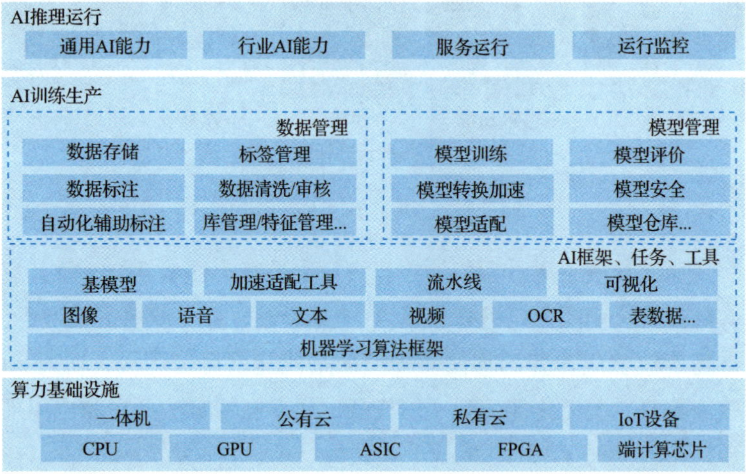

AI推理运行			
通用AI能力	行业AI能力	服务运行	运行监控

AI训练生产			
	数据管理		模型管理
数据存储	标签管理	模型训练	模型评价
数据标注	数据清洗/审核	模型转换加速	模型安全
自动化辅助标注	库管理/特征管理...	模型适配	模型仓库...
基模型	加速适配工具	流水线	AI框架、任务、工具可视化
图像	语音　文本	视频　OCR	表数据...
	机器学习算法框架		

算力基础设施			
一体机	公有云	私有云	IoT设备
CPU	GPU　ASIC	FPGA	端计算芯片

图10-3　AI中台的基本模块

算力基础设施层提供以算力为导向的能力，其中包括计算芯片、云等模块。AI中台无论是训练还是运行，都需要强大的算力支撑。所以产品经理需要关注对算力的选型，关注在一定算力支撑下完成算法构建所需要的时间以及算法运行的时延。算力应用的形态多样，可以是一体机、公有云、边端设备等，具体选择什么形态的应用，需要结合特定的场景来决定。

AI训练生产层关注如何将数据、模型、工具、AI框架等加工成业务需要的算法应用。AI框架是指基础的机器学习框架，用于提供基本的算子能力。在 AI 框架上可构建针对音频、视频、文本等不同模态的任务框架，以及包括可视化、基模型等在内的一系列基础工具。数据和模型则是算法生产中的原料和模具，所以数据管理和模型管理是构建算法必不可少的模块。数据管理提供数据标注、清洗、存储等管理功能；模型管理是对训练过程中从算法配置、训练、适配到评价等每个环节进行管理，目的是高效、高质量输出算法。AI 中台的训练生产层是将算法生产的能力产品化，以降低门槛、提升效率。

AI 推理运行层是业务最终生产运行的平台，在实际产品中，推理产品可以是云原生化的服务，也可以是基于端设备的边缘计算产品。当前 AI 推理运行和训练是割裂的，即在 AI 企业或者企业智能化部门构建算法之后，由独立的业务应用团队将算法运行在特定业务环境中，这种割裂会导致算法产品在业务中无法形成闭环，当算法效果不理想时反馈会延迟，从而使算法优化的链条变长。未来的 AI 中台应该打破这种割裂的局面，实现推理运行和算法优化无障碍连通，从而提升 AI 中台对多样化业务优化的支撑。

AI 推理运行层管理着不同算法的运行，可提供运行监控服务，保障服务正常运行。若运行中存在中心计算、端边计算的情况，则 AI 中台还应实现云边端协同的能力，从而支撑更丰富的业务交互类产品。

10.1.3　全栈、自动化、资产化与普惠化

AI 中台应该是全栈的，这体现在两个维度：第一是能力维度，AI 中台应具备应对图、文、音、表等全模态信息的能力，仅针对单一图像、视觉或语音提供识别方案在未来是无法满足市场需求的；第二是全链条生产层面，AI 中台应可支持数据管理、模型训

练、推理运行、资产（数据、模型、知识等）管理等所有环节。

在全链条的生产过程中，如何更快、更好地实现数据标注、模型训练及部署上线，是 AI 中台面临的另一个挑战。自动化是解法，它涵盖两个维度：第一个是机器学习算法的维度，包括自动化调整参数、自动化数据增强、构建高精度的模型，这部分是 AutoML 的研究领域；第二个是整体流程自动化维度，即实现从业务数据的反馈到算法提升优化，再重新部署应用的流程自动化，这部分一方面靠技术来支撑，另一方面要考虑协同方式，如 ModelOps 就是关注如何快速实现模型快速生产的技术和实践。

当大量的模型被创造并沉淀下来后，在规模化单位的共建共享、多级跨域协同的需求下，算法会作为新型资产来进行存储和流通。比如企业分公司 A 构建了一套用于生产检测的算法，而企业分公司 B 也有同样的需求，这时就可以将 A 的算法作为资产交给 B。若之后发现整个行业都有一样的需求，则 A 就可以将算法打包为产品出售。利用 AI 中台，企业不仅可以是使用 AI 的用户，还可以是构建和出售 AI 的供应商。模型资产结合 AI 中台与知识资产，可构建统一的数字资产管理体系。

普惠化也是 AI 中台的任务之一，即让更多的用户快速上手构建模型，关注业务，而不是关注底层复杂的技术，这要求 AI 中台必须充分利用自动化技术。开源也在另一个维度使 AI 中台普惠化进一步加深、加快。

10.2　AI 中台下的三大功能模块设计

AI 中台类产品主要面对的是算力、数据及算法方面的问题，所以其必须包含这三方面的功能。

10.2.1 算力管理类功能设计

以深度学习技术框架为核心的 AI，计算是最基础的内容，芯片是计算的载体，除了芯片，还需要工具链、生态等的支撑。本小节将基于算力的形态介绍基础的计算芯片及相应的配套能力。

1）**集中式和分布式**：AI 中台作为算法生产管理的工厂，需要大规模的算力支撑。算力是由 CPU、GPU、ASIC、FPGA 等一系列异构的计算芯片及底层硬件提供的，一般会以中心化的云计算、分布式端边计算等形式来管理和使用。在中心化的计算中，基于云原生技术的公有云、私有云形式的底层算力支撑是 AI 中台理想的应用方式，因为这种集中式的算力供应在管理上更加统一、便捷。但若企业在地域上存在分隔或在端边应用中对功耗、性价比等有要求，需要进行分布式的算力部署，那么在算力的管理上就会变得更加复杂。

2）**端云协同**：在业务应用中，如果实行集中式算力供应，则可以使用公有云、私有云等方式。由于模型、数据等大规模增加，对于规模化的业务来说，训练环节在公有云或私有云中集中完成是比较合理的方式。而在 AI 推理运行阶段，由于成本和响应要求，实际业务中有非常多的端边应用，且相对独立，在有条件的情况下实现端云协同，是一种不错的解决方案。端云协同也意味着 AI 中台不仅要接入数据，在算力管理层面还要管理众多异构的计算单元，所以还需要关注端计算单元状态、算力、数据等维度的通信，以及端侧算力的接入平台及数据汇聚平台，这是一个庞大的工程。

3）**算力多元化**：算力在不断多元化，这表现在如下几个方面。第一，单个片上系统 SOC 中会存在 CPU、NPU、GPU 等多种专用芯片；第二，在市场中，单类产品的品牌和型号也极具多元化，如 AI 芯片公司除了英伟达，还有如华为、寒武纪等；第三，产品会随着算力的升级而升级，从而形成多个型号的产品；第四，在不同的应用场景中会需要不同的算力，如低功耗的端侧算力，从而会产生多种产品。因为多元化的存在，所以在算力的管理上，会面临异构、多品类、单品牌多型号等情况，如果这么多产品集中在 AI 中台上进行管理，则 AI 中台会面临极大的挑战。在 AI 中台上对算力进行管理，要优先考虑兼容性和可适配性，换句话说就是，要优先考虑如何使相同算法在不同算力产品上进行迁移时代价最小。

4）**算力的精细化管理**：在算法对算力的使用上，需要进行精细化管理才可最大化利用算力。首先是针对一个业务算法的异构算力的管理利用。在计算中，有些类型的计算更适合用 CPU 处理，而神经网络矩阵运算更适合用 NPU、GPU 等并行计算来实现，但是由于异构通信、多媒体处理流水线中还有编解码等其他环节，有时候需要根据算法的特性在异构的情况下进行算力的分配，其中分配的内容包括 CPU 的核心数量、GPU 数量、显存等，以求最大化发挥异构算力中每个环节的性能。其次是在多种业务算法并存的情况下对算力进行精细化分配。在实际业务中，往往众多独立的算法共同服务一项业务并分布到不同的算力单元上，但由于算法本身速度有差异，会有"木桶效应"的存在，即因某一算法慢而拖慢了其他算法及整体业务的处理速度。这时需要从不同业务算法性能出发进行算力分配，计算速度慢的模块应该分配更多的计算单元，减少整体等待时间。当然，也可动态分配算力，以保持整体的高性能。对于算力的精细化管理，虽然不一定需要 AI 产品经理亲自设计解决方案，但提前预知问题的存在，会减少多种算法在实际应用中出现速度落差过大的问题。

10.2.2 数据管理类功能设计

作为算法的燃料,数据对算法至关重要。完整的 AI 中台需要包含对数据的加工管理,而且是以支撑算法为导向的数据管理,即将杂乱的非结构化、半结构化的数据,进行结构化处理,转换为机器或算法可理解的数据。

AI 应用导向的数据管理包含对样本的管理和对标注的管理。这里所说的样本包含图片、音频、表格等多种形式。可以按照模态、算法、业务、用途等可将样本进一步细分为多种类型,如表 10-1 所示。

表 10-1　AI 应用导向的样本划分

划分方式	具体内容
模态	语音、图像、文本、表格、视频等
算法	图像分类、图像分割、文本分类等
业务	动物分类、人脸检测、房价分析、邮件分类等
用途	预训练集、训练集、验证集、测试集、正样本集、负样本集等

标签是对样本的描述,如在动物分类任务中,需要有猫、狗等标签;在邮件分类中,需要有垃圾邮件、正常邮件等标签;在文本情绪分类任务中,需要划分积极文本和消极类文本等。当然,除了直接表达语义的标签外,还有如标注关键点、标注像素点等间接表达内容语义的标签,如人脸关键点代表人脸中的各个部位。总体来说,建立标签就是建立数据的监督信息。

标注是将样本与对应标签关联到一起的操作,即连接样本与人工监督信息。AI 中台作为算法生产中心,其应具有数据标注功能。针对不同的任务,标注方式各不相同(可参考 9.2.2 节)。对数据进行标注往往要多人参与,所以 AI 中台要有众包功能,即可在其上完成数据分发、多人标注、清洗、审核、合并等一系列流程。标注是一个极其枯燥、低效的过程，因此面对海量样本标注，大量的自动化标注方法被广泛使用，比如在 OCR 识别任务中，可预先识别文字，标注人员仅须进行纠偏；在样本标注的过程中，模型可不断进行强化学习，并提供数据预标注标签，标注人员再基于此进行核验和纠偏。

无论是否已标注，样本库都属于数据资产，应用得当，可以挖掘出巨大价值。例如在工业自动化中，通过分析物料质检数据，可指导改善工艺水平，提升生产良率，直接为生产创造价值。

10.2.3 算法管理类功能设计

进行算法管理类功能设计时主要考虑算法用户、生产过程、应用三大方面。

1. 算法用户

早期算法的开发整体都是算法研究员、工程师的工作，随着 AI 普惠化的加深，有更多角色参与到 AI 算法的管理中来，如研发工程师、运维工程师甚至普通用户。目标用户是谁，决定了算法管理的复杂程度和操作难度。

在 AI 中台算法生产和应用部分，大致上存在两大类用户，第一类是专业级用户，第二类是初级用户。中台面向两者的最大区别体现在算法管理模块上。面向专业级用户，AI 中台应具备更精细化的针对模型参数、训练、评价等进行管理的功能；面向初级用户，AI 中台应提供自动化、低代码类服务。也就是说，在面向具备更强算法生产能力和人才更集中的应用场景时，应开放更加丰富的算法生产和使用过程；在面向弱算法生产能力的应用场景时，应尽量避免开放过多的算法生产过程。

2. 算法生产过程管理

算法的生产过程一般包含调参、训练、评价、应用部署等 4 个环节。这部分内容前面都介绍过，所以这里仅做简单回顾或补充。

- 调参是对生产要素的配置，这里的生产要素是指模型、技术参数、数据，以及训练用的超参数等。
- 训练是模型学习的过程。对大模型和大数据量的训练，过程往往非常冗长，在训练中要关注是否满足预期，如果不满足，要尽早停止。因此训练过程需要丰富的过程可视化、过程排查工具，以保证模型朝着正确的方向学习，降低训练代价。
- 评价的对象是模型表现，包括精确度、速度等，具体参考 9.4 节。
- 应用部署是将模型部署上线使用，是应用上架的过程。在 AI 中台中，所有算法可以看成 App。算法的发布可以理解为投放到 App 商店中，而应用部署就是下载使用 App。

3. 算法应用管理

算法完成生产过程，就会成为可被部署使用的 App，App 可以被存储和流转，也可以被发布上线。

流转场景可以分为封闭式和开放式。在封闭式场景中算法资产仅作为内部应用，不进行交易流转，此时更多的是根据任务、版本等维度对算法仓库中的 App 进行管理；而在开放式场景中，算法资产成为应用生态中的商品，可进行交易下载，这种模式在公有云厂商中有不少实践，如百度的 AI 市场、华为的好望算法商城（见图 10-4）。在开放式场景中，AI 中台的算法仓库仅是

AI 应用市场应具备的一项基础能力，AI 应用市场本质上是一个 B2C 或者 C2C 的电商系统，要比 AI 中台的业务丰富得多。

a）百度 AI 市场

b）华为好望算法商城

图 10-4　百度 AI 市场和华为好望算法商城

在部署使用的场景中，AI 中台是基于算法的业务运行的底座，承载算法推理运行、流程控制、负载均衡、运维管理监控等基础功能。而在实际业务中存在两种典型的应用，分别是多算法和推理训练闭环。

多算法是指在同一个业务由多个算法供应商提供的算法共同投票决定最终判别结果。比如在城市治理中，采购多个算法供应商的人脸识别算法，然后对各个算法进行结果融合。这样虽然看起来算力开销更大,但可以减少在应用中对单供应商的依赖性,在 AI 中台的推理运行部分就需要关注多算法部署与融合的问题。

推理训练闭环是指当推理运行的算法判别结果被反馈为误报、精度不高、无法满足新任务时,快速将数据反馈到训练侧并进行快速适配以解决算法出现的问题。在算法完成训练时,通过 A/B 测试、灰度发布等手段,更新推理运行的算法服务,从而实现在线算法更新。针对推理训练闭环的应用,需要将训练、推理运行两个独立的环节打通,并提供完备的部署方案。在算法可持续提升和优化的前提下,推理训练闭环在实际业务中体验更好,更符合敏捷理念。实际上推理训练闭环已经在许多 AI 应用中推广开来。

10.3 AI 中台典型应用举例

10.3.1 云厂商的云原生 AI 中台

AI 中台与云原生环境天然适配,互联网巨头的公有云都提供了丰富的 AI 算法与开发平台,形成了以云原生为基础的 AI 中台,本小节以公有云 AI 中台为例展开介绍。

基于公有云进行 AI 算法开发具有成本更低(无须购买硬件服务器)、无须维护、弹性伸缩、高可靠等优点。公有云不仅可以提供软件服务,还可以提供云端的人工服务支持,例如一些 AI 公司的标注人力会接入云中,在云端实现标注服务;在大规模模型训练中,按需扩展可以加速模型训练速度,缩短训练周期;另外,由于公有云可以提供丰富的硬件类型,所以在算法硬件适配上会更加快速、便捷。

为了满足更多、更广的需求,公有云形态的产品能力更加全面,在 AI 应用中也一样:在实际的 AI 应用中需要用到不同模态，每个模态又可划分为多个不同类型的技术任务，技术任务又会使用不同的算法模型，云端提供的全量能力，可一站式解决不同能力组合的问题；云端训练并不一定在云端部署，很多时候边缘类 AI 应用需要下载部署到端边设备中，此时因云端支持的硬件类型众多，所以可以快速完成硬件适配；云端服务无论是面向专业用户还是面向初级用户，都提供了完备的工具链，可以解决开发中出现的各种问题。

公有云还提供了多种类型的部署。一般来说，根据 AI 推理运行的场景，部署可分为云端部署、端云协同部署、离线私有化部署 3 种。

- ❏ 云端部署是直接将算法 SDK 部署在云端，提供 API 调用。使用过程即用户上传待识别数据，得到的是 AI 判别结果。云端部署类应用有低硬件成本、可根据业务弹性扩展、底座高可靠性等优点，但是在 AI 判别时需要将数据上传至公有云。由于公有云不是物理隔离，故数据泄露风险高，在对数据安全要求高的场景中不能使用公有云部署。另外，对于网络获得性差的场景，也不适合应用公有云。

- ❏ 端云协同的方式，即端设备的算力用于运行算法，但可以通过互联网与公有云连通，共享设备状态等信息，端云协同让设备端更新算法速度大大提升，但不适合在数据安全要求高及网络获得性差的场景中使用。

- ❏ 离线私有化部署即通过私有云或者离线开发包的方式进行部署。对于用户来说，在这种部署方式下需要自行搭建硬件、软件环境，维护成本大，但在数据安全方面更有保障。

在公有云 AI 中台中，最具代表性的产品有百度的 BML 和

EasyDL,两者的区别主要在面向的用户上。BML 面向具有更高专业水平的用户,EasyDL 则面向初级用户。以 BML 为例,它具备 3 种强大的功能特性:第一是强大的基座模型,其依托百度的"文心"系列大模型,通过知识增强,得到了很强的基础表征能力,在此基础上进行训练和蒸馏,在相同参数的情况下更容易得到更高精度的模型,从而使开发规模化和高精度的模型变得简单,如图 10-5 所示;第二是强大的标注服务,不仅提供了智能标注功能,还提供了完备的在线标注机制;第三是端云协同机制,可让云侧训练的模型更快地部署到端侧,加快协同效率,如图 10-6 所示。

图 10-5 百度"文心"大模型示例

图 10-6 端云协同部署机制示意

10.3.2 零售智能称重:推理训练自动化闭环应用

AI 中台看似是非常庞大的应用体系,实际上在小规模的业务应用中也可以精简使用,形成以业务闭环为导向的系统,特别是针对长尾、不断新增的需求,"推理－错误反馈－训练－更新"的闭环应用机制是很好的解决方案。

以沃尔玛的智能称重系统为例。2020年,码隆科技为沃尔玛提供了RetailAI智能称重解决方案,并在沃尔玛的100多家门店落地使用。该方案旨在解决之前的自助称重中由于要人工识别并输入种类繁多的商品,导致客户排队、错误选择等问题。如图10-7所示,该解决方案通过智能摄像机识别商品,并在屏幕上提供识别结果,用户确认后快速打印商品标签,完成使用闭环。

图10-7　RetailAI智能称重解决方案

在识别效果比较好的商品上,使RetailAI这样的产品可大大提高效率和体验,但对于需要不断新增类目或识别效果差的情况,如果使用固定不变的算法,则无法满足实际需求,导致产品应用失败。要解决该问题,需要一套精密的后台运行机制。以新增类目为例,当新增西红柿类目时,由于算法未训练和识别过西红柿,因此识别效率和准确率都低,尽管西红柿类目录入后系统可以根据相似度进行排序,并保证西红柿排在靠前的位置,但依然需要用户点击选择来确认。用户的点击选择其实就是对算法进行标注，标注的数据可以流转到后台，对算法进行增量训练，如评估算法效果满足要求，则可以在无人使用的时候自动部署更新，如图 10-8 所示。

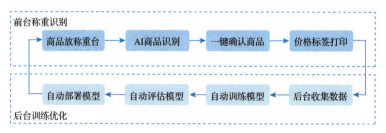

图 10-8　智能自助称重系统算法更新机制

第 11 章 CHAPTER

纵深业务类 AI 产品的落地

任何产品都离不开落地应用，AI 产品也不例外。无论是在虚拟数字人这样的新领域，还是在工业质检这样的旧领域，AI 产品要想落地都需要和场景深度结合。客户群体不同、落地场景不同，就必然导致 AI 产品也不同。所以必须根据客户群体性质和落地场景对 AI 产品进行分类，这样才能在产品研发过程中有的放矢。总体来说，可以把 AI 产品分为 G 端、B 端、C 端三类，本章就针对这三类产品介绍 AI 产品的落地方法。

11.1 面向 G 端城市治理的 AI 产品

早期以人脸识别为核心的技术获得巨大突破，并在泛安防领域中快速落地应用，开启了 AI 在 G 端城市治理领域的规模化推广。在雪亮工程、智慧城市等一系列系统工程的推动下，AI帮助城市管理者在一些应用中大大提升了管理效率。随着技术的进一步成熟、业务的逐步扩展，形成了面向政府（Government，G）端的业务模式，并在这类业务中产生了众多有代表性的产品。

11.1.1　城市治理的需求与业务模式

城市治理是城市管理者的核心工作，面对规模化的人口和信息，城市管理者的核心诉求一般是提升管理效率，增加管理工具和手段，以应对和强化更复杂的信息和事件管理，比如使用信息化、智能化手段。

城市治理一般针对的是城市安防监控、城市交通、政务管理、社区和园区管理等场景。从AI辅助管理的角度看，这些场景都具有规模化、多样化、碎片化等特点。以交通场景为例，规模化体现在无论是面向车辆还是面向非机动车，在城市级区域中的管理规模巨大；多样化体现在需要治理的信息多种多样，比如车辆在道路中的违规行为等；碎片化是指在应用中需求是碎片的，开发一个功能需要大量的碎片化需求支撑，每个需求面向的市场规模又相对有限，比如需要对各种类型车辆的违规停放进行处理，而每个类型的车辆的样式差异较大。

上述业务很多时候以大项目的形式存在，伴随着大量的定制化业务，因此会体现为以项目为核心的重投入、长交付周期、重运营的业务模式。面对这样的业务模式，很多时候采用的是"产品+定制+解决方案"的交付模式。那么对于AI产品来说，繁杂的定制化会显得很不友好。在这样的业务模式下，很难用一个产品来通吃所有业务，因此在做产品时需要有这样的心理准备。

11.1.2　G端碎片化市场下的AI产品策略

G端场景的特点是数据和应用更倾向于私有化、项目规模化、工程系统化。项目中的定制化需求多，需求碎片化现象严重。

第 10 章介绍了算法的"长尾"效应，而在一些市场中也有"长尾"效应，这个首先体现在需求上，即市场需求非常零散，尽管这些碎片化需求组合而成的市场也不小，但是面对碎片化的需求，难以依靠一款或少量的产品打天下，可能需要开发出非常多品类、型号的产品来应对。在项目中，大量的定制化需求无疑给企业带来了非常高的研发成本，也难以形成规模效应。

尽管如此，碎片化的市场依然培养出了许多标杆企业，以安防摄像机赛道的海康威视为例，它的主营业务就是解决安防市场中的碎片化的需求，并形成了一套成本可控的产品打造方法。从做 AI 产品的角度来看，更多的时候是用 AI 算法应对碎片化的需求，放眼市场，可以看到许多这方面不错的产品方案。

❑ **软件定义硬件**：硬件的定制化和维护成本要比软件高得多，特别是小批量的硬件制造，单个成本难以降低。应对碎片化市场，多类目、多型号的硬件库存管理费也会是一笔巨大开销。相比之下，软件定制化的代价要比硬件小得多，在硬件相同的情况下，通过适当更改软件，以实现不同算法能力，是应对碎片化市场的一条新路子。相比以往在相机中将算法固化在硬件中，难以在用户侧更改，软件定义硬件使得硬件的能力可随算法的变更而变化，这样可更加灵活地满足市场需求。比如在智能摄像机领域，华为首先提出了软件定义摄像机（见图 11-1），"摄像机 + 人脸识别算法"就是智能人脸识别摄像机，"摄像机 + 车辆识别算法"就变成了智能汽车辆识别摄像机，通过摄像机操作系统，实现上层算法的自由搭配，可减少摄像机智能化过程中的定制化成本。

第 11 章 纵深业务类 AI 产品的落地

图 11-1　华为软件定义摄像机

- 平台和生态开放：在 AI 算法类的软件产品中，面对碎片化的应用，需要训练不同的算法模型来满足市场，而每开发一个新算法就需要经历数据采集、标注、训练、部署等整个过程。应对碎片化的需求，这样的研发成本非常高。解决的办法之一是平台和生态开放。平台即搭建算法训练的中台，生态开放是让更多的玩家免费进来共同创建算法和模型，再将算法作为商品出售，而平台玩家可以更好地利用生态中的算法产品。比如极视角、华为的算法商城，就利用了平台和生态开放，让生态开发者共同解决碎片化问题。极视角算法商城如图 11-2 所示。

图 11-2　极视角算法商城

❑ **用户侧闭环响应**：针对 AI 算法的软件类型的产品，在当前技术框架下定制化需求响应的核心是提升从数据到模型整个流程的闭环效率。用户侧闭环响应是出让产品生产能力给用户，提升用户侧定制化响应能力，从而满足用户众多的定制化需求。比如通过应用低代码系统和巧妙的无感标注设计，可以实现用户的自主定制和系统自动训练优化。

❑ **开放集和小样本方法**：在面对新任务的时候，算法并不是都需要重新学习，比如在人脸识别中，每个不同的人都是一个类别，算法不需要重新学习大量照片，算法只需要针对每个人、每张图片进行"注册"，我们称这种方法为开放集（Open Set）方法。面对新需求，开放集方法可以通过小样本"注册入库"的方式来响应。如果场景任务适合使用开放集方法，则可大大降低需求响应成本，使开发人员可将精力更集中于提升基础模型的能力上，而不用花大量时间解决数据长尾问题。比如在识别品牌商标任务中，由于品牌商标的种类太多，遍历每个品牌几乎是无法完成的任务，如果提供开放集方法，给用户提供商标比对的能力，用户可以在使用过程中不断新增商标，这样对于碎片化需求的问题就可由用户在使用中按需快速解决。

越碎片化的市场就越难有通用化、标准化的产品。因此，面对碎片化市场，核心的产品策略是扩张碎片需求适用范围，哪怕扩张的范围不太大，也可能带来产品竞争力的大幅提升。

11.1.3　城市治理下的典型 AI 产品——智能摄像机

本小节以智能摄像机为例介绍城市治理下的 AI 产品。

1. 摄像机

摄像机是实现物理世界向数字世界映射的基础，从形态上看，是非常通用的产品，可以应用于城市安防、手机、机器人、自动驾驶等方面，可以说摄像机无处不在。但是从应用场景来看，不同应用场景又对摄像机提出了各种各样的需求，使得产品的型号繁多。

摄像机的发展经历了从看得更清楚、看得更远到看得懂的过程。看得更清楚一方面是不断提升摄像机的分辨率，另一方面是提升夜晚星光甚至黑光情况下的可视能力；看得更远则是针对一些高空摄像机、超远距离摄像机等特殊产品来说的，要求可以实现超远程巡航式监控；看得懂便是AI赋能型摄像机，要求摄像机理解视频、图像中的内容。

2. 智能摄像机

摄像机的智能化离不开算法和算力的融合提升，一方面是在提升模型精度的同时，实现轻量化部署；另一方面是大幅提升端边设备算力以承载更丰富的算法应用。对比传统视频流摄像机，智能摄像机继承了边缘算力并承载了智能算法，使得摄像机在采集阶段就关注重点对象。比如应用于道路交通违章识别的摄像机，核心关注点并非路，而是车辆行为，哪怕在不同的路段，关注的违章行为也不一样，这些能力全依靠智能算法实现。

摄像机的智能化带来了诸多好处，比如提升了信息获取的效率，对于传统的视频流摄像机要获取关键事件和信息，需要全量视频回溯，但通过智能摄像机识别，可以更快关注到特定目标和事件信息。通过对特定目标和事件信息的智能化分析，可帮助实现在监管治理场景中完成事中处理，而非仅是事后回溯。摄像机的智能化可充分挖掘视频中的大量信息，帮助使用者获得更高的信息处理效率。

智能摄像机是 AI 技术，特别是计算机视觉技术应用的典型产品，也是 AI 软硬件结合的代表性产品。理解智能摄像机的基本原理，对以计算机视觉为核心的城市治理、制造业质检、服务机器人、智能汽车等各个领域的产品理解都会有帮助。

3. 智能摄像机在城市治理中的应用

在城市治理相关的应用中，智能摄像机一般需要规模化的铺设，单个产品无法形成应用闭环，因此需要完整的端边云结合的整体方案，其中就会包括数据中台、业务中台等。规模化的铺设使得智能摄像机在城市治理的应用场景中展现出许多特色。

- **软件定义摄像机**：软件定义摄像机是指通过算法软件的更换来定义摄像机，最大的特点是智能摄像机的功能由算法来定义。在碎片化的市场中，软件定义摄像机可通过便捷的配置，让一台硬件设备快速适应更多场景。软件定义摄像机不仅需要对设备、算法、算力进行组合，还需要强大的设备操作系统、后端算法仓的支持，因此软件定义摄像机的实现是一个系统化工程。
- **智能 1 拖 N**：在城市建设中，将传统视频流摄像机升级成智能摄像机，可以直接替换，也可以利用外接的算力来赋能摄像机实现传统视频流摄像机的智能化。由于边缘算力的大幅提升，智能摄像机的算力在满足自身的视频智能分析的需求外，还可以提供一部分算力给周边的传统视频流摄像机帮它进行智能化升级，这就是智能 1 拖 N 方案。华为首先提出了智能 1 拖 N 摄像机产品，可大幅减少智能化改造成本。
- **端云协同**：智能摄像机仅能作为一个点可实现单点智能，

但是在规模化的城市治理应用中，还需要线、面层次的智能，以实现系统化管理。因此，在智慧城市治理的系统层面，智能摄像机更多提供初步结构化信息的筛选功能，它需要与不同层级的边缘、云进行协同，实现系统化的智能。从这个意义上看，智能摄像机是城市级的智能物联网设备（AIoT），与其他智能摄像机形成网络化的应用。

11.2 面向 B 端企业服务的 AI 产品

11.2.1 企业服务的需求与业务模式

与政务相比，企业追求的是利润。从企业盈利属性看，赚取高于平均水平的超额利润是企业发展的重要目标，而技术创新是提升劳动生产率的重要途径，优先拥抱创新技术以提高生产效率可提前获得超额利润。因此，企业的根本诉求是提升效率并获取超额收益，而人工智能作为改造生产力的重要技术之一，是企业提升效率的重要选择。

理解企业服务的基本诉求后，再理解面向企业的产品和基本商业逻辑就简单多了。可以让企业大幅降本增效的产品更容易在 B 端市场中占据优势。因此面向 B 端的 AI 产品一般都围绕降本、增效、提质来研发。

在 B 端场景中，AI 更像一个智能员工，其"替代人"或"辅助人"完成某些工作，本质上，这样的 AI 产品还是在做人可以做，但是机器做效率更高的事情，但是对于"替代"和"辅助"，两者在产品设计和要求上是有巨大差别的。以内容合规性审核类产品为例子，设计一个完全通过机器替代人进行审核工作的产品和依然需要人做终审的产品，对算法和产品应用交互闭环的要求是完全不同的，特别是在审核标准更高的应用场景中，要完全替代人，在算法精度上的要求必然非常高。

在 B 端业务中，还会划分大型企业业务和中小企业业务。服务大型企业所采用的业务模式更像服务 G 端的业务模式，即要具有规模化、系统化、定制化。而面向中小企业，市场则变得极为分散，业务模式更多为"产品＋服务"的模式。

11.2.2　企业转型 AI

企业拥抱 AI 有两种路线：第一种是使用 AI 解决问题，如利用 AI 技术降本、增效、提质；第二种是使用 AI 赚钱，即在第一步的基础上输出"AI+ 自身领域"解决方案，成为 AI 解决方案供应商。

AI 产业发展包含产业智能化、智能产业化两个维度。有些企业利用 AI 技术赋能旧业务，可以理解为使旧产业的智能化；还有一些新创立的 AI 企业，它们专门提供 AI 基础设施产品，这些 AI 基础设施产品慢慢形成一个产业，即智能的产业化。

著名的 AI 领域专家、斯坦福人工智能实验室主任吴恩达在 2018 年发布了《人工智能转型手册——如何带领您的企业进入人工智能时代》，对企业的 AI 转型提出了如下 5 个建议。

- ❑ **通过执行试点项目来蓄势**：即通过在企业内部找到技术可行、可应用落地、目标可明确量化、6 ～ 12 个月可以出效果的解决方案。从简单、可行、有价值的项目入手，做出标杆效果。
- ❑ **组建内部 AI 团队**：组建一个集中式的 AI 团队，为其他团队提供支撑。许多企业设立的 AI 中心 / 研究院就是这样的团队。
- ❑ **提供 AI 培训**：为从高管到员工不同类型的人员提供有针

对性的 AI 内容培训。
- **制定 AI 战略**：企业需要基于 AI 资产（如数据）构建"AI+纵深行业"的竞争优势，设计符合良性正反馈循环的 AI 策略。
- **打通内外部沟通**：AI 加持的业务，会涉及获得和使用数据的合规性、业务问题的处理方式等方面，这些需要投资者、政府、客户、用户、内部员工、外聘人才等彼此沟通解决，这就要求必须有一套顺畅的沟通机制。

11.2.3 效益型 AI 产品策略

面向 B 端的 AI 产品的核心价值是帮助用户降本、增效、提质，面对客单价比 G 端业务更低、业务更加碎片化的 B 端 AI 市场，产品在追求为客户降本、增效的同时，也应关注自身服务能力的泛化。为了寻找客户和产品供应方的平衡点，可以基于如下几个行动策略打造 AI 产品。

1. 构建现有业务的投资回报模型

效益型 AI 产品的核心目的就是提高效益。如果想要打造完整的闭环产品解决方案，那么就需要深入理解业务，熟悉完整的业务流程，并构建过程中的投资回报模型。

在很多 AI 产品设计中，常常需要行业专家与 AI 产品经理配合，才能深入理解场景中的业务。比如针对半导体产品的生产和质检，需要理解半导体生产的基本原理、流程、要求、标准等，这是一个庞大的工程，仅靠 AI 产品经理是不行的。当我们打造 AI 产品时，若面对的是一个完整的综合性解决方案，那么就需要深入解决方案的所有环节，如果面对的只是单点智能的产品，那么就需要关注单个环节的输入和输出之间完成了什么、成本和收益是什么，并建立投资回报模型。

例如在制造业物料或工件质检中，需要进行人工目检，人工的数量和效率、产品质检的良率等都是可量化的，基于已有的流程可以建立一套投资回报模型，其中成本包括人工薪酬、培训成本和招聘成本等，还有不合格产品返修的成本。收益则是基于现有质检效率计算得出的最大收益，对此可以建立一个针对单个环节的投资回报模型。

构建现有业务的投资回报模型对在成本、功能、性能等各方面打造 AI 产品有重要的参考作用。

2. 建立 AI 产品方案下的投资回报模型

构建 AI 产品时，应建立替代方案以及对应的投资回报模型。比如使用 AI 产品提升了产品良率和质检效率，降低了人力成本，但增加了一次性产品投入、建设费用和后期运行维护成本等，此时应建立新的投资回报模型并关注使用新方案的回本周期。

尽管这是一本账，但是对构建 AI 产品来说却至关重要，甚至决定了产品的技术可行性和成本可行性。在 AI 算法应用中，精度是一个极其重要的评价指标，当用户对精度要求非常高，甚至需要超过人可达到的平均精度才能实现效益平衡时，那么就有可能出现技术无法达成的情况。如果投入极大的研发力量却只能达到新旧两种方案（使用 AI 之前和使用 AI 之后）的效益平衡，那么对于产品打造来说，这样的成本是难以接受的。

产品方案和投资回报之间存在一定的平衡关系，精度和效率越高、维护成本和功耗越低，对客户来说投资回报越大。但是对 AI 产品供应商来说，投入的研发成本、运维成本可能更大，AI 产品经理需要在其中找到平衡，或者通过巧妙的产品和商业模式设计，同时实现高用户价值和高商业价值。

3. 平衡用户价值与商业价值

商业价值是产品为产品供应商带来的价值；用户价值即产品为用户带来的价值，用户价值是商业价值的基础。在一定程度上，产品给用户带来的价值越大，它的商业价值也越大。但有时候，两者会变成竞争关系，即卖方出让更多价值给用户，用户价值增加，但商业价值却降低了。因此，平衡产品的商业价值和用户价值是打造 AI 产品要考虑的关键点之一。

商业价值和用户价值的平衡涉及如下两个方面。

1）**产品特性设计上的平衡**。对 AI 产品来说，功能、精度、速度等是最基础的产品特性，也是决定产品价值的特性。功能代表能否实现某项任务，精度代表实现的程度，速度是算力的反映，决定了应用的效率。在算法应用中，功能、精度、速度往往是产品竞争力的组成部分，但在一定的成本控制下，三者往往又是相互竞争的关系。三者的相互平衡体现了产品特性设计上的平衡。

2）**商业模式上的平衡**。对于一些算法型企业，出售算法 SDK 显然不是一个好的商业模式，特别是在面向碎片化的私有化场景下，算法产品也会变得碎片化，这会使打造业务闭环的成本过高。面对这样的问题，市场上也有好的商业模式值得借鉴，如云厂商的 SaaS 服务就特别适合中小企业业务。面向规模化企业，以"授人以渔"的方式提供"AI 中台 + 服务咨询"解决方案，可大大降低产品在碎片私有化场景中落地的成本。

11.2.4　AI 与制造业结合的产品应用

制造业是最庞大的 B 端企业应用市场之一，也最迫切需要提升效益，从而提高竞争力。对比金融、互联网等第三产业，制造业有重资产、长周期、成熟度高等特点。制造业对投资、人才、收益的吸引力都没有第三产业强，对新技术的应用也没有互联网企业那样迅速，但制造业是国民经济的基础，战略价值重大，AI与制造业结合是大有前景的。

在传统工业生产中，质检环节对产品质量的把关一般通过人工目检完成。无论是从提升生产效率、降低成本角度考虑，还是从缓和用工难题角度考虑，用机器视觉方案替代人工都是好的方向。传统机器视觉系统一般由光源、镜头、相机、后端分析设备等一系列模块组成，如图11-3所示。从实施成本上看，传统机器视觉系统更加复杂，实现和运维成本也更高，定制化成分更多。

图11-3 传统机器视觉系统

在制造业质检中，待识别物料类目多种多样，缺陷类型也多种多样且有很大的随机性，不同物料与不同缺陷组合而成的识别任务变得极其琐碎和长尾。往往识别不同类型物品和缺陷需要使用不同的视觉方案，这使得光源、镜头、算法等维度的定制化情况极多。如从反光的物品表面识别信息，可采用调整光源角度、更换光源类型等方法；又如更换了待质检物品型号，因缺陷分布和样式发生改变故需要调整算法来满足精度要求。面对碎片化、分散的市场定制需求，有两个解决办法：

1）**一体化设计和灵活的标准配件组合**。集成光源、镜头、摄像机、处理器等于一体，使用可灵活配置的方式在高度标准化的同时兼顾不同场景应用，在实现高度一体化的同时通过更换组合配件解决定制化问题，典型的产品如图 11-4 所示。一体化提升了应用的便捷性，而灵活组合提升了标准产品应对定制化的能力。

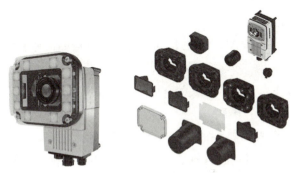

图 11-4　康耐视智能一体机

2）**算法的配套优化服务**。算法优化的核心是提升算法的精度，一方面在长尾样本出现导致算法识别效果不好时，对效果差的样本增加训练以提升精度。如图 11-4 所示康耐视 Insight-D900 智能一体机的 Vidi EL 工具，可以直接在 Insight-D900 上利用少量图像、短时间完成训练。另一方面在更换识别任务时提供更便捷的算法优化和模型更换工具，可以类比软件定义摄像机。

11.3　面向 C 端消费者的 AI 产品

11.3.1　个人服务需求和业务模式

从社会中人的基础需求来看，马斯洛的需求层次理论依然非常值得参考。心理学家马斯洛提出了马斯洛需求层次理论，即人的需求，从层次和结构上自底向上可以划分为八阶，如图8-1所示。

需求的层级越低，力量越大，高阶需求的产生是以满足低阶需求为前提的。在人的成长过程中，低阶需求更早出现，高阶需求出现得较晚。所有不同层次的需求差异也是个体的生存体验感的差异，因此可以说，面向个人服务的需求核心是体验感，无论是吃饱喝足还是感到安全、爱、尊重、美、意义等，都是体验感。

面向个人的 AI 产品的目标是超越现有产品的体验感，业务模式更倾向于"交互产品+运营"，产品更多是一种交互载体，而内容和生态是运营的重点，交互方式和智能程度的提升是直接影响体验的两个方面。

面向个人的典型的 AI 产品包括智能语音助手、美颜相机 App、智能音箱、消费机器人等，另外还有很多产品仅是在原来业务上增加了智能的能力，提升了效率，带来了更加极致的体验。

11.3.2 交互体验型 AI 产品策略

人机交互一直是一个重大的研究方向，从计算机发明到现在，人机交互经历了从代码交互到操作系统图形界面交互、从鼠标键盘交互到触控交互的过程，人工智能技术的成熟让人机交互向非接触式的语音、视觉交互跨越，让人机交互方式变得越来越像人与人之间的交互。面向个人的产品也在积极拥抱 AI 技术以提升交互方式，但从打造产品的角度看，交互升级是需要谨慎对待的事情。

> ❑ **交互升级的价值**。对于面向个人的产品，大部分的交互入口是手机、PC、智能音箱、智能车座舱等，智能语音成为交互的重要方式。语音识别从 21 世纪初就开始研

究,却一直没有办法大规模应用,直到以深度学习为核心的技术以及移动应用爆炸增长,语音助手变成更加常见的产品。但交互不是为了"升级"而"升级",而是要带来新的交互价值。在交互中,不同的细分场景会有如"解放双手""搜索"和"快"等价值,"解放双手"最典型的是在车舱中,在开车状态不方便操作手机,语音交互可以在减少注意力分散的情况下,达成导航、控制音乐等目的,从而减小驾驶危险性;"搜索"是语音交互的基本功能,可减少寻找目标的时间,例如打电话时寻找目标者号码、打开手机中数百个 App 中的某一个等;"快"是减少交互路径的最终结果。如果更换交互方式并不能带来像解放双手、缩短应用路径等价值,那么盲目进行交互升级是没有意义的。尽管交互方式升级了,但是新的交互方式也不是万能的,例如手机的刷脸解锁功能在戴口罩的情况下失效率就很高,而指纹和密码解锁可以互补。因此,交互的价值是有限、分场景的,当新交互形式失效时,需要有另外的交互方式进行互补。

- **精度评价"智能"体验**。尽管语音识别、视觉识别等新的交互方式理论上在某些场景下可以带来更大的便利,但是前提是够"准"。以座舱的语音交互为例,传统车厂在出厂前装了语音识别功能,支持语音控制车舱空调或拨打电话等,但是实际使用率很低,一方面是产品内容单一,另外一个重要原因是识别精度低。当一个语音操作可以一次完成时,用户体验是良好的;而当需要重复多次时,用户就会没有了使用的欲望。传统的车载语音识别系统完全变成了摆设,近年来智能汽车集成了更高精度的语音算法,车舱语音识别成为真正被广泛使用的产品。精度是智能程度和体验的直接量化，无论是误报多，还是召回低，直观的体验都是"没法用"，因此需要通过足够高的定量精度来定性达成良好体验的效果。

- **场景化"智能助手"的价值**。仅进行交互升级，有时不足以支撑个人 AI 产品的价值，以 AI 为核心能力形成的产品还有一个核心作用是"个人助手"，无论是"保姆""秘书"还是"朋友"，为个人用户带来实质性帮助才是 AI 产品的追求。依托"交互+智能"两种能力可提供"助手"这个核心价值。比如伴读机器人可以识别内容并生成语音，帮助小孩阅读识字；陪伴机器人可以陪老人聊天、讲故事；智能音箱可以作为智能家居的中枢，帮助管理房间中的设备。

- **普惠 AI 的高性价比**。普惠的价值是让每个人都用得起的 AI。一项新技术在刚出现的时候往往非常昂贵，只有经过不断发展，变得廉价，才会被更大规模的消费人群应用。例如早期的计算机仅用于军事，是为了计算导弹弹道的，随着技术的成熟，个人计算机已十分普及。而当今个人计算机的算力要比以前大型机的算力强得多。同样，AI 技术的发展使得出现普惠化的 AI 产品成为可能。只有面向个人消费者的 AI 产品规模变大，才可能给 AI 产品带来规模化的机会。

11.3.3 虚拟数字人与元宇宙

虚拟数字人是将视觉、语音、自然语言的识别、生成和渲染等多种 AI 相关技术融合后得到的新产品。在 AI 技术出现之后，随着深度学习在渲染上的应用，再加上多模态融合技术的成熟，虚拟数字人获得快速发展，各式各样的虚拟数字人产品不断推出，包括虚拟主播、虚拟替身、数字员工等。虚拟数字人一般会分为服务型和身份型。服务型虚拟数字人更多是替代真人对外提供服务，是企业的数字员工，例如金融行业中的迎宾客服、旅游行业中的数字导游等。身份型虚拟数字人主要为虚拟偶像、元宇宙中的第二分身，起到身份替换的作用。

元宇宙是近年火热的新概念，是在 VR、AR、数字孪生、数字资产等一系列分支技术发展之后共同作用下的产物，是真实世界的虚拟化映射。元宇宙也可以理解为一个三维空间的互联网，是基于人的互联网、基于物的物联网、三维空间形态等因素的整合，是下一代互联网。元宇宙的优势在于模仿真实世界，可以非接触地完成很多在真实世界中因物理极限难以实现的行为，比如在教育方面提供沉浸式、身临其境式的学习体验，又如在远程网络会议中提升现场感，从而提升沟通效率，颠覆现有办公模式。**但是在元宇宙中最核心的要素还是人，虚拟数字人则是真实世界通往元宇宙的桥梁。**

在互联网或元宇宙中，都有内容生产者和内容消费者两个角色。企业和个人都可以使用虚拟数字人作为内容的生产者，如虚拟数字人在元宇宙中进行对话、活动、表演等，都属于在元宇宙中创造了数字内容，所以每个人都既是内容的生产者又是消费者。

在现实世界，商家可以使用虚拟数字人以 B2C 的模式向个人消费者提供内容，如金融、旅游等领域的数字员工。商家运营虚拟数字人，为办理金融业务或者前来观光的个人消费者提供服务。图 11-5a 所示的百度联合浦发银行的虚拟数字人小浦就是这方面的产品。又如在传媒领域，构建虚拟主播，并生成形象生动的虚拟数字人讲解，通过短视频平台等进行内容分发。图 11-5b 所示的央视多模态虚拟小编小 C 就是这方面的产品。

a）浦发银行虚拟数字人小浦　　　　b）央视虚拟小编小 C

图 11-5　虚拟数字人

在元宇宙世界，虚拟数字人作为真实世界中的人的替身，既可以仅作为虚拟的形象，也可以作为 AI 助手在元宇宙世界中活动。每个人都可以构建自己的虚拟数字人形象，以 C2C 的方式在元宇宙中生产内容，让其他个体消费。图 11-6 所示为扎克伯格的卡通虚拟替身。

图 11-6　Meta 创始人扎克伯格的元宇宙虚拟替身

第四篇
行业实践

AI技术拥有像电一样的能力，可赋能百业。AI产品也一直在以"AI+行业"的形式落地。AI技术和产品不断深入行业，带来了许多创新和效率提升，如在医疗领域，"AI+医疗"帮助医生实现影像识别来辅助诊疗；在安防领域，"AI+安防"帮助实现社会治安管控；在交通领域，"AI+交通"实现了交通管控、车辆辅助驾驶，并在部分场景实现了自动驾驶；在工业领域，"AI+工业质检"进一步提高了工厂自动化，提升了制造效率。此外，AI在农业、政务、零售、家居等各种行业及场景中无处不在。

本篇从赋能行业、项目实践两个维度介绍AI产品在场景化下的应用，以及在这些场景中打造产品和交付项目的实战经验。

| 第 12 章 | CHAPTER

AI+ 行业的产品应用

本章从 AI+ 行业的角度，在更加宏观的维度看待 AI 产品在行业赛道中的落地，挑选了安防、交通中的智能汽车、制造业质检三个具有规模化和代表性的场景对 AI+ 行业落地进行介绍。安防是以计算机视觉为代表的 AI 技术早期落地的标杆赛道，交通中的智能汽车则是代表 AI 技术最高水平的场景之一，制造业质检是 AI 赋能生产制造和经济发展最直接的场景，这三个赛道场景都非常具有代表性。本章针对这三个赛道，从实战角度介绍具体产品的打造方法。

12.1 AI+ 安防

12.1.1 安防行业总览

安防是人工智能落地的最早行业之一，社会稳定和公共安全是社会发展的基础，我国社会治安的稳定与安防技术、产业的发展不无关系。在安防产业中，最重要的技术之一是监控摄像机。监控摄像机的普及，给案件取证、嫌疑人员追踪带来了直接帮助。数十年的发展，安防摄像机从最早的模拟摄像机变成数字摄像机，分辨率不断提高，铺设的规模也越来越广。随着监控规模的扩大，随之而来的问题是如何利用这些视频数据实现更大的价值。基于深度学习和计算机视觉的人工智能技术恰是赋能安防的关键手段。

以 2014 年人脸识别技术超越人眼辨别能力为标志，人脸识别技术跨过了商用的基准线。而在安防领域，对人员身份的确认、追踪和管控是核心的需求，但要从海量的视频数据中寻找有价值的信息，采用以往的遍历查找方式是非常低效的，AI 技术与这种需求一拍即合。经过了数年发展，人脸、行人、车辆等识别技术已经非常成熟，也已经在安防领域有众多的落地，如在多次演唱会上，警方利用人脸识别技术抓获了数名逃犯。

随着技术和应用的普及，人脸识别被广泛应用到泛安防场景，如社区和园区的通行、疫情期间的人脸测温与身份核验、企业厂区的管控等。以车牌、车辆识别为核心的技术，也被广泛应用到交通安全、停车管控等领域。除了视觉媒介的智能，指纹、语音、声纹、知识图谱等技术也被应用于安防中。

12.1.2　泛安防人脸产品实战

假设你们公司某个部门希望做一款人脸识别产品，主要做小规模场景的人脸通关。你作为这个部门的产品经理接手了这个工作，但作为新手，第一次做这个领域的产品，你要怎么展开做呢？

1. 宏观——战略意图

宏观层面关注的是灵魂拷问：为什么要做这个产品？为什么现在做？现在做还有机会吗？公司的战略意图是什么？对于这些问题，一个产品新手很难回答。但是对战略意图了解得更多、更清晰，在中观、微观上的努力就更有方向感。

第一步你找到上级，了解内部对这个产品的期望：为什么突然要做这样一款产品？你的上级告诉你，公司是一个地产集团，在二三线城市有非常多的物业子公司，为了做好安防及人员管理，所有物业子公司都需要向外部采购人脸通关设备并对其进行管理。全部对外采购人脸设备也不是不可以，但是公司战略上希望走智能化路线，融合高新科技，逐步形成自己的技术内核以及产品。安防是物业管理中最重要的一个环节，对于集团来说，可以先落地到自己的业务上，在未来还可以对同行输出自己的产品方案。

这么一聊，你算明白了这是公司拥抱 AI 做战略转型的一小步。毕竟市场上安防人脸识别相关产品已经非常多了，要做一款有足够强的竞争力的产品不容易，不过公司业务都在二三线城市，这类产品的市场渗透率也还没有达到很高的程度，而且优先落地到自己集团的物业上，在对外的竞争上具备一定内部支持的优势。当然得是在产品具备一定竞争力的前提下。有了自己集团子公司的使用验证，可帮你打造出更适合用于地产安防场景下的人脸识别产品方案，这对在集团外售卖也会更有帮助。

2. 中观——产品定义

了解了上级的战略意图，接下来就要开干了，但是这个"开干"更多还是想清楚要做什么、怎么做，也就是我们说的"中观"。中观已经算是开始执行了，但是执行前还需要想明白"一个完整产品是什么"的问题。

(1）产品定义

要把产品完整定义出来，这可要花不少工夫，早期的调研必不可少。在早期想得更清楚，后面就少遇到一些坑。你开始从多个维度给自己列计划。你想起了本书第三篇介绍的产品定义方法，列举出了表 12-1 中的内容，有些你已经可以给出答案了，但是有些还需要调研。

表 12-1 产品定义方法

序号	要素定义	要素释义
1	产品定义	产品是什么
2	产品目标	产品要达成什么样的阶段和长远目标
3	产品形态	产品是什么样子，如形状、大小、状态等
4	目标客群/用户群	产品卖给谁，又给谁使用
5	应用场景	产品在什么样的情形下使用
6	产品价值	产品给企业和用户带来了什么样的好处
7	商业模式	产品通过什么方式盈利
8	产品路线	产品的整体规划路径是什么

说到调研，这里又有两条路径，第一条就是要找一个实际的子公司客户和实际场景进行了解，看看这需求是公司自己想的，还是所有物业公司都有这样的需求；第二条是要了解竞品，因为现在做人脸识别产品的厂商非常多，形态也非常多。

为了充分了解人脸识别产品的情况，你决定先做竞品调研，这样在做用户调研的时候，也就知道该需求对应哪些方案，而且可能已经有很多竞品公司已推销过这些方案，用户说不定比你还懂。

(2）竞品调研

经过调研，你了解到在安防相关业务产品发展中，针对不同的场景衍生出了众多产品方案，如在数十人、数百人的小规模人脸识别场景中使用的产品方案与城市级的人脸识别产品方案相比，无论是在技术上还是在方案形态上都有巨大的差异。

针对小规模场景，如常见的楼宇、厂区等的人脸通关，一般会使用边缘计算形态的产品，如带屏显的智能人脸识别设备等（见图12-1），这类产品直接在设备端提供小规模的人脸库，以实现人脸本地比对识别服务，同时将数据汇集到管理服务端，进行业务汇总和统一管理。

a）海康人脸抓拍枪机

b）海康人脸识别组件

c）海康超脑（人脸）计算服务器

d）旷视人证核验设备

图12-1　安防人脸识别相关软硬产品

针对大规模的场景，如城市级别的安防人脸识别应用，需要端边云联合的整体解决方案。其中在端侧，主要是智能摄像机，即包含智能算法的摄像机，可提供人脸抓拍、人脸属性识别等一系列智能识别功能；在边侧，如针对视频流相机，可提供边缘的算力节点，由其负责对汇集的视频进行智能化处理；在云（中心）侧，强大的算力更适合大规模的人脸比对和检索，云侧管理规模化的人脸库，提供强大的检索算力，集中提供规模化的人脸识别应用（见图12-2）。

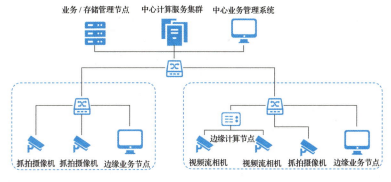

图 12-2 简化的端边中心拓扑

除了竞品的方案,你还通过一些项目信息了解到市场上竞品的价格。

(3)用户调研

用户调研的内容是什么?为了让调研更加充分,你准备了一份调研清单(见表 12-2),详细准备了你要调研的问题和调研计划。

表 12-2 调研清单

序号	内容项	具体关注问题	调研结论
1	用户场景	具体使用场景是什么?是地产小区出入口、楼栋进出口、楼层间,还是针对每个住户?	
2	客户需求	1)现在面临的人员管理问题,选择用人脸识别方案是出于什么考虑? 2)是要进行人员管控、身份认证、陌生人登记吗?	
3	产品形态	1)客户需要的产品是什么形态的?是通过公有云还是要私有化实现? 2)交互方式希望是什么样子的?	
4	人员规模	产品应用的时候有多大的人员规模?	
5	数据管理	1)数据是私有化的还是保存在云端? 2)数据是否需要分级共享? …	
6	环境情况	1)是否逆光? 2)是否为室外? 3)是否需要防水防雷? …	

忙了一周,你拜访了几个客户,对一些用户做了访谈,了解到不少需求,需要做一个完整的整理。需求非常多,以小区为单位就有非常多的小场景,而且每个场景的需求都有差异,对应的产品也会有差异。这些产品能不能完成,还需要对内做技术调研。

(4) 技术调研

拿着手头的用户需求调研,你又找到了内部团队,从软件算法、软件应用开发和硬件等多个维度与技术人员沟通,确认技术难点以及初步的技术方案(见表12-3)。

表 12-3 技术调研

序号	调研技术问题	备选方案
1	人脸识别算法	1)自行研发;2)外采算法;3)集团内部科技团队支持
2	活体检测	1)不使用活体;2)使用非配合式活体识别;3)使用配合式活体识别
3	逆光识别	1)补光;2)宽动态;3)算法优化
4	技术方案	1)采用边缘计算方案;2)小区的机房中心识别方案;3)公有云识别方案
5	人脸入库方法	1)App入库;2)门禁入库;3)管理端入库
6	人脸库规模	1)百级别;2)千级别;3)万级别
7	联网共享方案	1)楼栋范围;2)小区区域范围;3)小区范围
8	陌生人识别报警	如何判别陌生人
9	硬件方案	1)OEM硬件;2)ODM硬件;3)自行设计,外部代工

(5) 产品方案

经过初步的技术调研,根据目标产品的定位、成本、需求等情况,你初步确定了一个产品方案,并通过与上级领导沟通讨论,做了修正,结合团队自身能力,先做高端小区楼宇级的出入口人脸通行终端产品。具体的产品方案见表12-4。

表 12-4 产品方案

序号	产品项	结　论
1	产品定义	一款用于小区楼宇出入口的人脸通行终端
2	产品目标	半年时间打造首款最小可售卖产品
3	产品形态	一款软硬一体的楼宇人脸验证通关面板及附带的后端管理软件
4	目标客群/用户群	客户群为小区物业、新建房地产商 用户为小区居民、物业管理者
5	应用场景	应用在小区楼宇出入口，在小区居民进入楼宇时对其进行身份验证
6	产品价值	商业价值：提升集团智能化安防管理水平和经验，提升品牌价值 用户价值：提升物业数字化管控能力，提升居民安全感，提升通行效率
7	商业模式	优先利用集团内部渠道出售产品，赋能集团智能化楼宇安防；结合上下游通路和集团资源，联合外部方案商，输出整体产品方案
8	产品路线	OEM 硬件方案，外采算法，快速集成第一版，满足 ×× 规模小区需求，精度 ×××%；ODM 实现自主产权的硬件方案，优化算法，满足 ×× 规模需求

有了这个方案，要得到公司层面的广泛认可，就需要进行产品立项了。有些产品方案是自顶向下产生的，并且顶层设计很清晰，甚至已经在顶层立项了，资源都已经到位，那么产品经理就只需要做部分中观以及微观的产品工作了。但你的方案没有立项，所以你要针对上述产品方案及调研结论，做一份商业需求文档（BRD），或称立项计划书，然后组织各个职能负责人以及你的上级，一起协商产品立项的事情。目的是让产品委员会了解你的方案，并从专业的角度给予意见。产品委员会认同你的方案并做出同意立项的决定，所以你准备往下推进了。

3. 微观——产品设计

产品立项通过了，你前一段时间的工作得到了认可，但接下来还有非常繁重的工作要做，那就是微观需求细节与产品的设计。由于在第一阶段，要用最快的速度做一个最小可行产品（MVP），其中要处理硬件、软件、算法三个比较独立的部分，好在第一个版本的硬件采用 OEM，算法也将进行外部采购，所以对于这两部分你要做的主要是与外部谈合作，但是系统软件这块需要根据需求进行设计。

（1）算法选型和评价

新的一周开始了，虽然你决定外采算法，但是怎么采购合适的算法却是个技术活。你无法完全让采购部门来完成这件事，否则采购回来的算法可能完全用不了，而技术部门又不能完全理解你的场景需求，虽然有算法团队支持，但是你还是得亲自去看。

你找到几家做人脸识别算法的公司，并联系了对方销售人员，他们分别给你介绍了自己的算法，每个都说自己是第一名，看来竞争还是很白热化的。口说无凭，你选择了其中的 3 个厂商，然后让他们提供算法进行测试。有一些算法已经做到设备里面了，你可以直接拿着设备找场地进行测试。测试也是技术活，好在通过本书，你已经知道怎么去评价算法了。

你申请和借用了厂商的摄像机，并架设到自己公司楼宇的出入口，模拟楼宇刷脸并录制测试视频，通过改变位置、高度等要素，获得多组测试数据。你安排技术部门的同事部署好各家算法之后，开始为人脸库、干扰库等收集素材，并安排专门的人员标注视频人脸，比对最终测试的准确性。虽然有很多评价方法，但你主要针对人脸检测率、人脸识别率两个指标进行测试（见表 12-5）。

表 12-5　测试数据示例

测试内容	厂商 A	厂商 B	厂商 C
人脸检出率	××%	...	...
人脸误检率	0.×%	...	...
人脸识别率（500 库容）	...	...	...
人脸误识率（500 库容）	...	...	...

(续)

测试内容	厂商 A	厂商 B	厂商 C
人脸识别率（5000 库容）	...	...	...
人脸误识率（5000 库容）	...	...	...
平均延时	0.5ms	0.3ms	...

经过两周的资源调配和反复测试，终于选定了两家算法作为备选，这两家的算法各有优劣，一个速度更快，一个精度更高。

（2）硬件选型

算力硬件其实是要与厂商一起选的，毕竟算法的好坏有时候在不同硬件上表现不同，但是由于人员有限，你得多条线一起看。硬件还决定了产品的成本。针对不同硬件的算力和售价，以及算力开发难度、芯片供应情况等问题，你一一做了了解，并邀请对应的厂商沟通，先选定了计算芯片的组合，再通过计算芯片的组合找到好的整机方案。同时你还与算法厂商确认了他们支持这类芯片平台的能力。

根据接口的要求，你还跟技术部门一起确认了硬件的接口，对部分接口情况还做了详细了解，初步对比了几个厂商的产品，选定了一个厂商（见表 12-6）。

表 12-6　硬件选型

测试内容	厂商 A	厂商 B	厂商 C
算力芯片	×××品牌	...	...
CPU	×××品牌	...	...
网口	双网口、支持 POE	...	...
存储	支持 16GB	...	...
...	...	...	...

选定硬件之后，就要用硬件和算法一起做联调测试了，但你的软件部分还没有开发。

（3）系统设计

终于开始着手做整体的系统设计了，这里面涉及对产品功能、产品性能、产品稳定性、产品性价比等的整体考量。

你根据市场客户的需求,梳理出最核心的产品形态和功能,产品包含了设备端、管理后端两部分。管理后端主要是给小区出入口管理人员使用的,包括人脸入库、人脸记录查询、陌生人预警、设备运维管理这四大核心功能。设备端的主要功能包括人脸库下发更新、人脸比对、高权限的本地记录查询、陌生人识别等。根据核心功能,你不断拆解,细化出完整的功能思维导图(图 12-3 为一个样例)。

图 12-3　人脸识别系统功能导图

为了让整个产品更加系统化,你整理绘制了产品的系统拓扑图,一下子就知道了产品的组成方式(见图 12-4)。

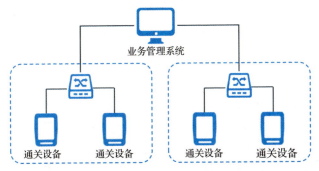

图 12-4　人脸识别系统拓扑(简)

为了更加清楚整个应用的逻辑,特别是在人脸注册入库环节以及人脸比对环节,你做了一些小的业务流规划方面的用例,让开发人员更详细地了解整个业务逻辑。针对不同的用例,可以绘制不同的业务流程图,也可以将不同的用例整合成一个完整的业务流程(见图 12-5)。

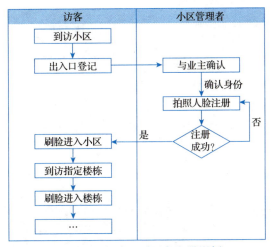

图 12-5　人脸识别用户注册用例

完成了整体性和业务性的规划之后，你将重点放在系统交互页面的设计上，你使用原型软件绘制了线框图，将功能、信息等全部体现在原型图上，并在原型图中添加了详细的信息结构（见图12-6、图12-7）。

图12-6　终端交互的部分线框图（仅参考，非真实可用）

图12-7　中心管理平台的部分线框图页面（仅参考，非真实可用）

整理完了原型图，你开始着手制作产品需求说明（PRD）。你将上述产品介绍、产品定位、系统设计、流程图、线框图和用户故事整理到一起，到这里，产品的需求调研算是初步完成了。在得到上级产品总监的确认之后，你将 PRD 以及原型图发送给交互设计人员、技术开发人员进行审阅。

12.2 AI+ 制造业

12.2.1 制造业质检痛点分析

制造业是国民生产的基础，是商品货物的根基，涉及材料、机电自动化、检测、能源、物流等多个领域。制造业的发展经历了四个阶段：第一阶段是机械化，即通过杠杆类机械和人工的电机控制，实现人在体力上的解放；第二阶段是自动化，即通过电机等实现了工业过程中的流水线自动化；第三阶段是信息化，即对设备、产品、订单、物流等全工业进行信息化管理；第四阶段是智能化，这是以机器视觉、工业互联网、工业大脑等为契机实现的。上述每个阶段都不是孤立存在的，最终的生产制造必定是四化融合。

制造业包括众多的细分领域，如食品和药品加工、装备制造、材料加工制造、芯片半导体制造、汽车制造等；根据制造技术、价值和效能等，制造业又分为高端制造、低端制造，如以航空材料、发动机、芯片等为代表的是高端制造，能耗大、效能落后或污染大、自动化程度低的一般属于低端制造。制造业是一个巨大的分散市场，每个细分领域都可以孕育出众多企业，很少有一家制造业可以像互联网一样垄断所有细分市场。在政策上，中国的《中国制造 2025》《"十四五"智能制造发展规划》等都指向了面向智能化的制造业升级。

制造业最核心的问题包括成本高、周期长、投入大、良率低,当以深度学习为代表的新一波人工智能浪潮来临时,制造业智能化的步伐也在加速,制造业智能化的核心就是要实现降本、增效、提质。在制造业,以机器视觉、工业互联和工业大脑为核心的智能制造是发展方向,在机器视觉的质检、工业环境的巡检中 AI 都有大量的落地应用。

在制造过程中,由于工艺、材料、外部环境等一系列因素的影响,可能造成物料制造缺陷,如表面划痕、坑、毛刺等,不同的物料缺陷类型也不同,且非常多、存在长尾,如电路板中的断焊、虚焊,钢铁表面划痕、脏污,文字喷码的重复印刷等。无论哪种缺陷,都可能输出废品,造成制造良率下降。

传统的制造业质检方式是人工目检,从成本方面看,在产品的制造过程中质检的环节众多,随着产能扩大,质检人员的规模成倍扩大,招工、培训、用工成本增加,人工目检并不是一个友好的方案。人会有疲劳、情绪不好等因素存在,从而为质检带来很多不稳定因素。但一直以来由于产品制造的多样性,以及质检对机器而言的复杂性,机器视觉方案一直难以得到很广泛的推广,尽管如此,机器视觉依然作为最理想的质检手段一直在不断研发中。随着深度学习技术的成熟,机器视觉在质检方面的应用越来越多。

在质检场景中,AI 落地不仅涉及软件,还需要光源、相机、镜头、处理器、机构、控制等一系列产品的组合,各个维度的玩家都进入了这个赛道,包括相机厂商、自动化厂商、AI 厂商等。传统制造业视觉公司在拥抱新 AI 技术,如老牌的康耐视;传统摄像机厂商在进军工业摄像机和 AI 软件,如海康成立的海康机器人;AI 厂商则通过软件切入,如创新奇智、阿丘科技、思谋科技等。

按照技术实现类型,机器视觉 2D 应用可以分为识别、定位、检测和测量等多个方向。这几个方向都可以用于产线中的质检,如通过光学字符识别确认物料号的正确性、通过定位辅助质检之后的分拣、通过检测发现瑕疵缺陷、通过测量确认工件尺寸等（见表 12-7）。

表 12-7　工业质检场景任务类型

识别	定位	检测	测量
标准一维码、二维码识别光学字符识别和确认	检测对象定位、目标位置和方向输出定位坐标，辅助后续行动	色彩和瑕疵检测，零部件存在/不存在检测，检测物体并进行分拣	尺寸和容量测量，预设标记的测量，如孔位到孔位的距离

12.2.2　瓷砖缺陷检测

日本 Sekisui House 公司是日本最大的建筑商之一，其公司生产的 Bellburn 瓷砖用于高档房屋建筑外墙。Bellburn 瓷砖美观高档，但在生产过程中，最初的成型工艺有时候会在外侧留下小凹坑或线条，并可能粘上黏土等材料。为了避免瓷砖成型时的外观缺陷，需要对瓷砖逐一进行质量检测。

瓷砖生产中可能产生各类外观缺陷，无法完全提前预设缺陷类型，且各类缺陷对产品合格的影响也不同，某些缺陷非常轻微或在可接受范围，为了不影响供应，会被视为合格。另外，为了补充良品，产线需要根据以往的生产速度和人工检测速度等制订生产计划，因此会导致库存增加。

为了解决外观缺陷检测问题，Sekisui House 使用康耐视的 VisionPro Deep Learning 软件产品并配合摄像机、光源等硬件搭建了瓷砖缺陷检测系统。VisionPro Deep Learning 中的检测模块是专门为生产质检而设计的，仅需要百级别的图像样本集即可完成训练，并部署到生产线中。瓷砖缺陷检测系统主要对瓷砖外观中的凸起、凹陷、颜色阴影、多余线条等缺陷进行判别。基于 VisionPro Deep Learning，工程师还可以针对具体外观缺陷是否可接受对样例进行微调。

在瓷砖缺陷检测系统的帮助下，生产部门可以更早获知缺陷数量，提高生产计划的准确性。机器视觉的质检方案还大大提升了质检效率，减少了 40% 的固定库存，降低了成本。

12.2.3 制造业读码产品实战

本小节重点介绍一个 AI 产品经理在一个希望拓展新业务的 AI 公司中，面向极其分散和碎片化的市场，如何应对一些实际问题。

AI 技术应用在制造业中的最大问题就是需要面对海量的碎片化的制造业需求，比如做电路板缺陷检测时，因电路板缺陷类型众多，质检的产品不一样，算法就需要优化；又如做药品外观检测时，如果检测的药品外观形态发生了变化，算法也需要重新学习。这是一个极其分散和碎片化的市场。作为一家 AI 公司的 AI 产品经理，领导让你开始探索如何让 AI 能力落地到制造业质检中，你十分头疼，无从下手，这是典型的拿着锤子找钉子。

经过了数天与销售的沟通，你获得许多读码识别的需求，再调研竞品，你发现大部分头部智能制造或提供质检解决方案的企业都在专门做光学字符识别或者读码的产品。进一步了解，你发现读码的需求在制造业的各行各业都存在，比如针对药品包装表面的生产日期、序列号等进行读码。因为在众多领域都有读码需求，这似乎是一个比较通用的需求，所以你认为可以形成一个通用、独立的产品。

于是，你开始构思一款用于制造业产线包装的字符识别的产品。你调研了制造业质检的机器视觉系统，其中包含摄像机、镜头、光源、处理器等分散的模块，你发现这是一个比较复杂的产品。但是，你也发现了一些智能一体机产品，比如康耐视 In-Sight 系列（见图 12-8）。

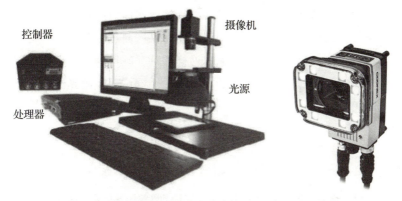

图 12-8　传统机器学习系统与康耐视机器学习一体机

1. 一系列灵魂拷问

经过竞品的调研和对相关企业的需求收集，你明确自己就是要做一款类似康耐视 In-Sight 那样的专门用于读码的产品。但是作为一个初创 AI 公司中的一员，在对标康耐视这样老牌厂商的出色产品时，你需要问自己几个问题。

问题 1：公司的优势是什么？

答：作为一家 AI 软件公司，算法能力是最大的竞争力。你的公司可以快速将算法落地到某个场景，并达到较高的精度。

问题 2：公司的劣势是什么？光学部件镜头等好做吗？我们有这样的基因吗？

答：对于硬件，你的团队并没有足够的知识储备，没有足够的产品沉淀，没有制造、供应链的经验，从头做硬件，是个吃力不讨好的活儿。

问题 3：我们应该做什么？不做什么？

答：发挥自身长板，用别人的长板补充自己的短板。

回答了这些问题,你知道要找硬件合作商做硬件,软件和算法由自己来做。但是你发现,很多硬件供应商也会自研或采购算法产品,生成自己的读码产品。这样的话,硬件供应商也成为你的竞争对手,如果竞争对手的算法效果很好,那你做算法的意义在哪里?是不是"一个设备+一个算法"就包打天下了?这里就又涉及场景中的另一个痛点。

2.碎片化市场面临的问题

当你的团队将一个通用的字符识别算法烧写到硬件设备中,并应用到一个药品包装盒测试项目上时,发现这个项目中的文字是钢印的(见图12-9),算法对此识别的效果很差,这就需要针对项目做算法优化。在实际应用中,是不是还会遇到很多类似始料未及的由字体或者物品表面引起的算法效果差的问题?答案是肯定的,除了钢印,还有蚀刻、喷码等。

图12-9　药品包装盒钢印

要做好这个产品,你面临另外一个难题:产品在通用性和专用性上要如何取舍?假如专门做钢印识别,将效果做得很好,可能可以满足一部分需求,但是当药企新增一款喷码的包装时,可能效果又变差了。除了字体,对于物品表面反光、色差小等长尾问题(见图12-10),算法又如何解决?你突然发现,在打光问题上也会变得复杂,如何指导打光以得到清晰的文字,如何让算法准确识别各种各样的文字,是产品需要攻克的两个难题。

图 12-10　包装盒表面反光

解决长尾问题有一个好的方法，就是在客户侧进行优化，也就是将算法的优化工作交给客户。客户简便反馈错误识别，再进行简单标注，系统就可以自动实现算法的优化，这就是第三篇中介绍的 AI 中台的一部分能力。这样做其实是在专用性和通用性问题上选择了后者，产品可以更加标准，在完备的通用产品基础上还可以非常便捷地发展无须优化的专用产品，如专门针对半导体晶圆表面字符进行识别的产品。

3. 落地应用

面对 AI+ 制造业读码质检的场景，康耐视的产品算是业界标杆，其 In-Sight 系列光源镜头相机一体设备搭载了深度学习算法，可以应用于制造业中的读码、定位、质检、分拣等场景，而 VisionPro Deep Learning Read 专门用于配合字符识别算法进行升级训练，如图 12-11 所示。

图 12-11　康耐视机器视觉一体机与 VisionPro Deep Learning Read

做一个算法训练场景的产品，最重要的是验证增加长尾数据对算法优化的有效性。也就是说，利用算法训练解决长尾问题并不是绝对可行的，否则也就完全不需要算法研究人员了。解决长尾问题的手段本身就存在长尾问题。而这个问题的解决，最后还是要回归到场景难度问题。产品应用应该是有范围的，而不是支持一切的。在产品落地中，要区分可用范围，而不是被项目绑架，否则产品就会陷入无穷无尽的项目中。

12.3 AI+ 汽车

12.3.1 行业总览及 AI 技术机会分析

随着人工智能、新能源、5G、大数据、云计算等一系列技术的发展，在道路交通领域，汽车的电动化、智能化、网联化、共享化已成为发展的潮流，百年传统汽车产业迎来大变革，"软件定义汽车"正在颠覆原有的观念。而汽车的电动化、智能化和网联化带来的是道路基础设施的重构，还带来了以智能汽车为核心的出行和生活方式的变革，也将带来整个智慧交通治理的重构升级。在这个过程中，多种技术被融合应用，AI 作为其中的一种技术也被广泛应用到路侧设施、智能车、智慧交通综合治理方案中，并发挥极其重要的作用。

在道路交通领域，汽车保有量快速增长，截至 2021 年，全国机动车保有量达到 3.95 亿辆。汽车数量的增长带来了许多问题，如道路交通事故、交通拥堵等。据世界卫生组织统计，每年全球有 125 万人死于交通事故，而造成交通事故的原因有酒驾、疲劳驾驶、超速等，这些都是人主观造成的。而自动驾驶作为一种技术解决方案，理论上可大大减少道路交通事故，而自动驾驶和车联网技术会大大缓解交通拥堵。自动驾驶和车联网技术通过降低拥堵、合理管控车辆能源利用、对道路车辆编队等，还将提升车辆整体能源利用率，让车舱成为新的活动空间。

自动驾驶应用是一个巨大的市场，麦肯锡 2018 年的研究报告《自动驾驶在中国》认为，中国将成为全球最大的自动驾驶市场，预计 2030 年可达到 5000 亿美元的市场规模。从 2009 年开始，谷歌、百度等企业开始研发自动驾驶，至今已十多年，技术日趋成熟。近几年整车及自动驾驶方案的投融资也非常活跃，自动驾驶赛道诞生了非常多的新玩家，资本的加持加速了技术的发展。在这个大赛道中，也有非常多的细分领域的新玩家，比如产业链上游的针对自动驾驶的激光雷达、毫米波雷达、自动驾驶芯片、自动驾驶方案等的玩家。

AI 技术是自动驾驶赛道上最重要的技术之一，当前无论是辅助驾驶系统 ADAS、驾驶员监控系统 DMS，还是 L4 的自动驾驶系统，都应用了众多以计算机视觉和多传感器融合的 AI 技术。AI 在车辆的路线规划和决策中起到重要的作用，但是自动驾驶汽车是一个系统性的工程，需要多项技术的融合才能达到最优效果。

在以智能车为核心的解决方案可分为单车智能、协同智能两个方面，单车智能关注的是智能车本身在无须与外界通信的情况下实现智能，主要包括智能座舱、辅助驾驶、单车智能的自动驾驶等。而协同智能则主要是车联网，除了智慧的车，还需要智慧的路、智慧的云。

在自动驾驶的大赛道中，自动驾驶的解决方案会涉及很多上下游产业链产品，其中有很多 AI 产品解决方案，比如自动驾驶 AI 芯片、ADAS 先进驾驶辅助系统、智能摄像头、多传感器融合的自动驾驶解决方案、智能语音交互等。

12.3.2 智能驾驶 AI 芯片解决方案

在智能驾驶芯片赛道，参与者众多，大部分都是基于深度学习 AI 的计算特性、自动驾驶场景的感知方案配置和算力需求进行产品设计的。传统汽车中电子与电气控制架构相对独立、资源分散、算力低、算力分散，随着自动驾驶、智能座舱的发展，这种传统的分散式电子与电气控制架构难以满足需求。智能驾驶芯片从原来的分散式向集中式发展，算力的需求也不断增长，促成智能驾驶集中计算平台的趋势。智能驾驶芯片赛道中的玩家包括英伟达、Mobileye、特斯拉、华为、地平线、寒武纪等（见表 12-8），随着近年新能源、自动驾驶、网联车落地的进一步推进，高级智能驾驶芯片需求呈井喷式发展。

表 12-8 智能驾驶 AI 芯片玩家

品牌	介绍
英伟达	英伟达是图形计算芯片领域的龙头，面向 L2～L5 自动驾驶场景推出了 Drive 系列芯片及开发者套件
Mobileye	Mobileye 是以色列的芯片公司，在自动驾驶领域推出了 EyeQ 系列芯片，由于算力小，主要面向 L2 的 ADAS 应用，但市场占有率很高
特斯拉	2019 年特斯拉正式发布首款自研 FSD（Full Self Driving，全自动驾驶）芯片方案，双芯片算力达到 144TOPS
华为	华为在 2018 年推出了智能驾驶计算平台 MDC，以及 MDC 210、MDC 300F、MDC 610、MDC 810 系列产品，算力达 48～400TOPS，满足 L2～L5 的算力需求
地平线	针对自动驾驶领域，推出了征程系列车规级芯片，满足 L0～L5 的自动驾驶算力需求，其中征程 5 算力达到 128TOPS
寒武纪	寒武纪是 2016 年成立的专注于人工智能芯片产品的公司，其布局的行歌系列智能驾驶芯片是定位高级自动驾驶的达 200TOPS 算力的车规级芯片

英伟达在图形计算领域是全球的龙头企业，在 AI 浪潮来临

之时，把握住了深度学习浪潮并行计算的需求，推出了非常丰富的面向各种场景的 AI 计算解决方案，其中就包括 AI 在自动驾驶领域的解决方案。面向自动驾驶，英伟达推出了丰富的自动驾驶芯片、开发套件以及对应的软件模拟平台、工具链等，表 12-9 从硬件角度，列举了近年英伟达发布的自动驾驶硬件芯片和解决方案。

表 12-9 英伟达的自动驾驶算力芯片

型 号	算力/TOPS	配 置	定 位	推出时间
Drive PX	2.3	基于 Tegra 芯片	非车规	2015 年
Drive PX2	24	基于 Tegra 芯片	非车规	2016 年
Xavier	30	SOC，包含 1 个 8 核 CPU 和 1 个 512 核 Volta GPU	车规级 /L2+、L3	2016 年
Drive AGX Xavier/Pegasus（见图 12-12）	320	开发者套件，包含 2 个 Xavier 和 2 个 Turing GPU	车规级 /L4、L5	2018 年
Drive Orin（见图 12-12）	254		车规级 /L4、L5	预计 2022 年
Drive Altan	1000		L4、L5	预计 2023 年

a）Drive AGX Xavier/Pegasus　　　　b）Drive Orin

图 12-12 英伟达 Drive 系列智能驾驶 SOC

地平线成立于 2015 年，是我国最早实现车规级人工智能芯片前装量产的企业，核心定位于包括面向智能驾驶和智能物联在内的边缘计算 AI 芯片，基于专用的人工智能计算架构 BPU

（Brain Process Unit），在 2019 年成功推出车规级征程系列 AI 芯片（见表 12-10 和图 12-13）。

表 12-10　地平线征程系列智驾芯片（数据来源：地平线官网）

型　号	算力 /TOPS	定位	推出时间
征程 2	4	车规级 AI 芯片 /L2～L3	2019 年
征程 3	5	车规级 AI 芯片 /L2～L3	2020 年
征程 5	128	车规级 AI 芯片 /L2～L4	2021 年

图 12-13　地平线征程 5

12.3.3　AI 在驾驶辅助与自动驾驶中的应用

根据美国汽车工程师学会（Society of Automotive Engineers，SAE）于 2021 年更新的自动驾驶等级，自动驾驶有 L0～L5 共 6 个级别。2021 年，中国《汽车驾驶自动化分级》（GB/T 40429—2021）正式出台，2022 年 3 月正式执行，该标准结合中国实际，参考国际标准，同样将汽车驾驶自动化等级划分为 0～5 级，见表 12-11。

表 12-11　《汽车驾驶自动化分级》中的等级简介

分级	名　称	持续的车辆横向和纵向运动控制	目标和事件探测与响应	动态驾驶任务后援	设计运行范围
0 级	应急辅助	驾驶员	驾驶员及系统	驾驶员	有限制
1 级	部分驾驶辅助	驾驶员和系统	驾驶员及系统	驾驶员	有限制
2 级	组合驾驶辅助	系统	驾驶员及系统	驾驶员	有限制

(续)

分 级	名 称	持续的车辆横向和纵向运动控制	目标和事件探测与响应	动态驾驶任务后援	设计运行范围
3级	有条件自动驾驶	系统	系统	动态驾驶任务后援用户（执行后成为驾驶员）	有限制
4级	高度自动驾驶	系统	系统	系统	有限制
5级	完全自动驾驶	系统	系统	系统	无限制

无论是 SAE 的标准，还是中国的标准，都将 L0~L2 定义为驾驶辅助，而将 L3~L5 定义为自动驾驶。无论是在驾驶辅助还是自动驾驶系统中，都大量使用了 AI 技术。下面从驾驶辅助和自动驾驶系统两个维度来介绍 AI 的落地应用。

1. 驾驶辅助系统

驾驶辅助系统分为预警类、主动安全类型等，这些离散的提供辅助驾驶的模块化系统统称为先进驾驶辅助系统（Advanced Driving Assistance System，ADAS）。ADAS 利用安装在车辆上的传感器，以及通信、决策及执行等相关装置，实时监测驾驶员、车辆及行驶环境，并通过信息和运动控制等方式辅助驾驶员执行驾驶任务或减轻碰撞危害。ADAS 包含众多辅助系统，常见的有前向碰撞预警（Forward Collision Warning，FCW）、车道偏离预警（Lane Departure Warning，LDW）、自适应巡航控制（Adaptive Cruise Control，ACC）、自动泊车系统（Automatic Parking System，APS）等。

在众多辅助系统中，大量应用了以深度学习和计算机视觉为核心的技术，如车道偏离预警系统、自动泊车系统等。以地平线的 Horizon Matrix 领航辅助驾驶解决方案为例，基于征程系列芯片和一系列高性能算法（如车道线检测、车辆检测、道路边沿检测等），在外接入感知设备的情况下，可利用算力和算法，实现车道线偏离预警、变道、自主泊车等一系列 ADAS 应用。小鹏 P7 的 XPILOT 基于英伟达的 Xavier 系列算力平台，整车外接超声波传感器、毫米波雷达、摄像机等一系列感知设备，实现了智能泊车辅助、自适应巡航以及碰撞预防等一系列驾驶辅助功能。

2. 自动驾驶系统

对于自动驾驶技术方案长期存在争论，争论包括两大方面：一方面是协同路线之争，即是"单车智能"还是"车路协同"；另一方面是传感器侧的技术路线之争，即是"视觉感知"还是"激光雷达感知"。在协同路线之争上，我国的发展更倾向于车路协同，而国外更倾向于单车智能；在传感器侧的技术路线之争上，从保证安全性的角度来看，激光雷达和毫米波雷达可以带来更高的安全性，但前期激光雷达价格高昂导致了雷达路线一直受到怀疑，随着激光雷达成本的急剧下降，雷达和视觉多传感器融合方案已经成为主流。

自动驾驶的落地场景众多，如 Robotaxi、自动驾驶公交、港口、物流园区、市政环卫、智慧矿区等（见图 12-14）。

a）百度第 5 代 Robotaxi Apollo Moon　　b）图森的无人卡车

图 12-14　自动驾驶汽车

c）文远知行的自动驾驶小巴　　　　d）仙途智能的无人驾驶清洁车

图 12-14 （续）

在无人驾驶感知中，**AI 技术最核心的作用是融合感知数据进行目标的检测识别**，自动驾驶车辆搭载了大量的感知传感器，如 Apollo Moon 搭载了 2 颗激光雷达、13 颗摄像头和 5 颗毫米波雷达的传感器组合。搭载大量的传感设备确保了在数据感知上无死角，而要确保对各种目标的辨别，则需要大量 AI 算法的支撑。要感知、识别的东西很多，包括对路面上的人、车、障碍物的实时检测跟踪，对场景、施工区域、可行驶区域的识别，对道路车道线、交通标志标线等的识别。在感知到这些基础元素之后，还需要进行融合决策，如面对障碍物的决策（是跟车、变道还是停车避让）、面对交通规则的决策等。感知只是自动驾驶中的一个重要环节，实现整体的落地，还要依靠决策、控制等一系列环节，以及与场景的深度结合（见图 12-15）。

 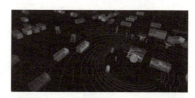

a）视觉的前视辅助驾驶识别画面　　　b）激光点云视角的道路、人、车识别画面

图 12-15　自动驾驶计算机视觉视角

12.3.4 智能座舱 AI 产品实战

在智能汽车中，座舱是一个极其重要的场景，随着汽车的智能化、网联化、共享化，座舱不再局限于驾驶的空间，而是向工作空间、娱乐空间、休息空间延伸，伴之而来的是大量玩家涌入智能座舱赛道。智能座舱产业涉及车载操作系统、中控屏集成、车载应用、驾驶员状态监控系统、芯片、语音交互技术等，其中驾驶员状态监控系统、语音交互技术是智能座舱中重要的 AI 应用。

作为一个 AI 产品经理，你所在的企业是自动驾驶方案商，可提供完整的自动驾驶解决方案，有比较完整的产品链，无论是 L2 驾驶辅助、L4 自动驾驶还是智能座舱产品都有涉及。你所在的智能座舱业务线主要针对座舱中驾驶员状态监控系统、座舱智能语音交互、抬头显示等产品，你负责的是智能座舱场景的语音识别产品。由于上一任产品经理离职，你接手了该工作，产品已经有了一定的基础，即有基础的语音识别模型，但是没有做针对性优化，也还没有批量交付。

语音识别技术已经比较成熟，但与通用语音识别系统相比，智能座舱的语音识别系统强化了车载场景下的需求，比如导航、音乐播放、温度调整等。车载语音识别系统会与主机（车机）厂合作，比如作为 Tier1 产品供应，所以从目标客户角度看，这是一个面向 B 端的产品，但产品最终面向的是 C 端消费者，因此这也是一个 C 端应用产品。产品好不好用，由 C 端消费者说了算，但是买不买单却是由主机厂决定，尽管两者在最终市场环境下会达成较高程度的统一，但产品经理仍需要做出很多取舍。

1. 产品经理的部分技能已废

虽然绘制原型线框图是初级互联网产品经理的工作之一，尽管语音交互依然可能需要极小量的图形化交互（显示文本），但是语音识别产品并不是一个强图形化交互的产品，你原来的部分技能可能无法施展。虽然语音识别产品依然是很重视交互的产品，这种交互是对话，是交流沟通，是寻找让人舒服的方式，因此如果从交互体验层面关注产品，你应更关注如何让用户觉得舒服，须从语速、内容、音量、语调、音色等维度关注体验。

2. 关于产品的形态

你接手时，你的产品还停留在基础的语音机器人算法形态，仅可以对基础的交流做出应答，而涉及控制、深层次的问答时，却因没有充足的知识作为背景，所以无法应对。智能座舱的语音交互产品可以是纯软件系统，也可以是音响机器人，目标是提供语音识别、理解、交互、控制等能力，这是简单意义的产品形态。但你觉得它还可以拔高一个层次，可以是一个座舱场景下有求必应的数字伙伴，这样的产品会更有形象感。

3. 产品的核心和产品经理的工作

语音交互机器人是一款纯 AI 的产品，它需要将听、理解、决策控制、语音合成等一系列功能融于一体。你绘制了产品整体内部实现逻辑图，如图 12-16 所示。

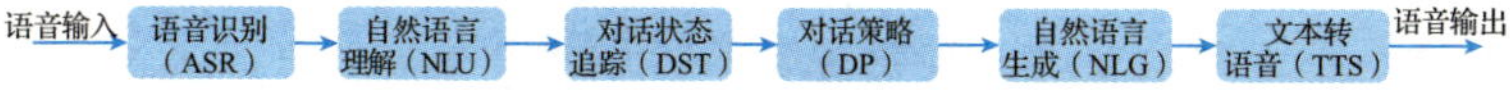

语音输入 → 语音识别（ASR）→ 自然语言理解（NLU）→ 对话状态追踪（DST）→ 对话策略（DP）→ 自然语言生成（NLG）→ 文本转语音（TTS）→ 语音输出

图 12-16　整体实现逻辑图

这里一个问题你还是有疑惑：不画原型，而这款产品又如此偏技术，作为 AI 产品经理你可以做什么？

通过多方沟通学习，你知道了自己要做的事：明确这款产品要做到怎么样的程度才算合格，其中就包括需要达到什么样的精度水平；产品会应用在什么样的硬件平台，这对性能有什么样的要求；为了体验更好，在文本转语音环节需要达到什么样的标准；面对各种使用情况，产品应该具备什么样的智能水平。

因此，你的工作是将产品的定位、定义、功能、性能、标准等梳理清楚，尽管你不需要绘制原型，但是你需要做大量的调研、对比、定义，提出最好的软硬件方案，给出最好的标准。

4. 产品的核心模块

尽管语音交互机器人是一款综合性的产品，但是其本质还是一个对话系统，语音识别和文本转语音其实就是翻译。你将这款产品划分为语音识别、语义对话、语音合成、决策控制四大部分，这四大部分分别模拟了人的听、理解、说、行动四个环节。这四个环节在产品层面关注的目标是不一样的：语音识别关注的是如何听得准，不轻易误报；语义对话更加关注如何理解说话人意图、给说话人满意的反馈；而语音合成关注的是怎么让机器说话的声音自然好听；决策控制关注的是如何在机器理解之后将用户意图转变为一种操作行为。

5. 细碎的场景化

对于智能座舱，千人千用，不同的人在开车过程中有不同的习惯，有人喜欢安静，有人喜欢唱歌，有人喜欢自言自语。智能座舱在与人交互时，所涉细分场景非常丰富，最核心的包括打电话、导航、询问天气、调温等，在细分场景下每个人都有不同的使用方式，因此，它依然是一个长尾的存在。

尽管智能座舱的应用场景非常细碎，但是你知道不同功能使用频率差距很大，你通过互联网调研、汽车论坛调查问卷等方式,收集了车载场景中使用频率最高的功能,发现频次从高到低是:蓝牙电话、温度调节、音乐/电台、导航……(仅作为参考案例,不具备真实应用意义)。尽管你很希望算法一次性完美适配所有细碎应用场景,以便基于新的大模型、Transformer 等技术,让你的产品在语音识别和理解方面的能力更加强大,但是你也发现这很难做到。你又发现,优先支持高频使用场景是一种不错的策略。

6. 算法评价问题

AI 产品经理逃不开对产品的评价,而对于一款包含了众多算法能力的产品,对算法的评价是关键,而且所涉环节多,评价指标也多。你根据竞品以及当前算法测评的标准,梳理了业务侧最适合描述产品能力的指标(见表 12-12)。

表 12-12 产品能力指标

产品模块	指标
语音识别	1)唤醒率:关注唤醒语音助手时的成功率 2)误唤醒率:与唤醒率对应,关注误唤醒的频次,在夜间单人开车场景下,语音助手无故被唤醒还是挺吓人的,所以既要唤醒率高,又要误唤醒率低 3)识别率:关注语音识别的准确率,即语音转为文本的准确率
语义对话	如 BLEU,参考 4.3.6 节
语音合成	涉及清晰度、可懂度和自然度。一般包括主观评价方法和客观评价方法,主观评价方法中最常用的是平均意见分法(Mean Opinion Score,MOS),即多个人共同打分取平均值
决策控制	关注从语音识别到理解再到决策的整体反馈准确度以及反馈的时间

| 第 13 章 | CHAPTER

AI 项目落地过程及问题分析

在 G 端和 B 端应用中，少不了产品在项目中落地。AI 产品落地项目有两种状态：第一种是进入一个新领域，产品不成熟，算法、产品功能、外部接口等都需要定制；另外一种是 AI 产品从一个项目复制到另一个项目，产品相对成熟。在 AI 赋能不同赛道的早期，更多的是第一种状态。本章会从项目的概念验证（POC）到交付管理，系统分析 AI 产品落地项目的问题。

13.1 B/G 端的 AI 项目

项目是满足一系列目标的任务集合，从企业外部业务的角度来看，项目是一项独立的业务，一般通过售卖和交付产品

(或集成物）带来营收。从企业内部业务的角度来看，项目是一项投入，可以是研究投入、产品投入、效能工具投入等。区别于项目，产品是指作为商品提供给市场，被人们使用和消费，并能满足人们某种需求的任何东西，可以是物品、服务、软件等。

13.1.1 AI落地B/G端离不开项目

在B端和G端的业务赛道中，哪怕是做产品的公司，也常绕不开做项目。在AI领域中，大量应用的核心作用是提升效率，从而带来经济价值，天然适合B端和G端业务。项目带来标杆效应，也为产品打磨创造机会，所以努力做AI产品的公司中有不少做成了项目型。产品和项目相似但区别也大。从标准化角度看，产品的标准化程度高，可复制性强，定制化少，可最大化以复制的形式落地到不同的项目中，而项目大部分带有定制化；项目是产品打造的源头之一，通过交付项目，企业可以更好地把握市场的真实需求，通过不同的项目，找到需求的共性和差异，为打造产品提供依据。

一般从性质划分，项目可包含商机项目、交付项目、产品开发项目、预研/探索性项目等。商机项目、交付项目更多是面向客户的，产品开发项目、预研/探索性项目更多是面向内部开发的（也包含与外部联合开发）。

1）**商机项目**：在B端和G端的业务中，商机项目主要是外部商机的早期对接，包括需求沟通、可行性验证、获得订单等任务。在AI产品应用中，算法难以一次性适配所有场景，因此面对新项目时，常常需要进行PK测试或者概念验证。如果产品不成熟，有时则需要通过轻量级的定制开发，以满足客户的试用要求。在业务需要战略性投入大的商机项目时，在客户不买单的情况下，还可能须投入大量资源在客户侧"陪跑",一方面验证项目的可行性,一方面为客户提前提供完整产品体验,为买单打基础。

2)**交付项目**:当商机项目验证通过,并顺利中标、签订合同后,项目即进入交付阶段,如果项目交付使用成熟产品,则是项目交付会是一件较为简单的事情,但如果客户侧有大量的定制需求,则项目交付将包含大量的定制开发。

3)**研发项目**:研发可以是从 0 到 1 开发产品,也可以是对产品进行版本迭代,产品的开发需要通过项目立项、评估产品概念及方向、确定产品需求、分配资源、开发等几个阶段。另外,在企业中,为了探索前沿技术并为后续技术产品转换做基础,会在早期进行一些技术预研或探索,此时若投入的资源量较大,则需要专门建立预研/探索性项目。

13.1.2 从项目到产品

针对 B 端和 G 端的产品,相应需求一般有多种来源,如客户调研、竞品调研、交付项目等,交付项目是最重要的需求来源之一。在国家推出新基建政策后,AI 应用被一个个规模化的项目带动着一起落地。综上,做 AI 产品离不开项目,AI 产品最理想的实现路径是:从项目中得到需求,将需求提炼成产品,产品再被应用到新的项目中去。

当团队划定某个业务领域后,在早期,低成本进行产品开发的方式是与"天使客户"共同完成产品开发,通过项目打磨产品。这样做有许多好处。

1)**符合市场需求和方向**:在从 0 到 1 打造产品的过程中,如何真实地获得市场需求并将需求转为产品需求是关键。如果没有天使客户,仅通过自我猜测和想象,或通过简单的市场调研,就开始新产品的开发,会带来巨大的方向性风险,因为这种情况下得到的产品需求更多来自产品经理对市场的盲估。如果是 C 端产品，开放式的数据调研及分析可以大幅降低决策风险，而如果是 B 端和 G 端产品，在行业及业务信息壁垒较高的情况下，决策风险大大提高。

通过与天使客户共同开发产品，会大大降低决策风险。天使客户一般也是真实业务的需求方，来自天使客户的产品需求会更加贴合真实市场，从而大大减少后期因需求方向错误而带来的大幅改动问题。

2）**低成本**：从项目到产品打造的低成本体现在两方面，一个是试错成本大大降低，另一个是有天使客户为早期投入买单，而且天使客户参与的项目还可作为产品的交付标杆，为后续产品的打磨和推广积攒经验，降低后期复制成本。

13.2　商机项目与概念验证

13.2.1　AI 商机的涌现

在以深度学习为核心的 AI 技术实现突破之后，众多 AI 公司如雨后春笋般冒出，资本的涌入、产业支持政策的发布让整个 AI 商业领域生机勃勃。随着认知的提升，许多客户开始拥抱新技术以寻找解决自身行业问题的方案。对 AI 企业和产品来说，商机不断涌现，在带来变现机会的同时，也带来了巨大的挑战：实验室的问题和行业场景中面临的问题差距太大，解决了学术问题但行业场景问题无法完美解决，甚至实验室的方案完全不可行；实验室下不计成本的开发方式和实际场景下追求效益的开发方式有巨大矛盾；想象的需求和实际应用的需求有巨大鸿沟，对于我们以为的产品会为用户带来的价值，用户并不关心；AI 企业对用户行业业务和规则的理解也需要加强。虽然落地很难，虽然 AI 技术突破不代表在实际应用场景中技术可行，但是 AI 的落地依然一往直前，在这个过程中，涌现非常多的商机项目，对于这些项目产品经理应进行验证和筛选。

13.2.2　AI 商机 POC 实战

AI 技术落地场景的创新带来了众多的不确定性。技术的提升固然可以解锁一些场景，然而无法一口气解锁所有场景。如何验证 AI 技术在项目中的可行性呢？概念验证（Proof of Concept，POC），就是为解决可行性问题而存在的环节。由于一家企业仅能代表一家的技术水平，无法代表整个行业，因此，许多商机项目的 POC 环节会邀请多家企业进行比拼，因此 POC 环节也是不同企业的 PK 环节。

一个 B 端银行客户希望采购一套智能监控系统，以实现大规模银行监控中心和网点的联网智能监控，这是一个大的项目。你是一家 AI 公司的产品经理，在仅有后端比对算法的情况下，领导希望你能拿下这个项目。当然，对于这么大一个项目，你所在的公司也做不了总包方，只能是其中人员算法引擎的供应商。项目已经被某个总包方拿下，但是总包方没有算法方面的能力，因此总包方和客户共同邀请了几家算法供应商进行测试，你所在的公司即是其中的一家。

从产品来看，现有的产品形态基本可以满足客户的需求，你们可以提供边缘计算服务器，提供 8～16 路的网点做视频智能分析，还可以提供规模化、数百路的后端智能计算，售前已经根据客户的需要提供了一套完整的解决方案（见图 13-1），并得到了客户的认可。客户希望可以实际看看其中几个算法的效果，但是售前同事没有明确测试方法，这需要与客户沟通。

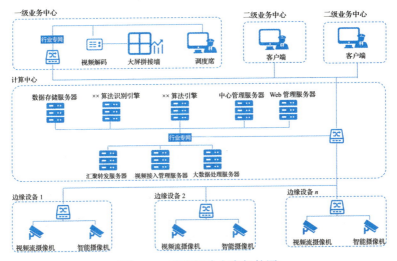

图 13-1　系统解决方案拓扑图

于是,你与售前同事、客户共同沟通测试的标准。来到客户现场,客户希望应用多种算法来实现对监控中心中的人员活动和行为进行异常监控,包括工作人员识别以及陌生人员的报警,客户供应商可以提供测试的参考方案。好在你提前做了准备,向客户简单介绍了以往的测试方法,提议主要针对人脸识别算法进行测试。客户非常信任你们,希望由你们牵头来指定测试的规则,并提交给客户做审核。如果方案通过,就使用该方案验证算法可行性以及进行多厂商的 PK。你很高兴,因为抢到提供测试方案的先机,对测试来说是很有帮助的。

你建议客户提供已有的摄像机离线数据,并对数据进行标注,从人脸识别算法上看,主要是标注视频中人员的身份。采用逐帧标注的方式,尽管工作量比较大,但是这是验证算法精度比较好的方式。

在确认了测试方案之后,客户提供了数据,并找到了工作人员共同来做标注。客户还提供了待验证的人员身份信息以用于入库。为了提升测试的难度,客户提供了更多入库的数据。同时,为了让测试结果可视化,客户要求开发团队做简单的结果展示。测试方案和数据准备就绪,在客户指定的测试数据集上,测试人脸算法的检出率、误检率、召回率、精确率等指标,并提供算法处理速度指标。各个厂家的设备进入客户指定的办公地点进行测试。

虽然你们的产品相对成熟,但是公司希望你能在现场提供支持,于是你和开发人员来到了测试现场。你帮助完成机器上架、网络调通、算法软件安装部署等一系列流程后,开始调用数据并运行算法,最终得到了基于离线视频数据的结果。数据显示,你们团队的人脸检出率为 99.7%、误检率为 0.01%、召回率为 99%、精确率为 99.92%,算法的 QPS 达到 600 多,即每秒处理 600 多张图像。对于这个指标你是比较满意的,这是定量的测试指标,你们将测试的结果进行了可视化,实际效果和定量效果一致。

结果公布,你们的算法获得了第一名,从效果上看,这个结果也是比较理想的,达到了可行的预期,接下来,就是商务层面的工作了。这次的 POC 和 PK 测试非常顺利,这得益于你们产品本身的性能好,以及获得了先发的制定规则的优势。

在上述实战中只是对算法进行了概念验证,一切都比较顺利,但是很多时候,POC 关注的维度还有很多,列举补充如表 13-1 所示,其中主要涉及技术可行性、成本可行性、安全合规可行性等。

表 13-1 POC 关注的维度

概念验证项	说 明
功能可行	功能可行是评估产品是否具有可满足客户需求的实际功能,有些功能是必需的,如果这类功能无法实现,则产品在功能可行方面就已不合格。功能解决的是"有无"的问题

(续)

概念验证项	说明
算法精度可行	算法精度可行评估某个识别功能在客户指定的测试集上能否达到客户预期的准确度，算法精度决定了功能可用的程度。如果精度不高，从商业价值维度看会为后期闭环带来更高的维护成本
算法速度可行	算法速度可行评估实现既定功能和精度运算需要使用的时间，如果时间过长，则说明成本和技术均不可行
算法延时可行	算法延时是衡量算法处理时需要延迟多长时间才可以获得结果的指标。对于一些实时性要求高的场景，算法处理延时过大会延误实时处理时机。这也属于技术不可行的范围
安全合规性可行	安全合规性用于评估软件或硬件系统可否满足客户的硬性规定，比如加密要求、芯片国产化要求、数据安全合规等
功耗可行	功耗是指系统应用产生的能耗，功耗一方面反映为成本问题，一方面反映为散热条件、场地大小能否满足的问题，一般在边缘计算等小场景中更关注功耗问题
成本可行	成本可行是对算法速度、硬件平台价格、客户预算等各种条件进行的综合评估，如果算法速度和硬件平台价格相对合理，但客户预算远远无法满足，则也会造成成本不可行
运维可行	项目落地之后是否需要运维、如何运维，对于很多项目来说都是一个大问题，比如项目交付到国外且无法联网，带来运维成本是巨大的，这会导致成本不可行

由于AI技术依然处于不断发展的过程中，技术的不断突破带来了精度、速度、功耗等的突破，在一定的时间段，一定要结合项目需求以及自身技术能力来评估项目的可行性。有些企业为了拿下项目、完成业绩，不惜代价，这样即使获得了客户在POC上的认可，但是在交付阶段，由于技术上确实存在众多缺陷，也会导致交付不可行。POC不仅是客户对企业进行的评估，还是AI企业对自身进行的评估。对于POC不可行的项目，如属于非战略性探索投入，应勇于拒绝，否则会在交付时变成灾难，甚至整个团队都被这个项目拖垮。

13.3　AI 交付项目管理

13.3.1　AI 项目管理方法

在 AI 交付项目中,一般需要项目经理重点参与,但对于一些通过项目打磨的产品,有时反而由产品经理主导,在产品成熟后才将交付项目交给交付团队的项目经理。在小的面向 B 端和 G 端业务的企业中,很多产品经理同时充当项目经理的角色。因此,管理交付项目或许客观上不是产品经理需要做的,但是在很多时候却需要产品经理来完成。因此,具备管控项目的能力对 AI 产品经理来说是有好处的。

交付项目管理是一个专业活儿,根据美国项目管理协会(Project Management Institute,PMI)的 PMBOK 知识体系,项目管理可分为 5 个大过程、10 个知识领域、49 个小过程,该体系全面系统地介绍了项目管理领域的基础理论、方法和工具。其中 5 个大过程分别是项目启动、规划、执行、监控和收尾;10 个知识领域即项目的范围、时间、成本、质量、资源、沟通、风险、采购、相关方、运维,其中包括与这 10 个领域知识相关的管控方式和方法。

一般在完成项目的 POC、招投标过程并拿下订单之后,需要开始着手整个项目的交付。在项目交付初期需要明确项目所需要关注的内容,也就是明确需要进行项目管理的内容,此时可从 AI 交付项目实践角度出发,结合 PMBOK 知识体系制订相关计划,具体如表 13-2 所示。

表 13-2　交付项目管理关注的内容项

管理项	详细说明
范围	范围一般包括项目的交付目标、项目的整体需求、项目需求变更带来的范围变化、交付物形态、交付物内容等,将项目的交付控制在可定性、可量化、可执行、可控的范围内

(续)

管理项	详细说明
资源	资源是进行项目交付需要投入的资源，一般大的交付项目都已经过内部立项阶段调配了资源。对于 AI 项目来说，资源包括数据资源、设备资源、人力资源等，每个维度还可细化，如对于设备资源，在不同的业务场景下可能需要划分为云资源、物理机、存储设备、嵌入式设备、光源、摄像机等，人力资源则会涉及众多技术栈人员
成本	无论是采购机器还是人员工时都会涉及项目成本，对于成本需要通过预估、记录等方式进行管控，许多企业都有比较成熟的项目管理系统，可以便捷地进行人员和资源的集中审批管理
时间	项目交付中需要制定明确的时间线，一般使用甘特图等方式，明确整体交付阶段和对应的时间点，在这个时间线基础上再进行资源准备、需求拆解、开发等活动，以求守住每个细节时间点，保证项目的整体进度
质量	质量是项目交付成功的保障，满足项目验收指标是质量的最低标准。在算法维度上，质量包括算法的精度、速度、延时等多个方面；在工程维度上，还会包括稳定性、健壮性等多个维度。质量需要项目经理与质量团队共同把关，确保在满足交付时间的前提下，满足功能、性能、稳定性等方面的质量要求
采购	在项目交付中需要用到各种资源，有些需要通过采购来满足。在 AI 项目中，除了要把控相关的采购成本、采购周期外，还要关注数据安全、算法合规等问题
沟通	一个 AI 项目的完成涉及内外部、跨职能、跨级别的沟通，故需要对沟通进行管理。沟通管理是指对沟通对象、沟通内容、沟通途径、沟通频次、沟通目的等进行明确，以便在项目开发过程中出现问题时反馈渠道通畅，从而减少因沟通不畅带来的项目交付风险
相关方	相关方是指项目的干系人，在项目开展初期需要明确所有干系人，以方便在项目开发和交付的过程中解决相关问题。由于项目涉及的人员众多，为了避免"甩锅"问题，还应该明确责任人，落实人员责任
风险	风险是贯穿整个项目交付过程且需要不断发现和关注的内容，风险可能来源于多个方面，如资源缺失、需求不明确或者变更、沟通问题等，管理风险则要求提前对风险进行预判，并预先想好解决预案，避免因出现风险导致整体项目延期

(续)

管理项	详细说明
运维	AI 项目的交付可能会带来大量需要解决的长尾问题，这些问题往往都需要通过运维解决。在项目交付环节需要充分考虑后期的运维，否则会带来在项目交付验收之后，仍然需要投入大量的人力成本进行项目运维的问题

好的项目管理方案往往带有预见性，会充分考虑各种维度的问题，并在早期做好相应的准备，尽量避免可避免的问题出现，同时增加应对问题的手段，确保项目按时、按质、按量交付。

13.3.2　AI 项目交付管理实战

上述你跟进的项目 POC 成功了，经过商务同事推进，项目中标了，客户要求尽快进行项目交付。由于人手短缺，没有项目经理支持，领导直接指派你作为交付项目经理，全过程推进项目交付。这个项目很大，早期的 POC 只是对人脸识别能力进行测试，但是交付的时候，还需要对人员跌倒识别、人员离岗识别、人员上班睡觉识别等一系列功能进行交付。

坑 1：在 POC 阶段项目边界和范围不清晰，为了拿到订单，仅测试部分功能，而交付所需的另一部分功能可能完全不成熟或无法提供。

解：在 POC 阶段哪怕只测试一部分功能，也应该在内部向销售商务人员甚至向客户说明现有产品的交付范围，以避免他人对产品预期过高，导致交付失败。

由于订单金额大，公司非常看重该项目，也期望通过交付定制的功能来扩大产品能力范围，因此，你面对的项目交付已不是标准产品的交付，而是较大规模的定制交付。有了上述的"趟坑"经验,你决定这次一定要把项目交付的完整过程都梳理清楚,避免再"趟坑"。根据上述项目管理方法论,你列了一个对应的表如表 13-3 所示。

表 13-3 项目交付关注内容

管理项	内 容
范围	项目目标:在××年××月××日交付人脸识别、人员跌倒识别、人员离岗识别、上班睡觉识别等算法 项目整体需求:需要另外整理项目需求说明书(主要记录完整功能、性能、精度等) 需求变更:如遇到项目需求变更,带来的项目周期变化等需要关键人确认 交付物形态:软硬一体的算法引擎 交付物内容:人脸比对服务引擎、人员行为识别服务引擎、基础业务系统
资源	人力资源:项目经理 1 人,算法开发人员 3 人,工程开发人员 3 人,测试人员 1 人,标注人员 4 人 设备资源:8 卡 NVIDIA T4 服务器 4 台,存储资源××GB,摄像机 4 台 数据资源:人员行为视频数据××小时,支持有效正样本××张,负样本××张细分每个算法……
成本	机器采购成本:新增采购 N 台 人力相关成本:以项目工时统计为准 ……
时间	最终交付时间:××年××月××日 阶段交付时间:××年××月××日 接口对接时间:××年××月××日 验收时间:××年××月××日 (时间一般需要使用甘特图等来表示,要将所有项目需求拆解到开发细分项,并精细化排期。一般项目时间存在对外和对内两个维度,对外会关注与客户交互的关键时间点,对内关注所有开发细节任务的时间)
质量	算法精度:人脸算法召回率 99%、精确率 99%,人员跌倒召回率…… 算法速度:算法最大延时小于 200 毫秒,支持 n 路视频同时解析 稳定性:系统支持 7×24 小时稳定运行 安全性:系统使用加密算法应支持×××、×××、不使用×××、×××
采购	采购:8 卡 NVIDIA T4 机器 2 台,硬盘××个……

(续)

管理项	内　容
沟通及相关方	客户侧技术对接人：王小明 客户侧项目对接人：陈小丽 内部项目负责人：王小二 算法负责人及相关人：李大明…… 工程负责人及相关人：陈小二…… ……
风险	风险1：交付范围与预期不一致，导致工作量大增 风险2：算法训练数据准备难度大，有影响整体进度的风险 ……
运维	安全漏洞升级的运维方案 误报情况下算法升级的运维方案 系统稳定性、Bug等问题出现时的运维方案 运维服务的收费和范围问题

整理完上述待办项以及信息，你对项目的整个宏观层面的管理就很清晰了。接下来就是要一项一项落实和执行了。但是在实际执行过程中，依然有非常多的坑需要关注，下面列举一些可能会遇到的坑以及避坑指南。

坑2：开发过程中，需求频繁增加和变更。这个在项目执行过程中非常常见，客户想法很多或销售人员为了满足客户需求而不断妥协，都可能给项目开发带来新增需求的问题。

解：第一，确认变更或增加是不是必要的，确认该需求是想清楚后提出的还是随口一提，是确定的还是不确定的；第二，如果确定要变更或增加，那么就考虑变更或增加的解决办法，如何用最小的代价完成，一定要经过外部和内部相关关键人一致同意，并通过记录的方式上报，会造成延期的应该在客户以及内部都接受的情况下执行。

坑3：需求认知不一致。当你与客户沟通的时候，大家都在用同一个词，但是代表的意义完全不一样。例如：当我们谈论烟火识别的时候，是指抽烟，还是指火灾？

解：对需求的描述一定要清晰完整，应与客户用多种描述方式确认，除了口头描述，还应该利用邮件、图像等方式。例如在沟通算法需求时，对于"边界是什么"需要核对清楚，这样才能避免后期的麻烦。在算法边界问题上，最好的沟通方式是用样例图。

坑4：若针对不清楚的问题未充分沟通，则会掩盖相应的问题。比如在交付过程中，很多角色都容易"想当然"，认为以往交付是什么，这次应该也一样。特别是当项目干系人只关注核心业务功能的时候，容易忽略授权、加密安全、漏洞扫描等功能，这些功能在部分客户应用场景中却要求很高。另外，还要警惕因害怕增加工作量而避而不谈的"坑"。

解：项目经理在最开始就要从宏观层面考虑问题，将潜在问题排查清楚，这样才能避免在后期发现问题。

坑5：后期运维成本高昂。很多时候为了尽快交付项目，会导致项目的质量出现问题。如在算法应用中，由于长尾效应的存在，几乎无法避免误报，而销售同事为了促成订单，承诺用户会提供更多的算法功能，忽视了这些算法功能的精度很低的问题，从而导致后续用户投诉，造成运维成本高昂。

解：对于算法精度低导致的问题，应在早期形成共识和预期，从产品角度，如果是效果差，那就要明确该算法不准出售，不能等到造成高昂运维成本的事实后才来抱怨和甩锅。

坑6：验收方案不清晰，导致无法顺利通过验收。由于未与验收方对解决方案进行明确完整的沟通，导致验收内容和边界不清晰，在开发完成时一直无法验收通过，验收的边界一直变更，导致交付难度不断上升。

解：在交付初期，除了明确交付需求，还要明确验收测试的方案，要精细化到使用的数据、计算方式等，并通过公开透明的形式进行内外同步。这样一方面可避免毫无必要的争论，另一方面可以明确目标，帮助项目快速完成验收。